KB133979

숫자는 어떻게 인류를 변화 시켰을까?

칼렙 에버레트 지음

김수진 옮김

동아엠앤비

헤아릴 수 없이 내 삶을 풍요롭게 해준

제이미Jamie와 주드Jude를 위해

인류라는 종의 성공에 관하여

생각보다 생존은 쉽지 않다. 우리가 현대사회에서 누리는 안락함이라고는 전혀 기대할 수 없는 환경에 던져진 경험이 있는 사람이라면, 이 말에 얼른 수긍할 것이다. 어느 열대 밀림 속에서 헤매는 자신을 상상해보라. 그러면 좀 더 실감이 날지도 모르겠다. 수를 헤아리기도 힘든 박테리아와 바이러스, 살점이라도 뜯어먹을 법한 엄청난 크기의 곤충은 말할 것도 없고, 후덥지근한 공기와 주체 없이 흐르는 땀(끈적이고 습한 이 환경에 내가 적응하지 못했다는 증거이다.)과 사투를 벌이는 사이, 한 모금의 물과 간단한 요깃거리를 구하는 것조차 만만치 않은 일이란 것을 절감하게 된다. 아예 불가능한지도 모를 일이다. 원주민을 따라 흐드러진 아마존의 덤불숲 사이를 걸을 기회가 있다면, 우리가 자신했던 지식이라는 것이 이 대자연 속에서 얼마나 소용없는 일인지 금세 깨닫게 될 것이다. 율리아네 쾨프케Juliane Koepcke는 소형 비행기를 타고 여행하던 중 페루 수천 미터 상공에서 페루의 밀림으로 추락하는 사고를 당했다. 율리아네는 1971년에 일어난 이 추락사고의 유일한 생존자였다. 9일 넘게 밀림에서 혼자 버텨낸 그녀는 세상을 놀라게 했다. 당시 10대 소녀였던 율리아네가 밀림 한복판에서 살아남을 수 있었던 힘은 그녀가 평소 알고 있던 주변 생태계에 대한 지식 덕분이었다. 율리아네의 부모님은 아마존 지역을 연구한 생물학자였다. 덕분에 그녀에게 숲속 환경은 낯설지 않았다. 그렇다고 숲에서 혼자 견디는 동안 먹을 것을 직접 해결할 수는 없는 노릇이었다. 다행히 지역 주민들의 도움으로 율리아네는 구조될 수 있었다. 어지간한 사람들이라면 율리아네와 같은 상황에서 대부분 생존하지 못한다. 열대 밀림이 아니더라도, 익숙하지 않은 다른 원시 생태계 어디에서든 길을 잃으면 생존을 보장할 수 없다. 해양생태계도 역시 위험하기는 마찬가지이다. 서구인들의 해양탐사의 역사는 비슷한 이야기로 이어진다. 항해 중 표류하여 생면부지의 바닷가로 흘러들어온 탐험가들이 현지 원주민들의 도움으로 살아남는다는 식이다. 그런데 TV에서 방영되는 리얼리티쇼를 보면 출연자들은 외부의 도움 없이도 야생의 환경에서 곧잘 생존하는 것처럼 보인다. 하지만, 그런 모습은 인위적으로 연출된 것이다. 카메라에 비친 출연자들의 모습은 '혼자'인 것 같지만, 이들에게는 사실 필수적인 도구가 제공된다. 촬영팀은 먹을 것도 넉넉히 챙겨둔다. 제작진은 '버려진' 환경에서 유사시에 대비할 준비가 되어있다. 이러한 지원 없이 지구상에 존재하는 어느 야생 생태계에서라도 실제 고립된다면, 독자나 나는 며칠도 견디지 못하고 목숨을 잃기 쉽다. 운이 좋다면 몇 주는 더 살아남을 수 있을 것이다.[1]

　원주민이라면 어떤 두려움도 없을까? 그렇지 않다. 야생의 생태계를 잘 아는 현지 원주민이라도 우연히 고립되어 혼자 남겨진다면, 당혹스럽기는 마찬가지이다. 열대 밀림에서 한 원주민이 어쩌다 혼자 남아 하늘을 찌를 듯 높이 솟아오른 수림 아래를 헤매게 되었다고 상상해보자. 완전한 이방인보다는 상대적으로 덜 위험할 수 있겠지만, 잔뜩 긴장해야 하기는 매한가지다. 나만 해도 아마존 지역의 마을로부터 그리 멀지 않은 곳에서 길을 잃었다가 간신히 살아남은 원주민을 안다. 안타깝게도 끝내 길을 찾지 못하고 목숨을 잃고만 원주민도 몇 명 알고 있다. 그런데 이러한 사례에서 우리가 자주 놓치는 중요한 지점이 있다. 즉, 인간의 생존에 중요한 역할을 하는 것은 문화 속에 이어져 온 지식이고, 이 지식에 우리가 접근할 수 있도록 하는 것이 바로 언어라는 사실이다. 일상적인 삶에서 의존하는 지식이 다른 사람들의 정신에만 존재하는 것이라면, 그러한 지식은 쉽게 공유될 수 없다. 하지만, 인류는 그러한 지식을 수천 년에 걸쳐 치밀하게, 때로는 부지불식간에 습득해왔다. 우리의 문화에서 몇 가지 예를 생각해보자. 우리가 유용하게 이용하고 있는 자동차나 실내 난방, 또는 가장 효율적으로 닭가슴살을 발라내는 방법을 직접 발명할 필요는 없다. 누군가 이미 그러한 기술을 발명했고, 우리는 그 기술과 요령을 배워 사용하면 그만이다. 또 우리는 공식적으로나 비공식적으로 끊임없이 언어를 통해 다른 사람들로부터 생활에 필요한 행동양식을 배운다. 그렇게 주변 사람들을 통해 흡수한 정보로 우리는 식사, 수면과 같은 기본적인 활동을 포함한 모든 일상을 채워간다. 그런데 내가 보고 배운 주변 사람들의 행동 또한 다른 사람들의 영향을 받은 것이다. 생존을 위해 생물학적으로 결정되는 것도 있지만, 이러한 필요를 다루는 접근방식을 구축하는 것은 바로 우리가 속한 문화이다. 칫솔에서 악수에 이르기까지 우리 삶에 편의를 더하는 거의 모든 물질적, 행위적 발명은 또 다른 사람, 또는 다수의 사람을 통해 혁신을 거듭한 결과이다. 아이디어의 측면에서도 우리가 직접 혁신한 것보다 이어받은 것이 훨씬 더 많다. 우리와 완전히 다른 문화권에 사는 사람들도 마찬가지이다. 뉴기니의 수렵채집민을 떠올려 보자. 이들 역시 사냥에 필요한 활과 화살을 직접 발명할 필요가 없다. 이어져 내려온 기술을 배우고 모방하면 되기 때문이다. 어느 문화에서나 모든 세대는 때로 고통스럽거나 치명적이기도 한 다양한 사건을 통해 우연히 습득하게 된 과거의 지식에 기반을 두고 있다. 예를 들어, 활과 화살을 비롯한 기본적인 사냥 도구는 어느 순간에 갑자기 발명된 것이 아니다. 오랜 시간 부족민들이 수많은 시행착오를 겪는 동안, 활과 화살은 더 효율적으로 사냥을 할 수 있는 형태로 진화를 거듭해왔다.[2]

점차 세련되어진 우리의 생존 및 적응 수단은 문화 톱니바퀴(cultural ratchet)의 결과이다. 듀크 대학교Duke University의 심리학자이자 영장류학자인 마이클 토마셀로Michael Tomasello가 대중화한 이 용어는 지식을 통해 맞물려 협력하는 인간의 모습이 마치 톱니바퀴와 같다는 것을 의미한다. 달리 말해, 인류라는 종의 성공은 각자가 선조 또는 동시대인으로부터 유익한 행동을 배우고 모방할 수 있었기 때문에 가능했다. 인간의 특별함은 단순히 월등한 똑똑함이 아니라, 오래전부터 존재해왔던 같은 문제의 해법을 찾느라 매번 새롭게 애쓸 필요가 없다는 데에 있다. 과거에 어떤 방법이 유효하였는지 우리는 이미 알고 있기 때문이다. 그러한 방법의 원리까지 이해할 필요는 없다. 부리토(burrito, 콩과 고기 등을 토르티야에 말아 만드는 멕시코 요리 - 역주)를 전자레인지에 데워 먹을 수 있다고 해서 전기로 작동되는 전자레인지를 설계할 줄 안다는 것을 의미하지는 않는다.[3]

시간이 지남에 따라 문화적으로 구체화한 지식이 축적되는 것은 공동체이지, 구성원 개인이 아니다. 실제로, 공동체의 지식네트워크에서 중요한 연결자 역할을 하는 개인이 사망으로 인하여 축적된 지식이 사라졌을 때 전체 문화가 급속히 소멸 상태에 이르기도 한다. 이러한 사례는 한 공동체에서 지식이 차지하는 중요성을 명확히 보여준다. 북서쪽 그린란드의 북극 이누이트(Polar Inuit)족의 경우를 보자. 전염병으로 19세기 중반에 인구가 감소하면서 이 공동체의 많은 연장자도 목숨을 잃었다. 이들의 시신은 전통에 따라 그들의 도구, 무기와 함께 매장되었다. 그리고 문제가 발생하였다. 이누이트족이 도구와 무기 제조 능력을 크게 상실하게 된 것이다. 이러한 지식 손실로 인해 이누이트족은 순록과 물개를 사냥하고 냉수성어류를 잡는 데 어려움을 겪게 되었다. 그 결과, 약 40년 후 다른 이누이트족과 접촉을 통해 공동체 지식 기반을 복구하게 되기까지 이들의 인구는 회복되지 않았다. 인류 역사상 이와 유사하게 생존과 관련한 지식을 상실하거나 쉽게 재생할 수 없는 기본적인 기술의 전수가 중단된 이유로 완전히 소멸해 버린 문화의 예는 얼마든지 찾아볼 수 있다.[4]

이와 같은 사례가 시사하는 것은 우리 종이 단연 돋보이는 이유를 그저 다른 종보다 똑똑하기 때문이라고 생각하는 신화에 가까운 일반적인 관념에 정면으로 배치된다. 사실, 우리가 다른 종보다 훨씬 뛰어나다고 믿음을 제대로 뒷받침하는 근거는 부족하다. 인간의 뇌는 분명히 다른 종보다 더 영리하고 높은 대뇌화 지수(encephalization quotient, 인간의 뇌는 신체 크기에 비해 크다.)를 가지고 있지만, 어떤 면에서 우리의 선천적 인지능력은 생각보다 그다지 발달한 것은 아니다. 다른 종과 구별되는 우리의 지적 속성은 대부분 유전적으로 고정된 것이 아니라, 문화적으로 익혀온 것이다. 자연선택(natural selection)의 과정을 거치며 인간의 뇌는 분명히 놀라운 수준으로 진화되었지만, 그러한 생물학적 특징이 현재의 우리를 결정지은 것은 아니다. 그보다 더 우리 종을 특별하게 하는 것은 문화의 등장 이후 진화한 뇌를 이용하여 우리가 오랜 세월 일구어온 것들이다. 이 책에서 나는 이러한 지점을 지목한 인류학, 언어학, 심리학 등 여러 분야의 학자들과 의견을 같이한다. 이 학자들은 언어와 같이 문화적인 혁신이 우리 종의 인지와 행동의 측면에 혁명을 일으켰다고 강조한다. 이 책에서 나는 그동안 과소평가되어 온 '숫자'라는 개념 도구(특정한 양을 가리키는 단어와 기타 기호)를 언어적 혁신의 핵심으로서 인류라는 종을 구별짓는 척도로서 제시한다. 우리가 쉽게 확인할 수 있듯이 숫자는 요리, 석기, 바퀴처럼, 우리가 생존하고 진화해온 환경에 변화를 가져온 인간의 창조물이다. 인류학자를 비롯한 연구자들은 인류 서사의 변화 과정에서 다양한 혁신의 존재와 역할을 오랫동안 조명했지만, 숫자의 역할은 과거에 충분히 주목받지 못하였다. 이와 같은 상대적 무관심의 동기는 간단하다. 우리는 '숫자'라는 도구가 인간의 경험을 재구성해왔다는 사실을 이제서야 자각하기 시작한 것이다.

12

1부

인간의 경험
어디에나
존재하는
숫자

I

우리의 현재에 엮여 있는 숫자

나이를 물으면 어떻게 대답할까? 어릴 때라면 손가락만 몇 개 펴서 보여주면 그만이다. 그렇게 답을 하는 데는 1초도 걸리지 않는다. 세상에 이보다 쉬운 질문이 또 있을까? 살다 보면 나이가 걸림돌이 되는 경우도 많다. 나는 혼자 운전할 수 있을까? 이 질문에 대한 답은 현재 내 나이가 몇인지에 따라 달라진다. 거울에 비친 나의 모습에 얼마나 흡족할 수 있을까? 이것 역시 지금 나이가 몇이고, 현재 어떤 모습이기를 바라는지에 따라 다를 것이다. 지금이라도 성취감이 더 높은 직업을 다시 찾아야 할까? 이 질문도 나이를 모르면 답을 하기 어렵다. 그래서 우리의 정체성과 일상을 함축한 이러한 질문을 하기에 앞서 먼저 알아야 하는 것은 나이이다. 적어도 우리와 같은 문화에 사는 사람들은 나이를 묻는 질문을 피해갈 수 없다.

그런데 어떤 문화에서는 우리가 이처럼 중요하게 여기는 이 첫 번째 질문이 무의미하다. 그런 문화에서는 나이를 정확히 세지 않기 때문이다. 그러나 이러한 문화에 사는 사람들이 나이를 세지 않는 배경을 이들이 지구의 태양 공전을 이해하지 못하기 때문이라고 볼 수는 없다. 그보다 공전주기를 정확히 셀 수 있는 수단이 없기 때문이라고 보는 것이 맞을 것이다. 즉, 이들에게는 숫자가 없다. 예를 들어, 아마존의 문두루쿠족(Munduruku)은 2보다 큰 수를 셀 수 있는 정확한 단어를 갖고 있지 않다. 아마존의 또 다른 원주민인 피라항족(Pirahã)의 언어에는 숫자를 지칭하는 어떠한 단어도 존재하지 않는다. 심지어 1에 해당하는 단어도 없다. 그렇다면, 이들의 언어로는 '나이'를 어떻게 물을 수 있을까? 다른 문화에 사는 사람들이 일상적으로 접하는 숫자와 관련한 많은 질문은 어떻게 할 수 있을까? 몇 가지 예를 떠올려 보자. 연봉은 얼마나 되나? 키는 얼마나 되나? 체중은 어떠한가? 숫자가 없는 세상이라면 이러한 질문들은 쓸모없다. 물을 수도 없고, 대답할 수도 없다. 숫자가 없는 문화에서 이러한 질문과 그에 대한 답을 하려면 최소한의 단위 정도는 갖고 있어야 할 것이다. 그런데 알고 보면, 인류 문화의 역사 전체에서 대부분은 우리가 지금 알고 있는 숫자가 존재하지 않았다. 수량을 언어와 상징적 기호로 표현하는 숫자가 등장하면서 인간의 조건에는 근본적인 변화가 일어났다. 이 책에서 나는 그리 멀지 않은 과거에 일어난 그러한 변화가 지금 우리에게 얼마나 큰 영향을 미쳤는지 돌아보고자 한다. 여기에서는 특히 최근에 이루어진 변화에 집중하며, 주로 언어 숫자(verbal number)의 변형과 더불어 표기 숫자(written number)의 역할 또한 살펴본다. 용어의 명확성을 위해, 구두로 표현되는 숫자의 체계는 수 체계(number system), 문자나 기호로 표기되는 숫자의 체계는 기수법(numeral system)으로 구별하겠다. 숫자로 기술되는 추상적인 수량을 언급하는 경우는 1, 2, 3, 4 등의 기호를 사용할 것이다.

지난 10년 동안 고고학, 언어학, 심리학 등 여러 분야의 학자들은 숫자와 숫자 표기에 관한 많은 연구를 진행하였다. 그 결과 밝혀진 숫자에 대한 새로운 이야기가 정립되기 시작하고 있다. 바로 이 책에서 전하고자 하는 이야기이다. 간략히 말하자면, 과거에는 숫자가 인간이 원래 타고나는 개념이거나, 환경에 상관없이 성장하는 과정에서 자연적으로 익히게 되는 것으로 여겼다. 그러나 사실은 그렇지 않다. 수량은 인간의 정신적인 경험과 별개로 독립적으로 존재할 수 있지만, 숫자는 인간의 정신을 통해 만들어진 개념이다. 그리고 이러한 인지적 발명은 우리가 수량을 인식하고 구별하는 방식을 완전히 바꾸어 놓았다. 태어나면서부터 현재 우리가 사용하는 숫자를 정신적으로 경험하고, 줄곧 숫자와 함께 살아온 사람들이라면, 이러한 설명이 직관적으로 이해되지 않을지 모른다. 인간의 상징적인 혁신과 상호관련성이 깊은 언어와 마찬가지로, 숫자 또한 문화적 다양성을 지닌 창조물이다. 그러나 언어와 달리, 모든 집단에 숫자가 존재하는 것은 아니다. 그럼에도 숫자는 사람들이 일상적인 경험을 해석하는 방식에 깊은 영향을 미친 혁신이다. 이 책에서 주로 전하고자 하는 것도 바로 이러한 숫자의 지대한 영향이다. 우리는 인류 역사상 가장 중요한 발명 중 하나인 숫자가 부싯돌이 그랬던 것처럼 인류의 시간표에 어떻게 불을 밝혔는지 살펴볼 것이다.

이 이야기는 수많은 조각으로 엮여 있다. 이 장의 뒷부분에서는 이 많은 조각이 이 책 속에서 어떻게 차례로 엮여 새로운 결론에 도달하는지 간략히 소개된다. 그러나 이 조각들에 관해 이야기하기 전에, 숫자가 인간의 경험을 변화시켰다는 것이 무슨 의미인지 먼저 예시해야겠다. 아마 우리가 시간의 경과를 인식하는 방법을 좀 더 깊이 돌이켜보는 것이 가장 좋은 방법일 것이다. 앞서 언급했듯이, 숫자가 없다면 우리가 태어난 이후 지구가 몇 번이나 태양 공전을 하였는지 셀 수 없고, 결국 정확한 나이를 따질 수도 없다. 하지만 숫자를 모르더라도 내가 얼마나 나이가 들었는지 짐작하는 것은 가능하다. 예를 들어, 내가 여자 형제보다 먼저 태어났고, 남자 형제보다 뒤에 태어났다면, 남자 형제는 나보다 나이가 많고, 여자 형제는 나보다 더 어린 것을 알 수 있다. 그동안 계절의 변화 주기를 몇 번이나 거쳤는지도 가늠해본다면, 최소한 내가 얼마나 나이가 들었는지 짐작하고, 주변 사람들보다 더 나이가 많은지, 또는 적은지 알 수 있을 것이다. 하지만 수 체계가 없는 부족을 다룬 5장의 논의에서 볼 수 있듯이, 수를 헤아리는 수고가 없으면 나이에 대한 감각은 모호해진다. 햇수를 세는 방식과 별개로 가장 기본적인 수준에서 시간의 경과를 고려할 때, 시간의 인식에서 숫자는 더욱 분명한 역할을 한다.

이 점을 고려하려면 잠시 본론에서 벗어나 시간에 대한 우리의 일반적인 이해를 간략히 되짚어볼 필요가 있다. 어떤 면에서, 본질적으로 추상적인 시간은 이해하기 어려운 개념이다. 시간을 인지하거나 느낀다는 것은 무엇을 의미할까? 간단하지 않은 질문이다. 이 질문을 받는 대상이 누구인지, 어느 문화권에 속하는지, 또는 어떤 언어를 사용하는지에 따라 답은 달라질 것이다. 최근의 연구에 따르면, 집단에 따라 시간은 다른 방식으로 인식된다. 더 나아가, 이 책에서는 숫자가 문화적으로 다양한 시간 경험을 형성하는 데 중요한 역할을 해왔다는 점을 설명할 것이다.

우리는 시간이 '경과한다'라거나, '흘러간다'라고 표현할 때가 많다. 앞서 나도 이와 같은 표현을 썼다. 독자들도 이런 표현이 결코 낯설지 않을 것이다. 우리는 또 시간이 '천천히' 또는 '빠르게' 움직인다고 말하는데, 이와 같은 표현들은 모두 은유적이다. 시간은 사실 움직이는 존재가 아니다. 우리 또한 시간을 통해 움직이지 않는다. 일찍이 인지과학자들은 인간이 공간적으로 이동하는 사물과 같은 구체적인 대상을 활용하여 시간처럼 추상적인 개념을 은유적으로 묘사하는 경향이 있다고 밝혔다. 그래서 우리는 시간이 '움직이고', 고난의 시간을 '헤쳐 나가며', 어려운 시간이 '다가오고', 과거로 '되돌아갈 수 없다.'라고 말한다. 또한 적성에 맞는 '진로' 또는 삶의 '갈림길'과 같은 표현을 할 수 있다. 영어를 비롯한 많은 언어에서 시간을 공간적으로 해석하고 이러한 의미를 반영한 표현을 얼마든지 찾아볼 수 있다. 이처럼 은유적인 방향성 가운데 가장 두드러진 것은 바로 시간이 스쳐 흘러가는 사이에 우리는 다가올 미래를 바라보는 것으로 묘사한다는 점이다. 하지만 어떤 언어에서 시간은 이러한 방식으로 작동하지 않는다. 아이마라어(Aymara) 등 일부 언어를 구사하는 사람들에게 미래는 앞으로 다가오는 것이 아니다. 아이마라족에게 미래는 화자의 뒤에, 과거는 화자의 앞에 위치한다. 이러한 방향성은 유창한 아리마라어 사용자가 과거와 미래의 사건에 대해 말할 때 관찰할 수 있는 다양한 시간 표현과 손짓에서 분명히 알 수 있다(이러한 은유적 방향성은 인간의 경험과 더 직접적인 관련성을 갖는다고 볼 수 있다. 과거에 일어난 일은 우리가 눈앞에서 '볼 수 있는 것'이기 때문이다). 이처럼 어떤 사람들에게 시간은 우리가 묘사하고 인식하는 방향과 완전히 다른 방식으로 움직인다. [1]

공간적 측면에서 시간과 관련한 사고의 다양성을 엿볼 수 있는 또 다른 예를 들어보자. 은유적으로 시간의 흐름을 묘사할 때, 우리는 시간이 왼쪽에서 오른쪽으로 이동한다고 표현한다. 넷플릭스(Netflix)와 유튜브(YouTube)에서 영상의 재생 시간을 보여주는 막대표시나 역사책의 연대표에서도 시간은 왼쪽에서 오른쪽으로 흐른다. 연구 결과에 따르면, 그러한 상징적 관행은 우리가 시간을 인식하는 방식에 영향을 미친다. 미국인에게 한 사건의 흐름을 단계별로 보여주는 여러 장의 그림카드(예를 들어, 바나나 껍질을 벗겨 먹는 모습)를 보여주고 카드를 순서에 맞게 한 줄로 놓으라고 하면, 일반적으로 왼쪽에서 오른쪽으로 나열한다. 즉, 시간 순서상 앞에 나오는 그림일수록 자신의 몸의 왼쪽에 더 가까운 곳에 놓는다. 그런데 어떤 문화권의 사람들에게 같은 실험을 하면 그림의 순서가 달라진다. 최근에 언어학자 앨리스 개비Alice Gaby와 심리학자 레라 보로디츠키Lera Boroditsky는 케이프 요크 반도(Cape York Peninsula)의 타아요르(Thaayorre) 문화에서 사람들이 그림을 왼쪽에서 오른쪽으로 놓거나, 오른쪽에서 왼쪽으로(일부 문화권에서 나타나는 패턴) 나열하지 않는다는 사실을 발견했다. 대신, 이들은 그림 순서를 보고 있는 사람의 방향에 상관없이 태양의 궤적에 맞춰 놓는다. 즉, 시간 순서상 먼저 발생한 장면을 담은 그림은 동쪽에, 뒤에 발생한 장면을 담은 그림은 서쪽에 둔다.[2]

이러한 발견은 중요한 사실을 시사한다. 우리가 시간을 생각하는 방식은 문화적이고 언어적인 실천의 문제이다. 그리고 바로 이 지점에서 숫자는 우리가 시간이라는 삶의 기본적인 단면을 이해하는 방식에 침투한다. 숫자는 우리가 시간의 '움직임'을 인식하는 방식에 분명히 영향을 미치기 때문이다. 우리가 시간을 통과하는 것으로 여기든, 우리 앞을 지나가는 것으로 여기든, 시간의 '움직임'은 나뉘고 셀 수 있다. 온라인에서 영상의 시간 막대표시와 숫자(분, 초를 나타내는)가 영상이 상영되는 순간을 표시하는 아이콘을 어떻게 추적하는지 다시 떠올려 보라. 실제로 숫자는 왼쪽에서 오른쪽으로 표시되는 달력과 타임 라인과 같이 시간에 대한 공간적, 상징적 표현 속에 무수히 존재한다. 이처럼 숫자를 중심으로 한 시간의 개념화는 틀림없이 우리의 삶을 지배하고 있다.

지금은 몇 시일까? 내가 이 글을 쓰고 있는 시각은 미국 동부 표준시로 오전 10시 46분이다. 낮이어서 나는 집이나 다른 장소가 아닌 내 연구실의 책상 앞에 앉아있다. 이 시간이 실제로 의미하는 것은 무엇일까? 우선, 자정 이후 10시간 46분이 지났다는 의미이지만, 이것은 동어반복적이다. 시란 무엇일까? 분이란 무엇일까? 사실, 시와 분은 우리의 정신적 경험 및 숫자에 대한 체험과 밀접한 관련이 있다. 이러한 개념은 은유적인 시간의 경과를 인위적인 단위로 나누어 수량화하는 수단이다. 즉, 어느 때부턴가 인간은 시간을 수량화하고 경험하는 순간에 숫자를 부여하기로 선택한 것이다. 시간은 우리의 경험과 별개로 실제 존재하는 것일 수도 있다. 그러나 시와 분, 그리고 초는 우리가 사는 이 세상과 정신에만 존재하는 것이다. 이러한 단위가 우리의 일상에 파고들 수 있는 것은 특정한 언어와 문화의 전통 때문이다. 시, 분, 초와 같은 시간 단위는 사실 고대 수 체계의 잔존물이다. 사라진 문명의 언어적 흔적일 뿐이다.

하루 24시간으로 나눈 지구의 자전 주기를 생각해보자. 왜 하필 하루를 24시간으로 나누게 되었을까? 딱히 천문학적인 이유가 없다면, 하루는 이론상 어느 수로도 나눌 수 있었을 것이다. 현재 우리가 시간을 이해하는 개념은 고대 이집트인들이 적어도 3천 년 전에 발명한 해시계의 영향을 받은 것으로 볼 수 있다. 당시에 해시계는 일광을 12개로 균등하게 분할하였다. 이 12개의 분할은 이집트인들이 해시계를 따라 그늘을 측정하여 문화적으로 적절한 방식으로 일광을 나눈 것에서 비롯되었다. 고대 이집트인들은 일출에서 일몰까지 일광을 10개의 단위로 나누었다. 이것은 우리와 같이 십진법 체계를 가졌던 고대 이집트인들에게 자연스러운 선택이었다. 해시계를 만든 사람들은 여기에 어둡지는 않지만, 아직 지평선 너머로 해가 보이지 않는 새벽 시간의 단위를 추가하였다. 일광을 이렇게 나눈 이집트인들의 방식은 숫자 12를 기준으로 한 시간 단위를 만들어냈다. 마치 하루의 시간 단위에 십이진법을 적용한 것처럼 보인다. 3장에서 보게 되겠지만, 전 세계에는 다양한 수 체계가 존재하는데, 그중에서 12진법은 아주 드문 편이다(10진법에 익숙한 사람들에게 다소 혼란스럽기도 하다). 그러나 하루 일광을 12개로 나눈 고대 이집트인들의 선택에 따라 시간에 관한 우리의 언어와 사고는 12진법과 비슷한 체계를 갖게 되었다. 이러한 체계는 현재 우리의 삶, 그리고 하루를 바라보는 관점 속에 확고하게 자리를 잡고 있다. 12시간의 밤도 이집트인들의 유산이다. 좀 더 간접적이지만, 우리에게 아주 익숙한 24시간의 밤/낮 주기 또한 마찬가지이다. 24시간 체계는 헬레니즘 시대의 그리스 천문학자들이 형식화하였는데, 정확하고 균등하게 나눈 시간 체계는 정밀하게 시간을 잴 수 있는 메커니즘이 발명된 후에야 보급될 수 있었다(정밀한 시간 읽기의 중요한 혁신인 진자시계는 17세기 중반에 만들어졌다). 이처럼 시간의 존재는 역사와 함께 형성된 것이다. 이집트의 해시계가 애초에 일광을 12등분이 아닌 10등분을 했다면, 지금 우리는 낮과 밤에 각각 10시간이고, 지구의 자전은 '20시간'으로 나뉘었을 것이다.[3] 사실, 이러한 혁신 직후에 프랑스에서는 10진법에 기반을 둔 시간 체계가 시행되었지만, 이러한 체계는 시와 분의 개념이 문화적으로 확고해지는 과정에서 자리를 잡는 데 실패하였다. 국가적으로 새로운 시간 단위를 다시 정립하는 것보다 왕을 끌어내리거나 시민들을 참수하는 편이 더 쉬웠던 것만큼은 확실해 보인다.

분과 초 또한 아주 오래전 사람들의 문화적이고 언어적인 결정의 결과물이다. 이러한 시간의 단위는 바빌로니아인들과 그보다 앞선 수메르인들이 사용했던 60진법 체계에서 시작되었다. 이들의 문화는 천문학적 계산을 위해 이 체계를 최초로 사용한 것으로 보인다. 어떤 이들은 60진법이 메소포타미아에서 많이 이용되었을 것이라고 믿는데, 1에서 6까지의 수는 물론, 10, 12, 15, 20, 30으로도 완벽하게 나눌 수 있기 때문이다. 그런가 하면 인간의 한 손에 다섯 손가락이 있고, 엄지를 뺀 나머지 네 손가락의 관절이 모두 12개라는 사실로 인하여 60진법이 발달한 것이라고 해석하는 사람들도 있다(5x12=60). 그렇다 하더라도 60진법은 그다지 일반적인 기수법은 아니었다. 인류 언어의 역사상 60진법이 등장한 예는 손에 꼽을 정도이다. 바빌로니아의 60진법은 시간과 분을 60으로 나누고 있는 현재의 시간 단위가 계속 사용되는 한 지속될 것이다. 이 방법 이외에도 오늘날 사람들은 다른 측정법으로 초를 정의할 수도 있다. 세슘 원자에서 나오는 빛의 진동수를 계산하여 1초를 정의하는 방식이 바로 그러한 예이다. 이러한 정의는 원자시계의 표준이 된다. 하지만 이러한 측정법이 선택되는 이유도 결국 전통적인 초 길이에 근접

했기 때문이다. 이 전통적인 초 길이는 효과적이지만 논란의 여지가 있는 시간측정의 수단을 제공한 고대 수 체계의 부산물이다.

요약하면, 시간에 대한 우리의 해석은 시간과 공간의 관계를 은유적으로 이해하는 방식의 영향을 받는다. 즉, 공간을 바탕으로 시간을 바라보는 관점은 숫자의 존재에 전적으로 의존하여 수량화된다. 다시 말해, 이러한 수량화는 고대 바빌론과 같은 곳에서 사용된 수 체계의 특성에서 비롯된다. 시간, 분, 초의 수량화된 단위로 우리가 시간을 이해하는 방식은 지금은 사라졌지만, 여전히 흔적을 남기고 있는 고대의 언어와 문화의 특징에 의해 형성된 것이다. 이러한 흔적은 우리가 일상을 경험하는 방향에 계속해서 영향을 미친다. 따라서 지금 우리에게 기이해 보일 수 있는 고대의 숫자는 추상적이지만 삶의 기본이 되는 시간을 경험하는 방식을 형성한다. 그러나 시간이라는 단위가 실제로 존재하거나 다른 단위를 통해 자연적으로 발생하는 것은 아니다. 시간을 수량화할 수 있는 단위로 나눈 것은 실로 인간의 정신이 낳은 허구의 개념이다.[4]

시간에 대한 우리의 인식 형성과정과 관련한 숫자의 역할에 대한 논의를 통해 우리는 숫자와 다양한 수 체계의 차이가 얼마나 강력하게 우리의 인지와 행동에 영향을 미칠 수 있는지 살펴볼 수 있다. 이 책에서 우리는 숫자의 발명이 우리의 삶은 물론, 인간의 묘사와 서술방식에 더 일반적으로 영향을 미쳤다는 점을 다양하고 깊이 있는 논의를 통해 검토할 것이다. 그러한 전개를 구체적으로 논하기에 앞서, 생물학적 종으로서 인간의 배경에 관해 먼저 살펴보고자 한다. 이러한 배경은 이 책에서 이야기하는 숫자와 필연적이면서도 밀접하게 관련되어 있다.

어린 호모사피엔스

시간의 경과를 측정하는 인간의 능력은 최근의 호모사피엔스(Homo sapiens)의 기원을 논할 때 꽤 유용하다. 숫자를 통해 우리는 인류가 얼마나 어린 종인지 표현할 수 있다. 우주는 약 137억 년, 지구는 약 45억 년, 진핵생물은 약 30억 년 전에 출현했다. 영장류가 지구상에 등장한 때는 약 6500만 년 전으로 거슬러 올라간다. 화석 기록에 따르면, 인류의 조상을 포함한 호미닌(hominin)의 역사는 영장류 역사의 10분의 1에 지나지 않는다. 현생 인류가 처음 등장한 때가 정확히 언제인지에 대해서는 많은 논란의 여지가 있지만, 최소한 약 10만 년 정도인 것은 분명하다. 우주의 주기를 13만 년으로 본다면(빙하기의 주기가 대략 이 정도의 시간인 것으로 알려져 있다. - 역주), 우리 인류가 존재해 온 시간은 1년도 채 되지 않은 셈이다. 우리는 이러한 사실을 자주 간과한다. 인류라는 종이 지구상에 출현한 시점은 우주의 시간으로는 최근이다. 우리는 지구 역사의 아주 작은 한 자락을 공유하고 있을 뿐이다. 하지만 우리는 다양한 면에서 이 행성의 현재를 만들어왔다. 특히, 지난 수천 년의 시간이 그러했다. 앞으로 살펴보겠지만 숫자는 인간이 이처럼 획기적인 도약을 하는 데 중요한 역할을 하였다. [5]

그밖에 더 많은 데이터는 초기 인류와 호모사피엔스가 아프리카에서 진화하였음을 증명한다. 현재 우리의 신체적 특징 중 핵심적인 요소들은 바로 이 지역에서 시작되었다. 예를 들어, 직립보행의 흔적을 확실히 보인 오스트랄로피테신류(australopithecines)의 발자국은 370만 년 전의 탄자니아 라에톨리(Laetoli) 화산재에서 발견되었다. 더 커진 뇌의 흔적은 호모에렉투스(Homo erectus, 약 180만 년 전), 호모하이델베르겐시스(Homo heidelbergensis, 약 50만 년 전)와 같이 아프리카 이외 대륙에서 생존했던 종들에서도 발견이 되었으나, 호모사피엔스에서만큼 괄목할만한 인지적 도약을 암시하는 기록은 전해지지 않고 있다. 그러나 이러한 특징을 통해 우리는 결정적인 암시를 읽을 수 있다. 즉, 초기 인류의 뇌 용량이 현재 우리의 수준에 도달하기까지는 오랜 시간이 걸렸지만, 아주 오래전부터 인간은 상대적으로 큰 뇌를 갖고 있던 것으로 보인다. 그처럼 큰 뇌를 가졌으면서도 우리와 가장 가까운 조상이라 할 종들의 행동은 다른 유인원과 비교했을 때 별다를 것이 없었다. 그들의 행동은 현생 인류나 우리의 자매 종이라 할 수 있는 호모네안데르탈렌시스(Homo neanderthalensis)와 조금도 유사하지 않았다(호모네안데르탈렌시스는 약 50만 년 동안 유럽에서 생존하였고, 현생 인류의 조상이 유럽 대륙에 도착한 이후 급속도로 멸종되었다).[6]

그러므로 우리 종의 진화를 설명하기 위한 한 가지 합리적인 방식은 최근에 발생한 급격한 변화를 살펴보는 것이다. 물론, 우리의 혈통은 수백만 년동안 생리학적으로 진화를 거듭하여 현재 우리의 모습으로 이어졌다. 그러나 그 시간 동안 우리의 조상은 더 큰 아프리카 종의 먹잇감으로 고되고 짧은 생을 살아야 했다. 과거 인류가 현재 우리만큼 다른 종들을 항상 능가했던 것은 아니다. 최근에 나는 아프리카의 다양한 호미닌 화석을 연구해온 고생물학자이자 인류학자인 동료와 이야기를 나누었다. 그는 이러한 화석에서 가장 눈에 띄는 특징 중 하나는 바로 폭력의 흔적이라고 했다. 많은 사례에서 뼈 장애와 골절이 보였고, 포식자 또는 사체를 먹는 동물의 이빨 자국도 흔하게 관찰되었다. 흔히 이러한 화석은 사자와 같은 포식자의 서식처에서 발견되며, 대부분 어린이와 젊은 성인의 것이었다. 이러한 증거는 주변의 포식자들과 사투를 벌이며 짧은 생을 이어가야 했던 우리 조상의 참담한 삶을 전해준다.

이처럼 당시 우리 조상의 삶이 고달팠던 것은 인지능력이 아직 발달하지 않은 결과였다고 말할 수 있다. 이러한 정체현상은 수백만 년에 걸친 화석기록에서 엿보이는 물질적 혁신의 속도가 상당히 완만하다는 사실로도 분명히 증명된다. 한 가지 예를 들어보자. 인류학자들이 아슐레앙 도끼(Acheulean axe)라고 부르는 석기가 있다. 주먹도끼로 대표되는 이 석기는 호모하빌리스(Homo habilis)가 약 175만 년 전에 처음으로 만든 것이다. 휴대성과 실용성이 뛰어난 이 주먹도끼는 우리 조상들에게 중요한 도구였다. 하지만 창 발사기나 활과 화살에 비한다면 단순하기 그지없다. 그런데 어찌 된 일인지 호미닌은 150만 년 이상 오로지 이 도구에 의존했다. 직립보행, 상대적으로 큰 뇌 용량, 그리고 간단한 도구 등, 우리의 조상인 종들은 수백만 년 동안 현생 인류로 발전할 수 있는 토대 위에 이미 서 있었던 것으로 보인다. 그러나 그 발판을 딛고 현생 인류로서 더욱 진화된 능력을 발휘하기까지는 오랜 시간이 걸렸다.

구석기시대를 거치며 생존을 위해 싸우는 동안 상황은 크게 나아졌다 (구석기시대는 약 1만 년 전까지 약 250만 년 동안 지속되었다). 약 20만 년 전쯤 어느 시점에(고고학적 기록으로 보자면 약 10만 년 전으로도 볼 수 있겠다.), 우리 조상들의 사고방식에 큰 변화가 일어난 것으로 보인다. 이러한 인지적 변화는 남아프리카공화국 블롬보스 동굴(Blombos Cave)에서 발견된 복잡하고 세련된 골각기(骨角器, bone tool)에서도 확인할 수 있다. 이 동굴의 다른 유물과 또 다른 동굴에서도 비슷한 증거를 찾을 수 있는데, 이와 관련한 더 자세한 내용은 10장에서 전할 것이다. 이러한 도구를 발명한 직후, 우리의 조상들은 본격적으로 아프리카를 넘어 다른 대륙으로 이동하기 시작하였다. 오늘날 인류의 유전학적 분석 또한 현재 비아프리카 지역의 인구가 호모사피엔스의 직계 후손임을 시사하고 있다. 아프리카로부터 대이주를 감행한 호모사피엔스의 작은 집단이 건너간 경로가 하필 바브만데브 해협(Bab al-Mandab)의 홍해였다는 사실은 공교롭다.[7]

멸종위기 속에 생존을 위해 고군분투하던 당시 인류에게 이후에 일어난 일은 예측을 훨씬 뛰어넘는 것이었다. 아프리카를 떠난 다른 영장류가 주로 다른 열대 생물군에 자리 잡는 동안, 우리의 조상들은 현재까지도 이어지고 있는 탐험의 역사를 시작하였다. 약 14,000년 전에 남아메리카 끝에 도달하기까지 수만 년에 걸쳐 지구 곳곳을 탐험한 인류는 마침내 지구의 거의 모든 환경에 적응할 수 있게 되었다. 우리는 시베리아 툰드라(Siberian tundra), 태즈매니아 관목림(Tasmanian bush), 아타카마 사막(Atacama Desert)을 비롯하여 혹독한 환경의 거의 모든 생물권에서 생존경쟁을 벌이며 다른 종들을 압도하였다. 이러한 인류의 진보는 고고학적 기록에 생생히 남아있다. 요약하자면, 인간은 적응에 적응을 거듭하게 된 것이다. 이처럼 새롭게 밝혀진 인류의 적응은 언어와 문화가 없었다면 불가능했을 것이다. 이것이 바로 우리 종의 가장 뚜렷한 특징이다.[8]

언어와 문화의 기원은 여전히 큰 논쟁의 대상이다. 많은 인류학자의 연구에 따르면, 인류가 언어와 문화를 통해 혁명을 이룰 수 있었던 것은 협력에 더 크게 의존한 결과였다. 인류가 서로 의존해야 했던 데는 두 가지 이유가 있다. 첫째, 인간 개개인의 힘으로는 다른 종을 능가할 수 없고 둘째, 인간 집단의 경쟁에서 이기기 위해서라도 더 진보적인 형태의 협력을 이뤄야 했다. 인간이 특별히 언어와 관련하여 유전적으로 타고났다고 장담할 수는 없으나, 이러한 설명은 종의 다른 구성원들과 협력하고자 하는 경향을 갖고 있다는 사실로 뒷받침된다. 인간의 갓난아기는 다른 유인원에 비해 인지적 능력이 부족하지만, 다른 구성원과의 협력 가능성을 예민하게 인식한다. 인간의 이러한 협력적 성향은 기본적인 몸짓에 기초한 유인원의 소통 방식과 달리 더 견고한 언어에 기반을 둔 방법적 전환을 예고한 것이었다. 다시 말해, 우리가 언어적 특징을 보이는 종이 될 수 있었던 것은 그와 관련하여 특별한 기술을 타고난 것이라기보다, 인지적 능력을 모아 협력할 수 있었기 때문이다. 인간의 이러한 특징은 더 단절된 모습을 보이는 다른 유인원들과 비교했을 때 더욱 분명히 알 수 있다. 이러한 협력 성향은 인지적 삶에서 중추적인 역할을 한 것으로 보이며, 인간의 특징적인 의사소통 방식을 향한 변화를 이끌었다. 언어의 탄생도 결국 인간이 서로의 생각과 의도에 관심을 기울이기 시작하며 협력에 중점을 두지 않았다면 불가능했을 것이다. 그 기원이 무엇이든, 언어가 인간의 경험을 새롭게 형성하였고, 우리의 조상이 아프리카를 떠나기 시작했던 무렵보다 더 뛰어난 종으로 발전할 수 있게 하였다는 점에 대해서는 논란의 여지가 없다.[9]

언어는 우리의 사고를 형성한다. 심지어 비언어적인 사고를 촉진하기도 한다. 더 실용적인 차원에서 언어를 통해 인간은 새로운 형태로 협력하며, 생태계에서 생존을 위한 해결책을 다음 세대로 전수할 수 있었다. 생각을 담아내는 단어는 인간이 새로운 환경에서 직면하는 문제의 해결책을 기록하고 전달할 수 있게 해주는 인지적 도구이다. 언어적 혁신을 통해 인간은 이제 같은 문제의 해결책을 반복해서 새롭게 생각해 낼 필요 없이 다른 구성원의 관련 지식을 공유하고, 이를 전달할 수 있게 되었다. 프롤로그에서 언급한 세대 간 문화적 연결이 드디어 가능해진 것이다. 도시와 같은 현재 환경에서 우리가 여전히 잘 적응할 수 있었던 것도 생존에 필요한 여러 생각을 갓난아기 때부터 서로의 마음을 읽으며 언어를 통해 전달받을 수 있었기 때문이었다. 언어를 비롯한 다양한 상징적인 문화적 관행은 개인과 문화의 생존에 필요한 기본적인 개념을 쉽게 저장하고, 접근할 수 있게 해준다.[10]

언어 출현의 정확한 시기는 알 수 없고, 그와 관련한 고고학적 기록 또한 명확하지 않다. 그러나 앞서 살펴본 바와 같이 언어의 중요성만큼은 논란의 여지가 없다. 단어를 비롯한 다양한 상징적 표현은 인간이 획득한 가장 위대하고 예리한 도구로서 분명히 제 역할을 해왔다. 그러나 이 언어적 도구에 포함된 중요한 하위 도구가 존재한다. 바로 숫자라는 인지적 도구이다. 이 도구는 특히 우리의 선조가 아프리카를 떠난 이후, 그리고 아마도 그 전부터도 인간의 특징을 형성하는 데 중요한 역할을 하였다. 언어적 도구의 이러한 하위 도구를 통해 우리는 수량을 새로운 방식으로 이해하고 다룰 수 있게 되었다. 이 책에서 제시하는 바와 같이, 이러한 숫자 도구는 농업과 글쓰기의 출현으로 이어졌고, 이와 관련한 다양한 기술의 등장에도 간접적으로 영향을 미쳤다. 이처럼 숫자는 우리의 개념과 행동경험의 향방을 완전히 바꾸어 놓은 도구였다.

자연 속의 수량, 우리 정신 속의 숫자

단어는 현존하는 사물이나 관념에 이름을 붙이는 기능을 할 때가 많다. 예를 들어, '자이언트 판다'라는 단어는 특정 포유류 종을 가리키는 이름이다. 하지만 이 종은 이름과 상관없이 존재한다. 그런데 단어는 실제로 존재하지 않은 개념을 나타내는 역할도 한다. 색의 경우를 생각해보자. 우리는 광스펙트럼의 가시광선 부분, 즉 전자기파의 작은 범위와 지속적으로 상호작용을 한다. 이 가시광선 스펙트럼은 명확하게 분리되지 않는 색의 연속이다. 예를 들어, 우리는 청색과 녹색을 구별해 말하지만, 광스펙트럼에서 이 두 색이 실제로 분리되는 지점 없이 서로 섞여 있다. 많은 언어에서 '청색'과 '녹색'보다 '청록색'에 해당하는 용어를 사용하는 것도 바로 이러한 이유에서이다. 하지만 색상을 대비하여 말하는 경향이 더 뚜렷한 영어 사용자들은 '청색'과 '녹색'도 더 뚜렷하게 분리해 말한다. 이처럼 사람들은 특정한 단어를 사용하여 절대적인 경계 없이 대략 구별되는 광스펙트럼의 색을 이야기한다. 예를 들어, 뉴기니의 베린모족(Berinmo)은 영어권 사람들이 '녹색'으로 지칭하는 광스펙트럼의 색 일부를 구별하여 'wol'과 'nor'라고 부른다. 이와 같은 언어의 차이는 해당 언어의 화자가 색을 인식하고 기억하는 방법에 미묘하지만 분명한 영향을 미친다. 즉, 색상을 가리키는 용어는 단순히 모든 인간이 공유하는 기존의 색 개념에 이름을 붙인 결과가 아니다. 이러한 용어는 실제보다 더 엄격하게 경계를 나눈 색의 개념을 존재하게 한다.[11]

색 용어를 이용해 우리가 광스펙트럼의 특정 부분을 개념적으로 더 분리하거나 통합할 수 있게 된 것처럼, 숫자단어나 기타 기호는 우리의 정신적 삶에 특정한 종류의 수량을 인식시켰다. 다시 말해, 숫자가 없다면 인간은 대부분 서로 다른 수량 사이의 구분을 '식별'하지 못한다. 숫자가 발명되기 전에 인간이 자연환경에서 사물의 양을 이해하는 방식은 다른 동물과 그렇게 다르지 않았을 것이다. 인간이 발명한 숫자가 널리 차용되지 못했다면, 우리 주변 어디에나 존재하는 수량의 바다에서 방향을 잡고 목적에 맞게 항해할 수 있는 필수적인 도구를 갖추지 못했을 것이다.

숫자가 인간의 발명품이라는 말은 이상하게 들릴지 모른다. 인류가 지구상에 출연하기 이전에도 자연에는 8(문어 다리의 수), 4(계절의 수), 29(음력주기)처럼 예측 가능한 숫자가 존재했다고 주장할 수도 있다. 그러나 엄밀히 말하면, 그것은 규칙적으로 발생하는 수량이지 숫자가 아니다. 다양한 수량 사이의 관련성은 인간의 정신적 경험과 별개로 존재할 수 있다. 예를 들어, 문어 다리는 우리가 그 규칙성을 인지하지 못하더라도 항상 일정한 수량으로 발생한다. 숫자는 이러한 수량을 구별하여 표현하기 위한 기호이다.[12] 색상 용어가 가시광선 스펙트럼에서 서로 다른 색상을 구별하는 명확한 정신적 경계를 만든다면, 숫자는 서로 다른 수량 사이에 개념적 경계를 만든다. 이러한 경계가 물리적 세계에 실제 존재하는 수량 사이의 구분을 반영하는 것일 수도 있지만, 숫자가 없다면 인간의 정신은 이러한 구분을 떠올리지 못하는 것이 일반적이다.

수량을 나타내는 숫자단어는 인간이 본래 타고난 개념이라든가, 생물학적인 발달을 거치는 동안 자연스럽게 습득하게 된 개념에 편리하게 이름을 붙인 것으로 이해되는 경우가 많았다. 그러나 언어학자이자 숫자 전문가인 하이케 비제Heike Wiese는 이 문제에 대해 다음과 같은 통찰을 제시하였다. "언어는 우리에게 숫자의 예가 되는 단어를 제공한다. 우리는 그러한 단어를 숫자로 이용할 수 있다. 즉, 우리가 현재 사용하는 숫자는 본래 존재했던 관념에 붙인 이름에 불과하거나, 이를 추론하기 위해 사용하는 것이 아니다." [13] 숫자가 없다면 우리가 생각할 수 있는 구체적인 수량은 매우 제한된다. 아마 이러한 주장에 놀라는 이들도 있겠지만, 경험적으로 충분한 근거가 있는 말이다. 반면, 숫자가 이미 존재하는 관념에 붙여진 이름일 뿐이라는 가정을 뒷받침하는 근거는 없다. 다른 동물과 다름없이, 인간 또한 숫자가 없으면 셋을 넘어서는 수량을 정확하고 일관되게 파악하지 못하는 것으로 밝혀졌다. 우리가 숫자를 모른다면, 셋 이상의 수량은 어림짐작할 수밖에 없다. 이러한 발견은 수 체계가 없는 사람들을 대상으로 하는 다양한 최근 연구 결과로도 증명된다. 또한 영아기의 아기들과 숫자를 아직 학습하지 않은 아동을 대상으로 한 연구도 이러한 주장을 뒷받침하고 있다. 이와 관련한 연구 결과는 2부에서 자세히 소개될 것이다. 앞으로 살펴보겠지만, 수량을 구별하기 어려워하는 우리의 선천적인 한계는 숫자라는 도구를 통해서만 뛰어넘을 수 있다.

그러나 이러한 설명의 역설적인 면을 인정하지 않을 수 없다. 인간이 숫자 없이 수량을 정확히 파악하는 것이 불가능하다면, 어떻게 애초에 숫자를 생각해 낼 수 있었을까? 이 질문에 답하기 위해 우선 생각해볼 수 있는 것은 이러한 역설이 최소한 어떤 면에서는 인간의 모든 발명에 적용된다는 사실이다. 발명이 이루어지려면 사람들이 일반적으로 자연스럽게 떠올리지 못하는 개념을 누군가가 인식하는 단계가 선행되어야 한다. 발명은 유전적으로 예정된 것이 아니라, 이처럼 자각을 통해 이루어지는 경우가 많다. 인간은 지렛목이나 나사, 바퀴, 망치를 비롯한 기본적인 도구를 생각해낼 수 있는 성향을 타고난 것이 아니다. 이러한 도구들은 다양한 자각 과정을 통해 개발되었다. 간단하고 실용적인 예로 바퀴를 떠올려 보자. 자연적인 환경에서 둥근 것은 굴러간다는 사실을 이해하는 우리의 인식을 고려한다면, 바퀴를 발명하지 못한 인간을 상상하기 어렵다. 하지만 이 단순한 자각을 통해 바퀴는 차축과 함께 비교적 최근의 역사에서 과거 문명(잉카와 같은 큰 사회를 포함하여)이 이루지 못했던 엄청난 혁신을 일궈냈다. 이처럼 쉽게 개념적으로 이해되는 원리라 하더라도, 인간이 '바퀴'라는 개념을 이미 갖고 태어나는 것은 아니다. 이와 마찬가지로, 언어적 도구인 '칠(7)'이라는 단어는 얼핏 아주 직관적인 것처럼 보이지만, 지구상의 어떤 사람들은 이 단어가 가리키는 정확한 수량에 익숙하지 않다. 바퀴를 잘 몰랐던 사람이라도 실제로 바퀴를 본다면 이 도구의 유용함을 이해할 수 있을 것이다. 마찬가지로, 수량에 익숙하지 않은 사람은 그 개념을 설명하는 단어를 학습한 후에야 정확히 7개의 사물이라는 것이 어떤 개념인지 이해할 수 있다. 따라서 숫자단어는 복잡한 수학 문제를 해결하는 데만 도움이 되는 것이 아니다. 3보다 큰 수량을 인식하고 다른 수량과 구별할 수 있게 하는 것도 바로 숫자단어이다(이와 관련한 실험적 증거는 2부에서 살펴본다).

아마 독자도 눈치챘겠지만, 그렇다고 여기에서 이러한 역설을 해소할 답을 제시할 수 있는 것은 아니다. 말을 조금 바꾸어보자면, 이렇게 질문할 수 있을 것이다. 숫자가 정확한 양을 인식하는 데 중요한 것이라면, 숫자가 없던 인간은 어떻게 그러한 단어가 수량을 나타낸다는 것을 정확히 인식하게 되었을까? 이 책의 3부에서 다룰 내용을 간략하게 먼저 소개하자면 다음과 같다. 먼 옛날에 우리의 종 중 일부는 각자 다른 시기에 특정한 기존 단어의 의미를 확장하면 3보다 큰 수량을 표현할 수 있다는 사실을 분명히 자각하였다(예를 들어, 그들은 신체의 일부인 '손'으로 5를 표현할 수 있다는 것을 인식했다). 숫자의 발명을 이끈 핵심적인 배경에는 바로 이처럼 단순한 자각이 있었다. 하지만 이러한 깨달음은 인간이 애초에 타고난 것이 아니었다. 우리가 굴러가는 바퀴와 물에 뜨는 강철 선박, 하늘을 나는 비행기의 존재를 알고 태어나지 않은 것과 다름없다. 이제 또 어떤 사람들은 단어를 이용하여 다섯과 여섯의 수량을 구별할 수 있다는 것을 깨달았다. 다른 사람들도 이러한 쓰임을 차용하기 시작하면서 수량에 대한 새로운 사고방식이 확립되었다. 이러한 차용이 거듭되면서 숫자는 인간 사회에 퍼져나갔다.

8장에서 더 자세히 다루겠지만, 인간이 숫자를 발명한 사실은 대체로 신체적 요인의 결과이다. 즉, 많은 양이 존재하고, 그러한 개념에 이름을 붙일 수 있다는 단순한 자각은 우리가 늘 목격할 수 있는 대상에서 일관성 있게 확인 가능한 수량이 있었기 때문이었다. 우리의 손을 보자. 우리는 한 손에 다섯 개의 손가락을 갖고 있다. 이러한 생물학적 특징은 다른 동물이 그렇듯 일부러 인지하기 위해 애쓰지 않는데도 다섯 손가락을 우리에게 끊임없이 보여준다. 인간이 다른 동물과 다른 점은 이 생물학적 특징과 수 개념의 관련성을 때로 인식할 수 있다는 점이다. 얼핏 이러한 자각은 명료해 보이지만, 이러한 생물학적 관련성이 반드시 숫자의 발명으로 이어지는 것은 아니다. 수량은 순간적으로 자각될 수 있다. 한 손의 다섯 손가락도 마찬가지이다. 그러나 '오(5)'라는 단어가 도입되면, 이 단어는 한 손의 다섯 손가락이 의미하는 수량을 생산적으로 기술하는 데 사용되고, 이렇게 하여 숫자가 발명되는 것이다. 해부학적 특성의 자각에서 숫자의 발명으로 이어지는 이러한 일반적인 경로는 전 세계 언어에서 '5'와 '손'을 의미하는 단어 사이의 유사성이 자주 관찰된다는 점에서 언어학적 데이터로도 증명된다(이 점은 3장에서 상세히 기술한다).

인류 역사에서 여러 시기에 이루어진 숫자의 발명은 수량에 대한 우리의 사고를 촉진하는 데만 그치지 않았다. 숫자는 3보다 큰 수량을 정확하고 일관성 있게 구별할 수 있도록 하였다. 이 가설은 이 책에서 앞으로 더 자세히 논의될 것이다. 여기에서는 인류 역사의 혁명이자 개념적 도구인 숫자를 통해 이 책이 전하고자 하는 전반적 맥락을 독자들이 이해할 수 있기를 바란다. 이 책은 이러한 도구의 발명과 광범위한 차용이 결국 인간의 인지능력과 행동의 방향을 새롭게 설정하였다고 주장한다. 아마도 앞서 논의한 것처럼 인류 역사의 최근 혁신적인 변화를 가능하게 한 숫자는 언어라는 도구상자에서도 가장 강력한 도구일 것이다. 더 나아가, 숫자는 이 책의 뒷부분에서 소개하는 보다 최근에 이루어진 혁신을 가능하게 하였거나, 최소한 촉진하는 역할을 하였다. 이러한 실질적인 인지적 도구가 없었다면 농업혁명이나 산업혁명도 존재하지 못했을 것이다.

이 책의 방향

이 책은 인류학, 언어학, 심리학적 증거를 통합적으로 제시한다. 여기에서는 인간과 관련한 데이터는 물론, 다른 동물들의 데이터도 고려하였다. 이러한 모든 데이터는 이미 정해진 결론으로 이어진다. 즉, 숫자는 기본적인 개념과 행동의 비계 역할을 하며, 현대성의 더 큰 체계를 확립하는 데 도움이 되었다.

1부의 나머지 부분에서 우리는 인간의 경험에 숫자가 얼마나 광범위하게 자리 잡고 있는지 검토한다. 이를 위해 2장에서는 언어능력뿐만 아니라 고고학적 기록과 문헌을 통해 수량의 상징적 표현에 중점을 두고, 3장에서는 전 세계 언어의 숫자단어를, 4장에서는 다른 언어학적 증거를 살펴본다. 이처럼

1부에서 제시하는 자료는 숫자가 고대 비언어적 상징체계는 물론, 전 세계의 거의 모든 언어에서도 핵심적인 요소로 작용한다는 것을 시사한다. 더 나아가, 이와 관련한 연구 결과는 숫자의 발명과 사용에 있어서 인간 해부학과 신경생물학의 중요성을 강조하고 있다.

2부에서는 숫자가 인간의 특성과 관련하여 갖는 역할을 살펴본다. 5장에서는 숫자에 익숙하지 않은 성인을 대상으로 수집된 관련 연구 결과를 소개하고, 6장에서는 언어가 아직 완전히 발달하지 않은 영아기의 숫자 인식을 검토한다. 7장에서는 인간과 밀접하게 관련이 있는 다른 종들의 수 인지능력을 비교해 볼 것이다. 이러한 검토는 주로 오지의 환경에서 진행된 인류학자와 언어학자의 최근 연구는 물론, 인지과학 분야의 실험실 기반 연구자들이 수행한 연구 결과에 주목할 것이다.

3부에서는 숫자가 현대문화를 형성해온 과정을 돌아볼 것이다. 8장에서 우리는 숫자와 기본적인 연산이 발명된 배경을 살펴본다. 9장에서는 숫자언어가 인간의 생활패턴 변화에 어떻게 영향을 미쳤는지 설명한다. 우리는 숫자가 물질 및 행동과 관련한 인간의 다른 기술은 물론, 최근 인류 역사의 주요 이정표에서 어떤 역할을 하였는지 살펴볼 것이다. 마지막으로, 10장에서는 사회적으로나 정신적으로 숫자가 인간의 문화에 영향을 미친(최소한 간접적으로) 몇 가지 중요한 방식을 고찰하며 끝을 맺는다.

II

우리의 과거에 새겨진 숫자

　진기한(예스러운) 몬테 알레그레Monte Alegre 마을과 가까운 브라질 아마존 한가운데 빼곡한 밀림을 내려다 산비탈 동굴과 노출된 암벽에는 벽화들이 그려져 있다. 1만 년도 넘는 먼 옛날에 당시 토착민 예술가의 손끝에서 탄생한 이 벽화들은 고고학자 안나 루즈벨트Anna Roosevelt의 손을 거쳐 꼼꼼하게 기록되었다. 그리고 이 기록은 아메리카 대륙에 대한 우리의 이해를 바꿔놓았다. 그중 한 그림에는 여러 개의 'x' 표시가 격자 모양으로 새겨져 있다. 분명히 단순한 그림 이상의 기능을 한 것으로 보이는데, 그 역할이 무엇인지는 확실하지 않다. 그래도 추측해보자면, 수량을 표시한 것일 가능성이 커 보인다. 예를 들면, 일수(日數), 보름, 또는 시간과 관련한 다른 의미 있는 주기일 수 있을 것이다. 실제로, 지난 수십 년 동안 고고학자들은 수량에 관한 고대인들의 관심을 짐작하게 하는 수많은 증거를 발견하였다. 이러한 증거에서 수량은 2차원적으로 표시되었다. 즉, 완전한 상징적 쓰기 단계는 아니었으나, 당시 사람들은 동굴 벽에 수량을 그리거나, 나무와 뼛조각에 새겼다. 이러한 기록은 특정한 의미를 포함한다는 점에서 이미 상징적이라고 할 수 있다. 그러나 숫자만큼 완전히 상징적이거나, 추상적인 방식으로 수량을 나타내는 단계는 아니었다. 이를테면, 숫자 7은 특정한 표시를 일곱 번 반복할 필요 없이 상징적인 기호로서 어떤 것의 수량이 일곱 개라는 것을 의미한다. 따라서, 고고학자들이 발견한 원시적인 수량의 표시는 현재 우리가 적는 숫자의 전신인 유사 기호로서, 선사시대 숫자(prehistoric numeral)라고 부를 수 있겠다. 로마숫자를 떠올려 보자. 숫자 3에 해당하는 로마숫자는 III로 표시된다. 이 표시는 마치 어떤 물건이 세 개가 있다는 것을 모양 자체로 상징하는 것처럼 보인다. 사실, 우리가 지금 사용하는 인도 기원의 숫자도 이러한 셈법(tally system)의 흔적을 분명히 갖고 있다. 즉, 숫자 1은 단순한 집계 표시처럼 한 줄만 그어 한 개를 표시한다.[1)]

몬테 알레그레에서 약 5천 킬로미터 떨어진 플로리다주의 리틀솔트스프링Little Salt Spring에서, 마이애미 대학University of Miami의 고고학 전공 학생들은 최근에 놀라운 발견을 하였다. 바로 약 1천만 년 전으로 거슬러 올라가는 순록 뿔의 일부였다. 그림 2.1은 이 뿔의 최근 사진이다. 이 사진 속 순록 뿔의 측면에는 줄이어 새겨진 선들이 있다. 각 선의 길이는 5 밀리미터 정도이며, 배열은 상당히 규칙적이다. 선 사이의 간격도 일정한 편이다. 이러한 특징은 이 표시가 의도적이고 체계적으로 이루어진 것임을 암시한다. 각 표시 옆에는 일대일로 정렬을 이루는 더 작은 표시가 새겨져 있다. 이차적으로 새겨진 이 작은 표시를 통해 우리는 당시 사람들이 이 뿔이 어떤 일의 진행 상황을 기록하기 위한 목적으로 사용하였고, 진행에 따라 해당 수량의 확인 표시를 한 것으로 짐작할 수 있다(그림 2.1을 보면 이 뿔에서 이차 표시는 더 큰 선보다 살짝 왼쪽에 새겨져 있다). 하지만 이 뿔의 사례는 비주류 인류학 저널에서만 최근에야 언급되었을 뿐 주목받지 못했고, 그 중요성 역시 거의 묻혔다. 그러나 몬테 알레그레 그림의 경우와는 달리, 이 순록 뿔의 기능에 대해서는 제법 그럴듯한 가설을 세워볼 수 있다. 사실, 이 뿔 조각이 달력 목적으로 사용된 신세계(New World, 과거 남북 아메리카 대륙을 의미한다 - 역주) 유물 중 가장 오래된 것으로 알려져 있다. 이러한 결론은 몇 가지 증거로 뒷받침된다.[2]

수심이 5미터 이상인 리틀솔트스프링은 용존 산소량이 없는 무산소 물로 채워져 있다. 이 순록 뿔 조각은 길이 약 8센티미터, 무게 약 50그램으로 깔끔하게 잘렸으며, 8미터 깊이에서 발견되었다. 이 뿔은 1만여 년 전에 잘린 후 줄곧 이 무산소 물속에서 긴 세월을 보냈다. 무산소 물속에서 인공물은 일반적인 물에서처럼 손상되지 않는다. 그래서 우리는 그토록 오래전에 어느 장인이 나란히 새겨놓은 표시의 숫자가 정확히 짝을 이룬다는 것을 확인할 수 있다. 또한 순록 뿔 조각은 수중 절벽의 가장자리 바닥에 박힌 채 발견되었다. 이 인공물이 제작된 빙하기에 이 절벽은 물에 잠긴 상태가 아니었다. 당시 현재 플로리다주 인근의 해수면 높이는 지금보다 훨씬 더 낮았다. 이 시기에 절벽의 경사진 꼭대기는 사냥터 역할을 했다. 마이애미 대학의 해양 고고학자 존 기포드John Gifford와 스티브 코스키Steve Koski는 이 지역에서 학생들과 함께 수많은 동물 유해와 무기를 발굴하였다. 이 연구팀은 발굴된 유해와 무기를 꼼꼼하게 기록하고, 연대를 추정했다. 그 결과, 이 유물들의 연대가 순록 뿔 조각의 연대와 같은 시대에 속한다는 사실을 발견하였다. 이 순록 뿔이 같은 유적지에서 발견된 점에서, 이것의 목적 또한 사냥과 관련이 있음을 추정할 수 있다. 사냥 목적의 가능성을 짐작하게 하는 또 다른 증거는 바로 뿔에 새겨진 29개의 표시이다. 29개 중 하나는 현재 지워진 상태인데, 옆에 더 작은 표시가 새겨진 것으로 보아 원래 표시가 있었음을 추측할 수 있다. 그런데 중간에 보이는 표시 중 하나는 규칙성이 떨어진다는 점에서 애초에 의도적으로 새겨진 표시는 지워진 것을 포함해 28개일 가능성도 있다. 그러나 그림 2.1에 확인할 수 있는 바와 같이 표시 사이의 간격이 일정한 것을 보면, 처음 표시가

28개였을 것이라는 가설은 신빙성이 떨어진다.

그림 2.1 　 플로리다주 리틀솔트스프링에서 발굴된 순록 뿔. 한 동료가 실제 크기를 보여주기 위해 손에 들고 있다. 저자가 촬영한 사진.

　리틀솔트스프링 유적지가 구석기시대의 사냥터였다는 점에서 이 뿔에 새겨진 표시는 낮이나 밤의 수를 의미한 것일 수 있다. 달의 변화는 사냥에 영향을 미친다. 어떤 동물의 행동은 보름달이 뜨는 시기에 달라지고, 사냥꾼의 시야도 달의 영향을 받기 때문이다. 이 가설이 맞는다면, 뿔에 새겨진 29개의 표시는 아마 음력 달의 날짜 수를 의미할 것이다. 삭망월(朔望月) 주기는 평균 29.5일이다. 뿔에 새겨진 더 작은 표시도 이러한 해석을 뒷받침한다. 크게 새겨진 선 중 한 선의 끝에는 더 작은 표시가 없다(그림 2.1에서 맨 아래에 보이는 선). 이것은 큰 표시가 무엇을 의미하든 마지막 선에서는 더 작은 표시를 새길 필요가 없었다는 것을 의미한다. 즉, 마지막 표시는 확인하지 않아도 되었다는 말이다. 만약에 이 뿔로 사냥꾼이 달의 주기를 확인했던 것이라면, 마지막 표시의 확인은 분명히 불필요했을 것이다. 새로운 보름달이나 초승달을 기다리며 일수를 세던 사냥꾼이 당일에 확인 표시를 굳이 할 필요는 없을 것이기 때문이다. 이 뿔이 발견된 위치가 사냥과 관련이 있다는 점과 더불어 이와 같은 요소들을 고려할 때, 당시 사냥꾼이 사냥을 나선 달의 밤과 낮을 거듭세기 위한 도구로 사용했을 가능성을 충분히 따져볼 수 있다. 현재 마이애미에서 그리 멀지 않은 곳에서 1만 년도 더 된 과거의 사람들은 그렇게 선을 그어 수량을 표시하고 있었다. 이 선사시대의 숫자가 새겨진 순록 뿔은 한 손에 편하게 쥐고 휴대할 수 있는 크기로 만들어졌다. 결국, 이 뿔의 본래 역할은 휴대용 달력이었다. 그러다 이 뿔은 우연히 무산소 물에 수장되었고, 그 오랜 세월을 버텨낸 것이다.

리틀솔트스프링의 이 뿔 '달력'은 음력 주기를 확인하는 데 사용된 구석기시대 도구의 분명한 사례일 수 있지만, 뼈에 표시를 새겨 수량을 확인하는 행위가 구석기인들에게만 국한되는 것인지는 분명하지 않다. 예를 들어, 프랑스 남부의 타이 동굴Grotte du Taï에서는 후기 구석기시대의 것으로 보이는 작은 뼈가 발견되었다. 이 늑골의 표면에는 수백 개의 선이 새겨져 있는데, 일각에서는 이 자국이 달력의 기능을 했을 가능성이 제기되었다. 또 다른 예로, 프랑스에서 발견된 28,000년 전의 뼈에는 달의 위상과 움직임을 나타내는 원형과 타원형 그림이 새겨져 있었다. 또한 유럽의 석시대 후기 사람들은 현재 플로리다주에 살았던 상부 구석기시대 사람들과 마찬가지로 단순한 수량 표시 체계를 이용하고 있었던 것이 분명하다. 이러한 결론은 프랑스에서 발견된 간단한 셈법의 전형적인 증거인 아브리 셀리에Abri Cellier의 조류 뼈로 뒷받침된다. 아브리 블랑샤르Abri Blanchard 유물과 연대가 비슷한 이 뼈에는 리틀솔트스프링의 순록 뿔의 사례보다 훨씬 더 규칙적인 간격으로 새겨진 선형 표시가 발견되었다. 그러나 리틀솔트스프링의 사례처럼 함께 새겨진 작은 표시는 없었다. 또한 이 조류 뼈에 새겨진 표시는 순록 뼈의 경우처럼 29를 표현한다거나, 다른 셈법을 나타내는 것으로 보이지는 않았다. 그러나 최근의 연구 결과에 따르면, 아브리 블랑샤르와 타이 동굴의 유물과 마찬가지로 아브리 셀리에의 조류 뼈 역시 당시 사람들이 의도적으로 특정한 수 개념을 표현하려 한 것으로 분석되었다.[3]

따라서 유럽과 남아메리카, 북아메리카 대륙에서 살던 사람들은 수천 년 전부터 2차원적으로 수량을 표현해온 것으로 보인다. 이러한 선사시대 숫자가 숫자단어와 함께 사용되었는지는 확인할 수 없다. 그러나 숫자단어가 수학적 사고와 반복적인 수량의 인식에 중요한 역할을 한다는 점을 고려할 때(5장 참조), 이러한 유물은 당시 사람들이 숫자 언어를 사용했을 가능성을 암시한다. 이처럼 선사시대 인류가 뼈에 새기거나 벽화로 그린 숫자를 언제부터 사용하였는지는 확실하지 않지만, 족히 수만 년은 되었을 것이다. 2장과 3장, 4장에서 우리는 전 세계 고고학 및 언어학 연구 결과를 바탕으로 아주 오래전부터 인류가 수량을 표현해왔음을 시사하는 증거를 살펴볼 것이다. 수량에 관한 용어는 다양한 언어에 편재하며 거의 보편적인 역할을 한다. 이러한 특징은 수량 관련 용어가 구어(口語)의 역사에서 두드러진 역할을 해왔음을 암시한다. 마찬가지로, 인간이 숫자에 기울인 관심은 고고학적 기록과 문자 체계의 역사에서 분명히 확인할 수 있다. 숫자는 이렇게 우리의 역사적 기록에 깊이 새겨져 있다.

인간의 상징체계 진화와 관련한 모든 논의와 마찬가지로, 숫자의 기원을 말할 때 우리는 아프리카를 다시 찾을 수밖에 없다. 좀 더 구체적인 장소로 콩고의 한 작은 지역에 주목해 보자. 1960년에 벨기에 지질학자인 장 드 브라우코르Jean de Heinzelin de Braucourt는 이곳에서 눈금이 새겨진 약 15센티미터 길이의 개코원숭이 종아리뼈를 발견하였다. 이후 이 뼈의 연대는 최소한 2천만 년 전의 것으로 밝혀졌고, 발견 장소인 에드워드 호수Lake Edward 인근 지명을 따서 이상고 뼈(Ishango bone)라고 명명되었다. 이 원통형 뼈의 옆면에는 뚜렷하게 구별되는 세 개의 수열이 새겨져 있다. 이 뼈가 발견된 이후, 학자들 사이에서는 이 수열의 중요성에 대해 격렬한 논쟁이 벌어졌다. 학자들은 이 분류가 당시에 12진법 수 체계가 사용되었거나, 소수(素數, Prime Number) 또는 10진수 체계에 대한 인식이 있었음을 가리키는 것이라고 주장하였다. 이처럼 가설이 다양하게 제기되는 이유는 이 뼈가 어떤 목적으로 사용되었는지 우리가 정확히 알지 못하기 때문이다. 우리가 분명히 알고 있는 것은 이 뼈에 새겨진 표시들이 서로 방향과 길이는 조금씩 다르지만, 수열들이 대략 평행을 이루고 있다는 사실이다. 더욱 중요한 것은 각 수열이 뚜렷하게 나타내는 수량이 무작위적이지 않다는 점이다. 첫 번째 수열에는 위에서부터 아래 방향으로 3, 6, 4, 8, 10, 5, 5, 7개의 표시가 차례로 새겨져 있다(합계=48). 두 번째 수열에는 11, 21, 19, 9의 수가 포함된다(합계=60). 세 번째 수열에도 모두 60개의 표시가 있지만, 포함된 수는 11, 13, 17, 19로 두 번째 수열과 다르다. 세 번째 수열의 특징은 소수만 포함한다는 것인데, 이것은 우연일 가능성이 크다. 하지만 두 번째와 세 번째 수열의 전체 표시 수가 60으로 같다는 것은 우연으로 보이지 않는다. 첫 번째 수열에 포함된 수가 3/6, 4/8, 5/10으로 배수 관계를 보인다는 것도 뚜렷한 특징이다.[4]

　　이처럼 이상고 뼈의 수열 표시를 두고 다양한 가설이 쏟아지는 가운데, 단순하지만 정말 중요한 점이 간과되기도 한다. 즉, 이 뼈의 한쪽 끝에 돌출된 날카로운 석영 조각이 분명 표시를 새기는 용도로 사용된 것으로 보인다는 것이다. 그렇다면 이상고 뼈는 석기시대의 연필과 같은 도구였을 것으로 보인다. 당시에 누군가는 이 뼈를 손가락 사이에 잡고 다른 물체, 아마 다른 뼈에 표시를 새겼을 것이다. 여기서 중요한 것은 뼈 측면의 표시들이 이 뼈를 잡고 뼈나 나무 조각 등 다른 물체에 수량 표시를 새기는 사람에게 참조표와 같은 역할을 하였을 가능성이다. 다시 말해, 이 뼈는 실질적이면서도 추상적인 목적으로 사용되었다. 측면에 수량을 표시한 이 뼈는 마치 구석기시대의 계산자와 같은 역할을 하며 같은 수량을 정확히 재현하거나 다른 수량을 표시하는 데 도움이 되었을 것이다. 따라서, 우리는 이 뼈를 통해 아프리카 일부 지역에서 적어도 2만 년 전에 선사시대의 숫자가 출현 및 재현되었을 것으로 짐작할 수 있다.

이러한 표시가 새겨진 다른 아프리카 출토 뼈의 연대는 훨씬 더 전으로 거슬러 올라간다. 유럽에서 발견된 뼈의 연대도 마찬가지이다. 체코의 동부 지역에서 발견된 늑대 뼈가 그러한 예인데, 33,000년 전의 것으로 추정되는 이 뼈에는 55개의 표시가 새겨져 있다. 이처럼 아주 고대의 표시가 어떤 기능을 하였는지 정확히 이해할 기회는 영영 없을지도 모른다. 그런데 방사성탄소연대측정법(radiocarbon method)에 따라 지금으로부터 44,000년에서 43,000년까지 거슬러 올라가는 한 아프리카 뼈는 수학적 기능을 분명히 제공했던 것으로 보인다. 이상고 뼈보다 훨씬 더 오래된 이 뼈는 남아프리카공화국과 스와질란드Swaziland 국경을 가로지르는 레봄보Lebombo 산맥에서 발견되었고, 역시 측면에 선이 새겨져 있다. 이 레봄보 뼈는 개코원숭이의 종아리 뼈로, 이상고 뼈와 크기는 비슷하지만, 좀 더 뚜렷한 목적으로 사용되었음이 분명하다. 이 뼈의 측면에는 29개의 선이 새겨져 있다. 리틀솔트스프링의 순록 뿔처럼, 이 뼈 또한 삭망월 주기를 확인하기 위한 용도로 사용되었을 가능성이 아주 크다. 단, 이 뼈의 양 끝이 부러져 있고, 리틀솔트스프링의 순록 뼈만큼 단면이 깔끔하지 않으며, 표시도 그만큼 정돈되지 않았다는 점에서 이러한 해석이 결론적인 것은 아니다. 그러나 순록 뼈의 사례에서 언급한 바와 같이 삭망월 주기가 인간의 행동에 미치는 영향, 그리고 이와 비슷한 형식의 달력이 지금도 아프리카 일부 지역에서 사용되고 있다는 점에 비추어 볼 때, 레봄보 뼈의 그러한 기능도 충분히 짐작해볼 수 있다.[5]

이처럼 고고학적 가치가 있는 뼈 유물을 통해 알 수 있는 분명한 것은 이미 수만 년 전부터 인간은 선사시대 숫자를 이용하여 수량을 기록하고 있었다는 사실이다. 인간은 29일의 삭망월 주기를 비롯하여 규칙적으로 발생하는 자연현상에 오랫동안 관심을 기울여왔다. 이러한 사실은 고고학적 증거를 통해 전 세계적으로 입증되고 있다. 특히, 플로리다주, 아마존, 프랑스 남부 지역, 아프리카 중부 및 남부 지역에서 거주한 인구집단에서 발생한 사례가 발견되었고, 그밖에 다른 많은 지역에도 이와 관련하여 아직 발굴되지 않은 유물이 존재할 것임에는 의심의 여지가 없다.

기본적인 셈법만큼 인간에게 광범한 영향력을 미친 기술은 거의 없다. 셈법에 관한 더 복잡한 표기 체계는 지난 천 년 동안 유럽을 포함한 세계 각지에서 중요한 역할을 하였고, 그중 간단한 셈법은 지금도 이용되고 있다. 현재까지 이어져 내려온 잠재적인 사례 중 하나로, 자라와라족(Jarawara)의 셈법을 살펴보자. 자라와라족은 아마존 남서부 지역 밀림에 자리 잡은 원주민 부족으로 인구는 약 1백여 명이다. 주로 사냥과 채집을 하는 이들은 전통적인 생존 방법에 능숙하며, 브라질의 도시 생활에 다소 익숙한 경우도 꽤 된다. 5년 전까지만 해도 자라와라족은 고유한 숫자를 갖고 있지 않다고 여겨졌다. 그러나 3장에서 언급하는 바와 같이 이들도 수 세기 동안 언어를 통해 수 체계를 이용해 왔다는 사실이 밝혀졌다. 게다가, 사물을 이용한 셈법도 존재했다. 자라와라족이 이용한 것은 뼈가 아닌 나뭇가지이다. 그림 2.2에서 자라와라족의 한 남성이 껍질을 벗긴 나뭇가지 하나를 들고 있다. 이 나뭇가지의 가장자리에는 삼각형 모양의 홈집이 일정하게 새겨져 있다. 자라와라족 사람들의 수 체계를 보여주는 이 흠집은 일정한 패턴으로 배열된다. 즉, 삼각형 흠집은 1, 2, 3, 4, 5, 10개 단위로 간격을 두어 새겨진다. 이 흠집을 새긴 자라와라 부족민은 나에게 이 수 체계의 전통적인 사용법을 설명해주었다. 예를 들어, 여행 계획이 있는 사람은 삼각형 흠집의 범위를 가리켜 여행 일수를 말할 수 있다. 또는, 1주일 동안 여행 계획이 있다면, 5개 단위와 2개 단위를 가리키면 된다. 이와 같은 수량 표현은 믿을 수 없을 정도로 유용하다. 물론, 우리가 5장에서 보는 바와 같이 아마존 부족 중에는 수량과 관련한 유사 표현, 즉 촉각이나 언어 또는 시각적 표현을 갖지 않은 예도 있다. 이들에게는 숫자의 개념이 없는 것이다. 이와 반대로, 자라와라족은 전통적으로 휴대용 셈 표시 도구에 의존한다. 이러한 체계는 1만 년 전에 플로리다주 리틀솔트스프링의 사냥꾼들이 사용했던 것과 크게 다르지 않다. 자라와라족이 셈을 위해 뼈가 아닌 나뭇가지를 이용했다는 점과 대부분 인공유물이 아마존 정글의 자연물을 소비한 결과라는 점을 고려할 때, 자라와라족의 셈법은 고고학적 기록으로 흔적을 남기기에 불리했을 것이다. 그러나 몬테 알레그레의 벽화와 같은 고대 셈법의 존재를 감안하면, 아마존 부족민들도 이미 수천 년 동안 수량을 확인하는 체계를 갖고 있었을 것으로 보인다. 자라와라족처럼 수량을 시각적으로 표현하는 흥미로운 기법은 아마존 지역뿐만 아니라 전 세계에 존재했겠지만, 시간이 흐르면서 자연적인 재료의 소실로 인하여 자취를 감췄을 것이 틀림없다. [6]

　　최근에는 몇 안 되는 자라와라족의 작은 마을로부터 수백 킬로미터 떨어진 아마존의 끄트머리에서 아주 다른 형식의 기록이 발견되었다. 고대의 숫자 사용법과 일치하는 이 기록을 누가 남긴 것인지는 아직 알려지지 않았다. 그런데 이 기록은 나무나 뼛조각이 아니라 땅에 새겨져 있다. 바로 2미터에서 3미터 깊이의 선형 도랑을 땅에 새겨 거대한 규모로 그린 지상 그림

(geoglyph)이었다. 상공에서 바라보면, 이 지상 그림은 원형이나 사각형 등의 기하학적 형태를 규칙적으로 표현하고 있다. 길이가 250미터나 되는 완벽한 정사각형도 보인다. 여기에서 발견된 지상 그림 중 일부의 제작 시기는 최대 2천 년 전으로 거슬러 올라간다. 경비행기로 이동하던 사람들이 우연히 흔적을 발견하고 발굴을 위해 벌목이 허가되기 전까지 이 지상 그림은 아마존 밀림에 오랜 세월 동안 가려져 있었다. 이 거대한 흔적을 남긴 사람들에 대해서는 아직 알려진 바가 없지만, 그 사람들이 누구이든 이 지상 그림을 남기기 위해서 수리적 판단에 의존해야 했을 것임이 분명하다.[7]

그림 2.2   자라와라족의 전통적인 셈법. 저자가 촬영한 사진.

이러한 상형문자들은 우리가 이미 살펴본 바와 같이 수학적 증거가 더욱 확실한 선사시대의 숫자보다 비교적 최근의 것이다. 하지만 이 흔적은 고고학에서 자주 다루어지는 주제를 생생하게 보여준다. 즉, 숫자를 향한 인간의 오랜 관심이 물질적 기록에서 분명하게 반영되는 것이다. 몬테 알레그레 유적지에서 입증된 것처럼, 이러한 반영은 제일 유명한 구석기시대 유적인 동굴벽화에서 가장 잘 엿볼 수 있다. 동굴벽화의 기능을 완전히 이해하기는 어렵지만, 전 세계의 일부 동굴 내벽에 남겨진 정교한 구석기시대 예술을 통해 어떤 경향을 확인할 수 있다. 또한 그림의 의도를 명확하게 구별할 수는 없지만, 연대는 자신 있게 추정할 수 있다. 그림을 그린 사람이 황토와 같은 광물 안료를 사용한 경우, 고고학자들은 그림 근처에서 발견된 관련 인공물을 통해 간접적으로 연대를 추정할 수 있다. 숯을 이용한 그림의 경우에는 사용된 안료에 방사성탄소연대측정방법을 직접 적용하여 연대를 가늠한다.

이러한 연대측정과 해석을 통해 우리는 고대 유럽지역 동굴벽화의 강력한 동기를 확인할 수 있다. 여기에 자주 등장하는 주제는 동물이다. 야생 소를 비롯한 다양한 소과 동물은 들소, 말을 포함한 몸집이 큰 다른 포유류 동물과 마찬가지로 자주 등장하는 단골 소재이다. 동굴벽화에는 또 다른 중요한 주제가 있는데, 바로 인간의 손이다. 인간의 손을 따라 그린 흔적은 스페인의 엘 카스티요 동굴Cave of El Castillo, 약 4만 년 전, 프랑스 남부의 쇼베 동굴Grotte de Chauvet, 약 32,000년 전, 라스코 동굴Grotte de Lascaux, 약 17,000년 전 등에서 발견된 가장 오래된 유럽지역의 벽화에서 분명히 확인된다. 이 동굴들에서 발견된 손 모양은 추측건대 수를 헤아리는 기능을 한 것으로 보인다. 약 27,000년 전으로 거슬러 올라가는 프랑스의 코스케 동굴La Grotte Cosquer과 가르가스 동굴Grottes de Gargas의 손자국은 숫자의 기능을 했을 가능성이 더 크다. 이 동굴들에서는 1개에서 5개까지 손가락을 편 왼손 자국이 발견되었다. 모든 손자국에서 엄지는 펴져 있는데, 이것은 숫자를 세는 순서에서 엄지가 첫 번째 숫자임을 의미하는 것으로 보인다. 인간의 유물 기록에서 숫자의 흔적을 탐색하는 작업에 몰두해온 고고학자 카렌리 오버만Karenleigh Overmann은 이러한 동굴들에서 공통적으로 발견된 손자국은 엄지손가락(1)부터 새끼손가락(5)까지 숫자를 세는 방법을 나타낸다고 주장하였다(즉, 엄지손가락 1을 의미하고, 새끼손가락까지 나머지 네 손가락을 다 펴면 5가 된다). 그의 이러한 주장을 받아들인다면, 손

자국과 관련한 구석기시대의 다른 흔적도 수량을 표현하는 데 사용된 것으로 짐작할 수 있다.[8]

　이 논의에서 특히 주목할 것은 인간의 손과 손가락은 유럽뿐만 아니라 전 세계 동굴벽화에서 공통적인 주제로 등장한다는 사실이다. 사실, 인도네시아의 술라웨시Sulawesi 동굴에서 발견된 벽화는 세계에서 가장 오래된 것으로 알려져 있는데, 여기에는 손가락이 분명하게 찍힌 화려한 색채의 손자국 장식도 포함된다. 이 벽화는 약 4만 년 전의 것으로 추정된다. 술라웨시 벽화의 손자국은 다른 동굴벽화의 예와 마찬가지로 벽에 손을 대고 안료를 불어서 만들어진 것이다. 또 다른 예로 약 12,000년 전으로 거슬러 올라가는 호주 펀 동굴Fern Cave의 손자국도 있다. 같은 주제는 남아메리카에서도 발견되었다. 아르헨티나 파타고니아Patagonia 지역의 마노스 동굴Cueve de las Manos은 이름 자체가 '손의 동굴'이라는 의미이다. 이곳에서는 거의 1만 년 전의 손자국이 극적인 장관을 이룬다. 그중 일부의 모습을 담은 그림 2.3은 다양한 색채로 겹쳐진 수십 개의 손자국을 보여주고 있다.[9]

　손과 손가락의 표현은 2차원적 상징과 예술의 진화와 관련하여 전 세계의 대륙에서 제 역할을 하였다. 전 세계 동굴에서 발견되는 손자국 벽화의 분포로 미루어 볼 때, 아프리카를 떠나기 전 고대 인류가 손자국 그림을 남겼던 것은 분명하다. 손자국 벽화를 둘러싼 이러한 해석이 다소 억측일 수 있다. 어떤 손자국은 그저 편의상 남겨진 것일지도 모른다. 그러나 적어도 일부 사례에 대한 상세한 분석 결과는 숫자로서 손자국의 기능을 시사한다. 3장에서 자세하게 논의할 것이지만, 숫자의 언어적 표현과 관련한 손의 중요성과 이상고 뼈와 같은 다른 고대 유물의 분명한 숫자 기능을 고려할 때, 이와 같은 손자국의 예술적 표현 중 일부는 기본적인 수량을 확인하는 데 사용되었을 것이라고 충분히 짐작할 수 있다. 코스케 동굴과 가르가스 동굴의 손자국이 특히 그러한 예이다. 하지만 이와 같은 합리적인 추측이 아니더라도, 우리는 최소한 동굴벽화의 손자국이 인류가 오래전부터 자신의 손에 가졌던 깊은 관심을 증명한다는 사실을 간과해서는 안 된다. 6장에서 다루는 영아기의 인식과 관련한 논의에서 알게 되겠지만, 숫자와 관련한 영아기의 사고 발달은 손에 대한 이러한 집착과 불가분의 관계에 있다. 우리는 심지어 자궁 안에서도 손에 관심을 보이고, 자라면서 처음으로 숫자를 표현할 때도 손가락을 사용한다. 무엇보다, 손가락으로 숫자를 세는 모습은 전 세계 어느 문화에서나 볼 수 있다.

그림 2.3　　아르헨티나 마노스 동굴의 손자국. 위키미디어 커먼즈(CC BY-SA 3.0).

　　동굴벽화에서 손자국이 많이 보인다는 사실은 숫자의 역사에 시사하는 바가 크다. 즉, 지역을 막론하고 수만 년 전에 구석기시대 사람들이 남긴 흔적 중 많은 것이 수량을 묘사하고 있다는 것은 명백하다. 고대 조각과 그림은 숫자와 관련하여 해석할 여지를 남기고 있는 경우가 많다. 숫자를 세는 행위는 동물의 뼈, 나무, 땅, 동굴 벽에 남긴 흔적을 통해 반복적으로 인간의 사고를 투영한다.

　　수량 표현이 고대 유물에서 그처럼 중요한 역할을 하는 이유는 무엇일까? 이 질문에 대해서는 최소한 두 가지의 답을 할 수 있겠다. 첫째, 시간(고대 유물에서 천체 주기의 확인 등을 통하여 간접적으로 표현)과 같은 인간의 다른 기본적인 경험과 비교하여 수량은 쉽게 2차원적으로 표현할 수 있다. 감정이나 특정한 위치를 묘사하는 것 역시 그림으로 정확히 의미를 전달하려면 훨씬 더 정교한 예술적 기술이 필요하다. 수량은 그렇지 않다. 단순한 선이나 다른 표시를 통해 단위 또는 수량을 간단하게 직접 나타낼 수 있다. 하지만 이러한 설명은 또 다른 질문을 낳는다. 그렇다면 세고 싶은 대상을 직접 그리지 않고 선과 같이 추상적인 표시로 수량을 표현한 이유는 무엇일까? 이 질문에 대해 가능한 답은 우리 손에서 찾을 수 있다. 즉, 우리의 손가락 모양이 간단한 선과 닮았기 때문이다. 어떤 의미로 손가락의 모양은 해부학적 또는 3차원적인 선으로 이해할 수 있다. 이렇게 본다면, 전부는 아니더라도 일부 문화의 구성원들이 손가락으로 셀 수 있는 만큼의 수량을 표시하기 위해 선을 사용하기 시작했다고 해석하는 것도 충분히 일리가 있다. 이처럼 손가락으로 수량을 이해하는 단계에서 추상적인 셈법으로 옮겨가려면 개념의 시각적 표현과 관련한 혁신보다는 조금은 덜 극적인 인지적 도약이 필요하다. 셈법은 특히 말로 전할 때 2차원적 공간을 좀 더 직접적으로 투영한다. 반면, 실체나 개념은 예술적으로 표현하기에 더 까다롭고, 해부학적 특징을 이용해 표현을 단순화하기도 어렵다.

고대 유물에서 수량 표현이 중요한 두 번째 이유는 더 결정적이다. 즉, 조각으로 표시한 셈법(더 가설적이지만 손가락을 이용한 셈법의 그림도 포함하여)이 고고학적 기록에서 자주 등장하는 이유는 그만큼 그 흔적을 남긴 당시 사람들에게 그 방식이 유용했기 때문이다. 수량을 표시하는 수단은 분명한 기능을 갖는다. 예를 들어, 다른 부족을 습격하고자 할 때 그 부족의 장정 수가 정확히 몇 명인지 확인한다거나, 주변에 출몰하는 포식동물의 정확한 수를 파악하는 것은 하고자 하는 행위의 완수나 생존에 도움이 될 수 있다. 물론, 원하는 목표를 이루기 위해 수량을 꼭 확인해야 하는 것은 아니다. 그러나 그러한 활동을 통해 기대할 수 있는 장점은 세계의 거의 모든 문화에서 숫자를 이용하는 이유를 설명해준다. 목표를 달성하기 위해 꼭 수량을 확인해야 하는 것은 아니다. 그러나 수량을 확인하였을 때 전쟁이나 사냥에서 생존 확률을 높일 수 있는 것은 사실이다. 최소한 몇 가지 사례에서 선사시대 사람들에게 숫자는 생존을 위해 꼭 필요한 도구였다.

그렇다면, 선사시대 인류가 만들어낸 추상적 표현에서 숫자가 중요한 역할을 하였다는 사실은 그리 놀라운 일이 아니다. 또한 인간 사고의 2차원적 표현에서 숫자의 중요한 역할은 석기시대에만 국한되지 않는다. 수천 년이 지난 후에 인간이 더 정교한 사고의 상징적 표현 단계로 넘어갔다는 것 또한 사실이다. 문자의 시대가 열리기 시작하는 시점에 숫자는 다시 한번 중심에 섰다.

문자의 기원과 숫자

런던 대영박물관 그레이트 코트The Great Court of the British Museum의 외관은 강철과 유리 천장으로 장식된다. 반투명 유리 천장은 잿빛 런던 하늘에서 거른 빛을 투영하여 박물관에 소장된 인상적인 유물에 여릿한 백색의 광채를 빚어낸다. 이곳에 전시된 소장품은 대영제국이 전 세계에서 수집한 것으로 (더 적절하게 표현하자면 일부는 약탈한 것으로), 많은 면에서 세계 어느 박물관도 쉽게 견줄 수 없다. 그중에는 유명한 로제타스톤(Rosetta Stone)도 포함된다. 이 유물을 찾는 관람객들의 행렬은 끊임없이 밀려든다. 박물관의 남서쪽 홀을 향해 왼쪽으로 돌며 이곳을 찾는 이들의 모습은 마치 파파라치 무리처럼 보이기까지 한다. 그러나 이 홀에서 위층으로 올라가면 상대적으로 관람객들의 관심을 받지 못하고 있는 전시품이 있다. 이 유물은 더 작고 평범해 보이지만, 어떤 면에서 인류의 문자 발달에 더 큰 통찰을 제시한 것으로 평가된다. 바로 별다른 장식 없이 벽에 전시된 5300여 년 전의 석고 평판이다(로제타스톤보다 무려 3000년 이상 오래되었다). 가로와 세로 길이가 모두 수 센티미터에 불과한 이 작은 석고 평판에는 수량을 표시한 것으로 알려진 선과 점들이 새겨져 있다. 아마 곡물이나 다른 상거래 품목의 수량과 관련이 있는 것으로 보인다. 이러한 표시는 구석기시대의 유물에서 본 것보다 더 체계적인 것으로, 단지 수량을 확인하는 역할을 한 것이 아니었다. 그보다 이 평판에서 주목해야 할 것은 2차원적인 표준화된 의사소통의 형태이다. 여기에 표시된 각각의 선과 점은 우리가 현재 이해하고 있는 진정한 의미의 기호로, 특정한 추상적인 양을 나타낸다. 즉, 석고로 새겨진 이 표시는 숫자였다.

전 세계 상징적 관습의 안개가 걷히고 이 석고 평판이 제작된 시기에 메소포타미아에서는 진정한 의미의 문자가 등장하였다. 대영박물관에 소장된 이 석고 평판은 메소포타미아 문자의 등장을 알리는 과도기적 사례로, 수량을 단순하게 묘사하는 방식에서 완전한 문자 단계로의 전환을 의미한다. 금석학자를 비롯한 여러 학자는 일반적으로 특정한 언어를 완전히 암호화하는 문자와 상징적 관습의 고대 형태를 좀 더 간직한 원문자(proto-writing)를 구별한다(구석기시대에 사용된 선사시대 숫자의 경우보다는 고대의 특징이 덜하다). 이러한 원문자는 가능한 의미 중 제한적인 범위만을 묘사한다. 고대 자료가 원문자인지, 아니면 실제 문자인지를 두고 결론에 도달하기는 쉽지 않다. 사실, 이러한 용어들은 점진적인 문자의 발달 과정을 생각할 때 모호한 면이 있다.

용어 선택의 문제는 잠시 미뤄두고, 일반적으로 우리가 동의할 수 있는 부분은 문자가 먼저 비옥한 초승달지대The Fertile Crescent, 유프라테스강과 티그리스강, 페르시아만을 연결하는 고대 지역-역주에서 포괄적으로 등장하였고, 메소포타미아에서 수메르인들에 의해 더 구체적으로 발전하였다는 점이다. 그러나 중국과 메소아메리카Mesoamerica에서도 독자적인 문자가 발전하였으므로, 문자의 기원을 현재 중동 지역에서만 찾는 것은 잘못이다. 대신, 이처럼 여러 지역에서 현지의 언어, 사회 및 경제적 필요에 따라 개발된 문자는 진화를 거듭하며 확산되었다. 오늘날에는 수십 개의 문자 체계가 존재한다. 지금 독자들에게 내 생각을 전달하는 것도 그중 한 체계를 이용함으로써 가능한 것이다. 그러나 실제적, 또는 역사적인 방법으로 입증해 보면 기존의 모든 문자 체계는 크게 세 가지의 문자 전통에서 파생된 것으로 이해할 수 있다. 여기에서는 가장 오래된 문자 체계의 근원지인 메소포타미아에 주목할 것이다(다른 문자 체계에 대해서는 9장에서 간략히 논의한다). 인류의 문자가 처음 태동한 것으로 알려진 이 지역과 관련한 이야기를 통해 우리는 숫자가 이때부터 얼마나 중요한 역할을 하였는지 확인할 수 있다.[10]

한편으로, 숫자 기호에 대한 인간의 관심은 아주 오래전부터 존재하였고, 그러한 기호를 자유자재로 사용하게 된 이후 인간의 삶에서 숫자가 해온 중요한 사회경제적 역할을 생각한다면, 문자 탄생과 숫자의 관계는 특별히 놀랄 일은 아니다. 수량과 관련하여 표기된 기호로서 가장 잘 보존된 예는 특정한 금전적 가치를 암호화하여 새긴 동전, 또는 그와 비슷한 역할을 한 인공물이다. 과거에 인간의 문자에 대한 문해 능력이 제한적이었음을 감안할 때, 특정한 수량과 관련이 있는 동전이나 기타 화폐의 형태는 오랫동안 많은 사람이 공유할 수 있는 유일한 상징이었다(세계 일부 지역에서는 아직도 그 형태가 남아있다). 유라시아와 아메리카에서 독립적으로 발전한 후에도, 진정한 문자는 몇 안 되는 집단의 선택된 사람들만이 학습하고 전승할 수 있었다. 따라서 수천 년 동안 문자는 특정 계층에서만 점유할 수 있는 도구였다. 결국, 기록관(scribe) 계층은 고급 경제 인력으로 여겨지게 되었다. 이처럼 특수한 직업을 탄생시킨 것은 바로 당시의 농업 활동이었다. 그리고 숫자의 경제적 기능은 농업 중심의 메소포타미아 지역에서 기록의 발전에 뚜렷한 역할을 하며 그레이트 코트 위층에 전시된 석고 평판과 같은 형태의 탄생을 이끌었다. 이러한 과정이 어떻게 발생한 것인지 짐작할 수 있는 한 가지 이론을 간략히 소개해 보겠다.

약 8,000년 전에 메소포타미아 사람들은 많은 양의 농산물과 동물을 교환했다. 당시 이 지역의 거래는 수량을 기호로 표시할 수 있고 먼 거리를 통해 전달할 수 있다는 자각으로 인하여 촉진되었다. 이 지역에서 개발된 핵심적인 방법 하나는 지금에야 구식으로 보이겠지만 당시에는 가히 혁명적이었을 것이 틀림없다. 즉, 계약의 한 형태로 공 모양의 단단한 점토 용기에 물표(物標, token)를 채우는 방식이었다. 예를 들어, 어떤 지주가 다른 지주에게 정해진 만큼의 양으로 값을 치러야 한다면, 이와 관련한 협의 내용은 점토공(clay ball)에 담길 수 있다. 즉, 정해진 양의 마릿수에 해당하는 물표를 점토 용기에 담은 후 공 모양을 만들어 굽는다. 이렇게 하여 단단하게 굳은 점토공은 협의한 내용의 기록물 역할을 하게 된다. 이 공은 먼 곳으로 이동할 때도 휴대할 수 있을 뿐 아니라, 나중에 표면을 깨고 속에 든 물표를 대조함으로써 계약이 제대로 이행되었는지 확인할 수도 있다. 기록보관의 편의를 위하여, 점토공 안에 보관된 물표의 실제 수를 바깥 표면에 상징적으로 표기하기도 하였다. 시간이 흐르면서, 바깥에 새기는 특정한 기호 또한 거래에 자주 포함되는 물품을 표기할 수 있도록 발전하였다. 이렇게 하여 점토공의 바깥에 새겨진 기호는 내부 물표에 해당하는 지정된 양과 일치시킬 수 있었다. 이러한 방식이 본격적인 통화가 통용되기 이전에 경제적 거래를 촉진하였음은 물론이다.

이러한 3차원적 체계가 메소포타미아에서 얼마나 오랫동안 지속하였는지는 불분명하다. 그러나 이후에 수메르인들은 점토공 내부에 물표를 넣는 관행을 결국 없앴고, 이 방식은 점차 3차원적 체계에서 2차원적 체계로 전환되었다(일부 지역에서는 3차원적 체계가 지속된 경우도 있을 것이다). 즉, 점토공 안에 물표를 넣는 방식으로 거래 품목의 양을 기록하는 대신, 작은 점토판에 해당 수량을 간단히 기록하기 시작했다. 사실, 점토공과 같은 용기나 그 안에 넣는 물표는 그다지 필요한 요소가 아니었다. 계약 유지를 위해 중요한 것은 점토에 거래 품목과 수량을 기록할 수 있는 체계적인 수단이었다. 인류의 최초 문자인 설형문자(楔形文字, cuneiform)는 점진적인 자각에서 비롯된 것으로 보인다. 시간이 지남에 따라 수량 및 물품의 기록을 위한 거래 기반 체계의 사용은 다른 목적으로도 확대되었다. 새로운 세대의 기록관들은 물품이나 기타 개념을 나타내기 위한 새로운 기호로 표의문자(表意文字, ideogram)를 개발하였다. 이러한 표의문자는 골풀과 갈대를 이용해 점토에 각 기호를 세심하게 새겨넣는 방식으로 기록되었다. 또한 문법적인 특징도 전달할 수 있게 됨에 따라 결국 어떤 표현도 문자로 새길 수 있었다. 우리는 편의상 문자의 '발명'이라고 말하지만, 실제로 문자는 수천 년에 걸친 진화 과정을 통해 등장한 것이었다. 그리고 메소포타미아에서는 이처럼 긴 진화가 시작되는 시점에 이미 수량의 표현이 분명히 존재했다. 사실상 이것이야말로 초기 문자의 핵심이었다.

레부스 원리(rebus principle)는 수메르 문자의 최초 형태와 같은 표의문자로부터 표음적 방법으로 기호를 더 빨리 차용할 수 있게 함으로써 문자 체계의 점진적 진화를 가속하였다. 레부스 원리란 두 개의 동음이의어, 또는 비슷한 소리를 내는 단어의 표현에서 동일한 기호를 차용하는 것을 말한다. 다소 허구적이지만 단순한 예를 하나 들어보자. 영어가 표의문자라고 상상해보라. 그렇다면, 하나의 기호로 소리가 비슷한 몇 가지의 기본적인 개념을 표현할 수 있다. 이번에는 영어에서 '눈'을 의미하는 단어인 '아이(eye)'의 개념이 괄호 안에 별표를 한 (*) 기호로 표현된다고 해보자. 이 기호는 실제 눈을 상징하지만 표현하는 방식은 다소 추상적이다. 이번에는 영어에서 '나'를 의미하는 '아이(I)'라는 대명사를 나타낼 기호가 아직 없다고 생각해보자. 이 개념을 물리적으로 표현할 수 있는 방법을 찾기는 쉽지 않다. '아이(I)'가 지칭하는 사람은 화자가 누구인가에 따라 다르다. 하지만, 독자가 역사 속에 등장한 기록관이라면, (*) 기호를 발음이 비슷한 '아이(eye)'와 '아이(I)'에 모두 사용할 수 있다고 판단할 수 있다. 이러한 자각이 바로 레부스 원리이다. 이 원리는 더 적은 수의 기호와 추상적인 소리 기반 문자 체계로의 전환을 위한 중요한 진전을 의미한다. 고대 문자 체계에서의 위상을 고려할 때, 숫자는 이러한 원리의 영향을 받고, 동음이의어를 위한 기호로 역할을 했을 가능성이 크다. 이러한 가능성은 문자 메시지와 같은 현대적 형태의 글쓰기에서도 엿보인다. 예를 들어, 어떤 사람이 독자에게 누군가의 평판을 나쁘게 말하며 '2 굿 4 유(2 good 4 you)'라는 문자를 보냈다고 생각해보자. 이 경우에 '2'와 '4'는 특정 단어를 더 빠르고 쉽게 전달하기 위한 목적으로 사용되었다. '2 굿 4 유'는 '너에게 너무 과분하다(too good for you).'라는 의미이다. 여기에서 다른 단어가 아닌 '너무(too)'와 '에게(for)'가 숫자로 표현된 이유는 쉽게 상상할 수 있다. 즉, 이 단어들은 구체적인 개념을 딱히 꼬집어 표현할 수 없기 때문이다.[11]

레부스 원리는 확실히 음절 기반과 문자 기반 체계의 발전을 가속하는 역할을 했다. 그러나 유의해야 할 것은 레부스 원리가 물품이나 수량과 같이 덜 추상적인 사물을 위한 기호의 사전 존재에 의존한다는 점이다. 우리가 논의해 온 맥락에서 가장 주목할 만한 것은 수량을 기호화하는 인간의 성향은 우리가 생각했던 것보다 더 오래되고 근본적인 것이며, 이러한 특징은 이후 레부스 원리 등의 발전을 위한 토대를 이루며 결국 우리가 현재 사용하는 문자 체계를 이끌었다는 점이다.

결국, 메소포타미아에서 발달한 문자의 형태 중 하나는 바로 문자 수학이었다. 수메르인들, 그리고 이후 메소포타미아 지역에 거주한 바빌로니아인들은 정교한 수학기호를 개발하였다. 3,600년 전에 바빌로니아인들은 이미 대수학과 기하학을 이용하여 이차방정식을 풀고 있었고, π(최소한 대략적인 개념으로)를 발견하였다. 이처럼 수량의 표현은 수메르 문자의 발전에 불을 붙였고, 이러한 문자의 발전으로 인하여 수량을 더욱 정교하게 표현할 수 있게 된 것으로 이해된다.[12]

요약하면, 가장 오래된 문자 체계는 적어도 수량을 나타내는 고유의 유용성과 숫자개념이 추상적으로 표현될 수 있는 상대적 용이성으로부터 탄생하였다. 앞서 살펴본 바와 같이, 이러한 용이성은 비록 규칙성도 떨어져 보이지만 구석기시대에 엿보이는 숫자와 관련한 행위에서도 반영된다. 결국, 석기시대부터 농경시대까지 숫자는 인간의 상징적 기록을 줄곧 관통해 온 것이다.

고대 숫자의 패턴

수메르인들이 완성된 형태의 숫자를 최초로 사용한 것은 분명하지만, 다른 지역에서도 표기 숫자가 진화하였다. 사실, 숫자는 세계 역사에서 여러 지점에 등장하였다. 최소한 1백 개의 숫자 표기 시스템 기록을 확인할 수 있는데, 대다수는 다른 체계를 통해 발전한 것이거나, 최소한 이미 다른 집단이 표기 숫자를 갖고 있다는 것을 인식한 집단이 발전시킨 것이었다. 그중 많은 체계는 이제 사라졌지만, 남은 사례들을 통해 우리는 이러한 체계가 어떻게 작동하는지 이해할 수 있다.

이제는 자취를 감춘 과거의 기수법과 현존하는 기수법을 조사해보면, 인간이 숫자를 표기하는 방식에 공통적인 패턴이 있다는 사실을 분명히 알 수 있다. 인류 문명에서 두드러진 역할을 한 몇 가지 기수법을 바탕으로 이러한 패턴에 대해 생각해보자. 우선 우리에게 익숙한 서양의 기수법에서 출발하는 것이 좋을 것이다. 이 체계는 시스템은 아라비아 표기법, 즉 인도에서 개발된 체계에서 변형된 형태이다.[13]

우선, 우리의 기수법은 어떻게 작동하는 것일까? 우리의 표기 유형에 포함되는 기호는 0, 1, 2, 3, 4, 5, 6, 7, 8, 9 등 10개에 불과하다. 이러한 사실은 얼핏 보아도 분명히 알 수 있을 것이다. 10진법에 익숙한 우리로서는 10개보다 적거나 많은 기호를 가진 숫자 형태를 상상하기 어려울 수 있다. 그러나 표기법이 10진수를 기준으로 할 필요는 없다. 표기할 기호의 개수는 다양하게 이용될 수 있다. 고대 그리스인들이 사용했던 기수법의 경우는 서로 다른 값을 나타내는 약 24개의 문자로 이루어졌다. 우리가 더 큰 숫자, 이를테면 이백이십이를 10개의 숫자 기호를 결합하여 표기하는 방법도 생각해보자. 이 숫자를 이해하기 위해 알아야 할 규칙은 무엇일까? 우리는 여러 개의 2를 적은 순서가 덧셈을 의미하지는 않는다는 것을 알고 있다. 222는 2+2+2, 즉, 6을 의미하지 않는다. 그 순서는 곱셈을 암시한다. 그렇다고 해서 이 숫자가 2×2×2, 즉 8과 같다는 의미는 아니다. 대신, 우리의 기수법에서 '자리' 또는 '위치'는 10의 거듭제곱을 암묵적으로 표시한다. 따라서, 222는 $2×10^2$, $2×10^1$, $2×10^0$을 더한 것을 의미한다. 즉, 222는 200 + 20 + 2가 된다. 다시 말해, 서양의 숫자 표기법은 10의 거듭제곱을 계속 합친 것이다. 예를 들어, 2,456,346은 $(2×10^6) + (4×10^5) + (5×10^4) + (6×10^3) + (3×10^2) + (4×10^1) + (6×10^0)$을 의미한다. 하지만, 이 과정이 따분해 보이는 데다, 수량을 10개씩 묶는 개념은 너무 자연스럽게 받아들여지는 나머지, 이처럼 기수법에 내재한 복잡성은 흔히 간과되고 만다. 이처럼 현재 전 세계에서 사용되는 숫자와 구어 숫자(spoken number)는 10진수 체계를 공유하고 있지만, 그렇다고 해서 우리가 수량을 10개씩 묶는 사고방식을 유전적으로 타고난 것은 아니다. 특정한 기수법을 익히기 위해서는 상당한 노력이 필요하다. 이러한 사실은 어린아이들이 큰 숫자를 읽고 쓰기 위한 규칙을 습득하는 데 걸리는 시간만 보아도 알 수 있다. 더욱이 숫자 관습은 문화적으로 형성되며, 서로 다른 지역에서 발달한 숫자 사이에는 큰 차이가 발생할 수 있다. 숫자의 역사에서 많은 사례는 수량을 10개 단위로 묶는 방식에 기반을 두지 않고 있다. 이 부분을 좀 더 살펴보기 위해 고대 마야로 잠시 방향을 돌려보겠다.

오랜 세월 정복과 침략이 거듭되며 중앙아메리카의 문화유산이 파괴된 후 18세기 후반 유럽인들에 의해 '발견'되기 전까지, 팔렝케Palenque의 석조 도시는 울창한 열대림과 때로 안개에 가려진 채 자연 속에 웅크리고 있었다. 치아파스Chiapas 고원 지대의 경사진 능선에 자리 잡은 이 폐허는 최초 발견 이후 탐험가들의 시선을 사로잡았다. 18세기 후반에 유럽인들이 처음으로 마야 상형문자의 그림을 남긴 곳이 바로 팔렝케였다. 19세기 후반에는 이 상형문자의 사진촬영이 최초로 이루어졌다. 마야인들은 수많은 서책을 만들었지만(나무껍질 종이에 화려한 색채로 장식하였고, 접을 수 있는 형태로 제작되었다.), 디에고 데 란다Diego de Landa 주교는 이 유산의 대부분을 한낱 장작더미처럼 불태워버리고 말았다. 란다 주교는 중앙아메리카 원주민을 개종시킨다는 명분으로 마야의 상징이 담긴 문화유산을 수없이 파괴하였다. 마야의 문서 자료가 바로 대표적인 예였다. 란다 주교는 일부 마야인들이 여전히 그들의 전통인 신앙 체계를 유지하고 있다는 사실을 알게 된 후 마야 고유의 문자가 담긴 자료를 불태웠다. 란다 주교와 당시 조력자들의 이러한 횡포로 인하여 마야의 문자 기록이나 서책은 극히 일부만 전해지게 되었다. 그중 세 권은 파리와 마드리드, 드레스덴Dresden의 진열대로 옮겨졌다. 이러한 현실에서 팔렝케, 티칼Tikal, 코판Copan을 비롯한 마야 유적지의 석조물에서 발견된 신비로운 문자는 마야 문자에 대한 뜨거운 관심을 불러일으켰다. 수많은 상징 중에서도 동물과 화려한 장식의 옷을 입은 사람들의 모습을 새긴 독특한 형상은 무엇을 의미하는 것일까? 정말 언어학적인 의미가 있는 것일까? 아니면, 예술의 차원에서 보아야 할까? 지난 2세기에 걸쳐 마야 문자에 대한 해독이 조금씩 이루어진 가운데, 학자들은 수십 년 동안 이러한 질문을 두고 열띤 논쟁을 벌였다.

마야 문자 해독의 중요한 첫 돌파구는 드레스덴 도서관에 소장된 마야 서책의 재현 부분을 검토하던 한 사람에 의해 이루어졌다. 1832년에 다양한 취미와 재능을 지닌 괴짜 프랑스인 콘스탄틴 사무엘 라피네스크Constantine Samuel Rafinesque는 이 고문서의 패턴을 분석했다. 그가 분석한 패턴은 이미 수십 년 동안 팔렝케 궁전과 다른 마야 도시 탐험가들을 매료시킨 석판에서도 분명히 드러났다. 판독이 불가능해 보이는 수많은 이미지 속에 길을 잃은 마야의 모든 석판과 문서 가운데 라피네스크가 특히 주목한 것은 인접한 기호에 비해 상징성이 적어 보이는 점과 선의 반복이었다. 선과 점이 의미하는 것은 무엇일까? 라피네스크는 일렬로 4개를 넘는 수의 점이 일렬로 배치되는 경우는 없지만, 1개, 2개, 3개, 4개의 이 열을 이루는 사례는 아주 많다는 사실에 주목했다. 게다가 그렇게 모인 점은 선과 인접해 있는 경우가 많았다. 이러한 관찰을 통해 그는 여러 개의 점이 모여 어떤 의미를 상징한다고 추측했다. 즉, 점 한 개는 1, 점 두 개는 2를 나타내는 식이다. 그는 선 한 개는 5를 의미한다고 추론하였다. 우리가 선을 그어 다섯 개의 수량을 표시할 때, 네 개까지는 같은 방향으로 그리지만, 다섯 번째 선은 네 개의 선을 가로질러 대각선으로 그리는 것과 비슷하다. 이러한 그의 통찰은 마야인들의 상징에 대한 인식을 변화시켰고, 그들의 문자 해독을 위한 중요한 시발점을 제시하였다. 그다음으로 큰 발전에는 마야의 숫자가 포함되었으며, 이를 통해 그들의 수 체계가 아주 정교하다는 사실이 밝혀졌다.

라피네스크의 이러한 통찰로부터 수십 년이 지난 후, 독일의 학자 에른스트 푀르스테만Ernst Förstemann은 드레스덴 고문서에 묘사된 숫자에 대하여 예리한 분석을 제시하였다. 1880년부터 1900년까지 출판된 여러 문헌을 검토한 그는 고문서에서 마야의 숫자가 금성의 변화와 같은 천문학적 현상과 일치하는 수량을 묘사한 경우가 많다는 사실을 발견하였다. 치밀한 후속 연구를 진행한 푀르스테만은 20세기 마야 석고 평판 해독에서 중요한 역할을 하였다. 그는 마야 달력의 주요 요소들을 상세히 설명함과 동시에, 마야인들의 정교한 수학을 조명하였다.[14]

　　푀르스테만이 해독하고자 했던 마야 체계는 10진수 기반은 아니지만, 몇 가지 구조적인 점에서 현재 체계와 분명히 공통점을 갖고 있다. 마야인들이 숫자를 적는 방식을 보자. 우선, 그들은 0의 기호를 사용했다. 아마도 0의 개념을 표현한 숫자 중 세계에서 가장 오래된 사례일 것이다. 우리와 마찬가지로 마야인들에게 0의 기호는 자릿수를 표시하는 기능을 하였다. 10의 자승을 나타내기 위해 숫자를 왼쪽에서부터 적는 우리의 수평적인 체계와 달리, 마야의 숫자는 아래부터 수직으로 올라가며 지수의 변화를 표현한다(그런데 마야 숫자는 텍스트에서 수평으로 회전되기도 한다). 푀르스테만이 깨달은 것처럼 마야의 기수법은 10이 아니라 20씩 묶는 방식에 기초하고 있었다. 즉, 10진법이 아니라 20진법이었다. 그림 2.4에서 제시된 마야 숫자의 두 가지 사례를 보면 마야 표기법이 실제로 어떻게 사용되었는지 실감할 수 있을 것이다. 왼쪽 숫자는 437의 표기이다. 이 그림에서 보이는 점선은 마야 숫자에서 수직으로 쌓이는 지수의 위치에 대한 이해를 돕기 위해 임의로 추가한 것이다(또한, 이 미지를 명확히 전달하기 위해 위치 사이의 간격은 좀 더 크게 두었다). 왼쪽 숫자에서 맨 아래에 보이는 세 개의 선과 두 개의 점은 17을 나타내는데, 이것은 5+5+5+2인 것으로 생각할 수 있다. 가운데 부분에서는 점 한 개만 보인다. 이 점은 1에 한 번 거듭제곱한 밑수(base)를 곱한 것을 의미한다. 맨 윗부분은 1에 두 번 거듭제곱한 밑수를 곱한 것, 즉, 1× 20^2을 의미한다. 따라서, 맨 위에 보이는 점은 400, 가운뎃점은 20, 가장 아래에 보이는 선과 점은 17이 된다. 이를 모두 합하면 400+20+17, 즉 437이다.

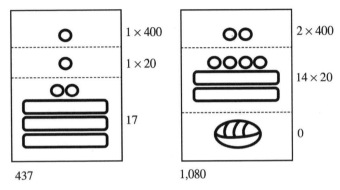

그림 2.4 　마야 숫자를 표기한 사례. 달력에 표기하는 숫자의 경우에 일부 점은 400이 아닌 360을 가리킨다. 20진법을 이렇게 변형하여 사용함으로써 마야인들은 몇 년의 시간을 추적할 수 있었다.

　　그림 2.4에서 오른쪽 사례는 1,080을 표기한 것이다. 여기에서 가장 아래에 보이는 타원 모양은 마야 기호로 0을 의미한다. 중간 부분의 선과 점은 14를 의미한다(5+5+4). 그러나 마야의 20진법 표기에 따라 이 14는 20을 한 번 거듭제곱한 것으로, 280이 된다. 맨 위에 보이는 두 개의 점은 위치를 고려할 때 2×20^2를 의미한다. 따라서 맨 위에 보이는 두 개의 점은 2×400(800), 중간 부분의 선과 점은 14×20(280), 맨 아래의 기호는 0×1(0)로, 모두 합하여 1,080이 된다.[15]

　　마야의 기수법은 10진법에 기반을 둔 것이 아니어서 어려워 보일 수 있다. 그러나 앞서 언급하였듯이, 인간은 10개씩 묶어 생각하는 방식을 본래 타고난 것이 아니다. 우리가 대부분 10진법을 사용하게 된 것은 우리가 말하는 언어와 우리에게 가장 친숙한 기수법에서 기인한 것이다. 마야의 체계는 상당히 기능적이고 많은 세대를 거쳐 전수되었다. 또한, 서양 기수법보다도 훨씬 더 오래전부터 존재하였다. 마야인들이 이 체계를 어렵고 번거롭게 느꼈다면, 이 방식이 그토록 오랫동안 사용되지 못했을 것이다.

마야의 방식은 숫자 표기와 관련하여 이질성을 보여주지만, 여기에서도 우리가 현재 사용하는 숫자와 많은 공통점이 존재한다는 사실에 주목해야 한다. 첫째, '자리 표시자(placeholder)'의 역할을 하는 숫자 0과 같이 자릿수의 개념이 분명히 존재한다. 숫자 위치는 마야 체계에서 수직으로, 우리의 체계에서는 수평으로 배열되지만, 두 체계 모두 밑수와 지수로 배열된 숫자의 곱을 암시한다. 우리의 체계에서 밑수는 10이지만, 마야 체계에서는 20이다. 이러한 밑수는 무작위로 선택되는 것이 아니다. 마야 숫자에서 5와 20, 그리고 현재 우리의 숫자에서 10의 구조적 역할은 '인간의 신체가 기수법의 기반'이 되고 있음을 말해주고 있다. 인간이 한 손에 다섯 손가락, 양손에 열 손가락, 그리고 두 손과 두 발을 합해 모두 20개의 손가락과 발가락을 갖고 있다는 사실과 이러한 수량이 마야와 서양의 숫자에서 중요한 역할을 하였다는 것은 결코 우연이 아니다. 게다가, 이러한 수량은 다른 혁신적인 숫자 유형에도 독립적으로 중요한 역할을 한다.[16]

잉카 제국의 결승 문자(結繩文字)인 키푸(Quipu)의 체계를 살펴보자. 3차원적으로 표현되는 키푸 숫자는 목화 노끈 또는 알파카, 라마 털 등의 소재로 만든 끈에 조심스럽게 묶은 매듭으로 이루어진다. 매듭은 다른 실과 연결되고, 몇 개에서 천 개 이상의 선들은 더 두꺼운 중심 끈과 결합하여 배열을 형성한다. 이렇게 실에 묶인 매듭은 숫자를 의미했다. 잉카의 회계사는 세금 또는 물품 수량을 계산하거나, 검수하는 데 이 매듭을 이용하였다. 이 체계는 형태와 재료 면에서 독특해 보이지만, 사실 이러한 잉카 숫자의 상징적 구성은 서양의 체계와 상당히 유사하다. 즉, 키푸 숫자 배열은 10을 곱한 수가 더해지는 방식이고(10진수 기반), 0개를 표시하는 수단도 갖고 있다. 따라서 키푸 끈 하나에 묶인 매듭의 수는 10의 배수에 해당한다. 짧은 줄의 간격이 숫자의 위치를 구분하는 역할을 하고, 매듭 사이에 더 긴 간격은 0을 의미한다. 예를 들어, 끈의 맨 아래에 매듭 한 개가 있고(1), 그다음에 매듭을 묶지 않은 작은 간격, 연이어 묶은 매듭 세 개(30), 매듭 두 개(200), 짧은 간격, 매듭 두 개(200), 끈의 맨 위에 매듭 1개(1,000)가 이어진 경우를 생각해보자. 이것은 키푸의 더 두꺼운 끈인 중심에서 교차된다. 이 끈이 표현하는 숫자를 식으로 풀어 쓰면 $1+(3\times10^1)+(2\times10^2)+(1\times10^3)$으로 1,231을 나타낸다. 다른 예를 하나 더 생각해보자. 끈의 맨 아래에 매듭이 하나 있고(1), 매듭이 없는 긴 간격(0), 매듭 세 개(300), 짧은 간격, 끝의 맨 위에 매듭 두 개(2,000)가 이어진다면, 이 숫자는 $1+(0\times10^1)+(3\times10^2)+(2\times10^3)$로, 2,301이 된다. 현재 사용되는 서양의 숫자와 물리적 차이는 분명해 보이지만, 키푸 숫자 역시 10진수에 기반을 두고 있으며, 0의 개념에 의존한다는 점에서 현재 우리의 체계와 다르지 않다. 이러한 구조적 유사성은 박물관이나 개인 소장품을 통해 확인할 수 있는 약 600개의 키푸 사례에서도 분명히 드러난다.[17]

지난 수 천 년 동안 세계 곳곳에서 진화한 숫자는 대부분 주목할 만한 구조적 유사성을 공유한다. 이처럼 전 세계 숫자가 특징을 공유하는 이유 중 하나는 표기 숫자가 독립적으로 발생한 지역이 극히 소수에 불과하기 때문이다. 그렇다고 해서 모든 유사성이 주변 문화와 제국의 영향으로 설명되는 것은 아니다. 만약 그랬다면, 로마숫자와 같은 체계가 오늘날의 표기법에 더 큰 영향을 미쳤을 것이다. 자리를 표시하는 0의 개념이 없고, 큰 수량을 표시할 때 작은 수량에 사용된 상징을 길게 이어붙여야 하는 방식(예를 들어 38은 XXXVIII로 표기된다.)은 예외적인 몇 가지 경우를 제외하고 결국 사용이 중단되었다. 그리고 그 빈 자리는 0을 사용하고 10을 밑수로 하여 위치를 표시하는 진법이 차지하였다.

숫자의 종류는 여기에서 소개하지 않은 방법을 포함하여 다양하게 존재한다. 그러나 고대는 물론 현재에도 서로 관련이 없는 기수법에서 사용되는 밑수의 범위는 상당히 협소하다. 이처럼 밑수의 범위가 한정적인 것은 단순한 사실에 기인한다. 십진법이 중국에서 발명된 후 동아시아 전역으로 전파되어 발달한 것이든, 인도, 메소아메리카, 또는 안데스 지역에서 처음 사용된 것이든, 전 세계의 주요한 숫자 표기법은 공통점을 보인다. 즉, 어떤 방식으로든 모두 10배수, 또는 5배수를 기반으로 한다. 이러한 결과를 이끌어내는 해부학적 동기는 명확하다. 우리 신체에서 규칙적으로 발견할 수 있는 수량은 숫자를 만드는 방식에 결정적인 영향을 미친다. 이러한 사실은 3장에서 살펴보는 바와 같이 구어 숫자는 물론, 표기 숫자의 기초가 된다. 우리의 손가락과 발가락은 이처럼 최소한 수천 년 동안 숫자를 구조화하는데 광범위한 역할을 하였다.

결론

우리는 이 장에서 숫자와 관련한 유물의 역사를 모두 살펴보지는 못했다. 그 모든 역사를 담으려면 족히 몇 권의 책은 더 써야 할 것이다. 예를 들어, 고대 로마와 근대 일본 등 세계 여러 지역에서 숫자 사고의 편의를 위하여 존재하였고 지금도 사용되고 있는 주판에 대해서는 논의하지 않았지만, 전 세계의 주판이 다섯 개와 열 개 단위로 이루어졌다는 점은 짚고 넘어가야 할 것이다.[18] 대신, 고대의 상징적인 관습과 관련하여 몇 가지 핵심을 강조하였다. 첫째, 전 세계에서 발굴된 많은 구석기시대 유물은 먼 과거에서 수량의 표시가 존재하였음을 분명히 보여준다. 이러한 증거는 선사시대에도 숫자가 최초의 비언어적 기호(또는 추상성이 더 약한 기호)에 포함되었다는 것을 시사한다.

구석기시대 예술에서는 우리 손의 다섯 손가락을 묘사한 경우가 자주 보이는데, 그중 일부는 당시 사람들이 수를 세는 방식을 암시한다. 또한, 수량을 묘사하는 행위는 수 세기 또는 다른 선사시대의 숫자를 통해 인간의 사고를 2차원적으로 표현하는 것을 처음으로 가능하게 하였을 것이다.

더 많은 수량을 체계적으로 표기하는 방법이 진화하면서, 인간은 전체 수량을 손쉽게 관리할 수 있는 작은 집합으로 묶어 표시하는 방식에 의존하였다. 그 결과, 우리는 자연적으로 규칙성을 보이는 우리 손의 다섯 손가락을 기준으로 한 표기법을 개발하였다. 이처럼 손에 초점을 둔 방식은 숫자의 진화에 매우 중요한 역할을 하였다. 석기시대 동굴 벽에 남은 손자국이 중요한 것도 바로 그러한 이유에서이다. 우리의 정신은 신체 부위를 이용하여 수량을 파악할 필요가 있었다. 특히, 손가락과 손이 유용했다. 이러한 결론은 3장에서 상세히 설명하는 바와 같이 특정한 방식의 표기 숫자로 입증된다. 또한, 문자 탄생의 서광이 비치던 시기에 등장한 숫자는 표기문자의 발전에 중요한 역할을 한 것으로 보인다.

III

오늘날 전 세계의 숫자

고고학자, 언어학자, 또는 기타 연구자를 포함한 인류학자들은 물리적으로, 또는 시대별로 다양한 문화를 횡단하며 사람들이 어떻게 살아왔고, 또살고 있는지 관찰한다. 호모사피엔스 종의 일원이라는 사실이 의미하는 것을더욱 깊이 이해함과 더불어 우리가 추구하는 가장 중요한 목적은 이러한 통문화적(cross-cultural, 교차문화) 연구와 밀접한 관련이 있다. 이상적으로, 우리는 현존하는 다른 문화들과 직접적인 상호작용, 또는 이제는 사라진 과거 문화의 흔적을 매개로 한 간접적인 상호작용을 통해 지식을 흡수하는 스펀지와같다. 어떤 의미에서, 이러한 상호작용의 무게중심은 불가피하게 균형을 잃는다. 즉, 어떤 종류의 대가를 치르든, 일반적으로 우리가 이러한 교류를 통해얻는 것은 이 세상에 우리가 남기는 것보다 더 큰 가치를 갖는다.

감사하게도, 우리가 지식을 배운 이들에게 가치 있는 우리 문화를 공유할 기회도 간혹 만나게 된다. 몇 년 전에 아마존 우기 중 무더웠던 어느 날, 내게도 그런 기회가 찾아왔다. 브라질의 강가 주민들과 축구를 하던 나는 두 명의 원주민이 우리와 함께 뛰고 있다는 것을 알아차렸다. 그 원주민들은 키는 작았지만 놀라울 정도로 재빠르고 체력이 넘쳤다. 경기가 끝난 후(두 원주민이 공동 최다 득점자가 된 것은 우연이 아니었다.), 나는 그들과 이야기를 나눴다. 원주민들은 서툰 포르투갈어를 구사했다. 대화 중에 나는 이들이 자라와라족이라는 사실을 알게 되었다. 자라와라족은 인구가 100명 남짓에 불과한 원주민 부족이었다(자라와라족에 대해서는 2장에서 이미 언급했다). 나는 곧 이들에 대해 더 알고 싶어졌다. 자라와라어는 숫자단어가 없다고 알려진 극히 드문 언어 중 하나였기 때문이다. 나는 그들도 나에게 바라는 것이 있음을 눈치챘다. 모터사이클을 타고 그곳에 도착하는 모습을 지켜봤던 그들은 모터사이클 타는 법을 배우고 싶다고 했다. 우리는 이후 몇 주 동안 만나며 서로 배우고 싶은 것을 나누며 교류했다. 나는 그들의 언어를 배웠고, 그들은 나에게 오프로드 오토바이 타는 법을 익혔다. 그들과 함께 마을에서 벗어나 잠시 바깥 생활을 하고 있던 친구와 가족과도 함께 시간을 보내면서, 나는 두 가지 중요한 사실을 깨달았다. 첫째, 흔히 알려진 것과 달리, 이 사람들은 매혹적인 고유한 수 체계를 갖고 있었다. 둘째, 모터사이클 타는 법을 배울 때 보인 이들의 모습은 능숙하고 겁이 없었다.

자라와라족은 아마존의 주요 하천인 푸루스 강Purus River 유역에 있는 마을 두 곳에 살고 있다. 이 사람들은 동족 언어 중 하나를 사용하는데, 그들의 언어는 지금은 사라진 '아라와조어(proto-Arawa)'의 후손 격이었다. 아라와조어의 역사는 최소한 1천 년 전으로 거슬러 올라간다. 모든 동족 언어의 기본적인 숫자단어는 유사성을 갖는다. 예를 들어, 모든 아라와어에서 '2'를 의미하는 단어는 비슷하다. 이를 통해 이것이 언어학자들이 말하는 어원이 같은 단어(cognate)임을 짐작할 수 있다. 어원이 같은 단어들은 비교적 최근에 언어들 사이에서 차용된 것이라기보다 조어(祖語, ancestral language)의 동일한 단어에서 파생된 것으로 이해된다. 이러한 특징을 통해 언어학자들은 지금은 사멸한 아라와조어의 단어를 재구성할 수 있다. 아라와조어의 경우, 우리는 '2'에 해당하는 조어가 *pama일 것으로 확신하고 있다(언어학에서 별표는 재구성된 조어를 의미한다). 전 세계의 어족 중 대부분에서 우리는 *pama와 같은 고대의 숫자단어를 재구성할 수 있다. 현존하는 거의 모든 언어가 정확한 수량을 가리키는 단어를 갖고 있기 때문이다. 일반적으로 숫자단어가 희소한 호주 원주민들의 언어에서도 어느 정도 수량을 나타내는 언어를 찾아볼 수 있다. 이 모든 정황은 구어 숫자가 지극히 오랜 역사를 지닌 인간의 혁신이며, 선조들의 언어는 물론이고 현존하는 언어에서도 공통적으로 관찰된다는 사실을 암시한다. 이 장에서 우리는 구어 숫자와 관련한 핵심적인 발견 몇 가지를 검토해볼 것이다(여기에서 구어 숫자는 간단히 숫자라고 하겠다).[1]

자라와라어에서 '둘'을 의미하는 단어는 fama로, 아라와조어인 *pama와 분명히 유사하다. 자라와라족의 지인들을 인터뷰하는 과정에서, 나는 그들의 고유한 수 체계가 fama 이외 많은 수를 포함하고 있다고 확신하게 되었다. 이들을 개별적으로 만난 자리에서 나는 테이블에 물건을 몇 개 두고 그들의 언어로 그 수량을 표현할 수 있는 단어가 무엇인지 물었다. 이 인터뷰에 자발적으로 참여한 7명의 자라와라족 성인은 내게 일관성 있는 답을 주었다. 이어서 그 단어를 포르투갈어의 숫자단어로 번역해달라고 하자, 이들은 역시 대개 한결같은 반응을 보였다. 이러한 인터뷰 결과, 기존의 주장과 달리 자라와라어가 고유한 수 체계를 갖고 있다는 결론을 내렸다. 현존하는 전 세계 많은 언어에서처럼 자라와라어의 고유한 숫자단어는 외부인과 접촉하는 과정에서 경제적 이유에 밀려 더 유용한 숫자로 대체되고 있다(이와 관련하여 9장에서는 사멸 위기에 처한 수 체계를 논의한다). 이러한 배경하에 자라와라족 사람들도 브라질 전역에서 사용되는 포르투갈 숫자를 쓰고 있지만, 내가 만난 이 부족의 성인들은 여전히 자신들의 전통적인 기수(cardinal number) 단어를 떠올렸다.[2] 자라와라어의 일부 숫자는 아래 표에서 확인할 수 있다(괄호 안의 단어는 선택적으로 사용된다).

수량	자라와라어 용어
1	ohari
2	fama
3	fama oharimake
4	famafama
5	(yehe)kahari
6	(yehe)kahari famamake
10	(yehe)kafama
11	(yehe)kafama ohari
20	(yehe)kafama kafama

자라와라족의 수 체계는 우리가 전 세계의 구어 숫자 연구에서 유용한 관문이 될 수 있다. 이들의 수 체계에서 분명히 보이는 패턴은 전 세계의 대부분 언어에서도 공통적으로 관찰되기 때문이다. 특히 자라와라어 숫자의 밑수는 전 세계 수 체계의 많은 사례에서 찾아볼 수 있다. 밑수는 한 언어의 숫자에서 반복되는(대개 명시적으로 반복되지만, 암묵적일 수 있다.) 단어이다. 밑수는 다른 숫자를 이루는 구성단위가 된다[3](2장에서 본 바와 같이, 이 용어는 또한 표기 수 체계에서 거듭제곱이 되는 값을 지칭하기도 한다). 자라와라어 숫자 밑수를 간략히 살펴보자. 첫째, 자라와라어의 모든 숫자에서 fama라는 단어가 반복하여 등장한다. 그래서 '2'가 fama일 때, '4'는 '2'를 두 번 쓴 famafama가 된다. 비슷한 원리로, '10'에 해당하는 단어는 '(손) 두 개를 가진'의 의미인 (yehe)kafama가 된다. 이 단어에서 손을 의미하는 yehe는 명시적이라기보다 암묵적인 것일 수 있다. 그렇다면, 우리는 자라와라어의 수 체계가 2진법(밑수 2)에 기반을 두고 있다고 결론 내릴 수 있다. 즉, '2'를 의미하는 숫자단어는 더 큰

숫자단어에서 구성단위로 사용된다. 그러나 그밖의 요소도 분명히 관찰된다. '5'에 해당하는 단어로 시작하는 경우, 나머지 모든 숫자에서 yehe가 최소한 암묵적으로 사용되는 것을 볼 수 있다. '5'에 해당하는 단어의 의미를 가장 충실히 전달하자면 '손으로'라고 번역할 수 있다. 여기에서는 5진법(밑수 5)의 수 체계가 통용되고 있음이 분명하다. '7'에 해당하는 단어를 충실히 번역하면 '한 손과 한 쌍'이 된다. '10'에 해당하는 단어는 (yehe)kafama로, '두 손으로'라고 번역된다. 이 단어는 '11', '12' 등 나머지 숫자단어의 밑수가 된다.

자라와라어의 수 체계는 각 수량에 대한 고유한 명칭을 갖기보다 특정한 밑수를 반복적으로 활용하고 있는 것이 분명하다. 이러한 의미에서 자라와라어는 언어적 수 체계가 대부분 작동하는 일반적인 방식을 보여준다. 반복적으로 등장하는 밑수로서 '5'가 특별한 역할을 하는 많은 수 체계를 대표하는 사례이기도 하다. 또한, '10'에 해당하는 단어도 반복적으로 나타나는데, 이것은 '5'에 기본을 둔 것이다. 전 세계의 언어 숫자에서 가장 일반적으로 관찰되는 것은 '10'을 기준으로 하는 10진법이다. 그러나 자라와라에서 관찰되는 것처럼 5진수도 자주 등장한다. 또한, '20'에 기초한 20진법도 사용된다. 마지막으로, 자라와라어에서 분명히 나타나는 2진법 역시 세계 다른 언어에서도 일부 발견된다. 요약하자면, 최근에 밝혀진 이 수 체계는 전 세계 언어에서 관찰되는 다양한 수 체계를 예시하고 있다. 특정한 단어들은 언어 숫자에서 구성단위로 사용되며, 이러한 '밑수'는 5, 10, 20, 그리고 2(상대적으로 낮은 빈도이지만)와 같은 수량을 나타낸다. 다른 관점으로 해석하자면, 숫자는 우리의 신체적 특징과 관련한 표현에 강한 편향성을 보이는데, 특히 우리의 손가락이 가장 기본적인 근거가 된다.

아마존 원주민 언어의 다른 예를 들어보자. 바로 내가 연구한 카리티아나족(Karitiâna)의 언어이다. 이 언어는 자라와라어와 전혀 무관하다. 전 세계 대부분의 수 체계에서처럼, 자라와라어의 2진법에 해당하는 fama처럼 분명히 식별할 수 있는 밑수가 존재하지 않는 한 카리티아나어에서 더 적은 수량을 가리키는 용어들을 분석하는 것은 불가능하다. 아래 표는 카리티아나어의 숫자단어 중 한 줌(우리말로도 적은 수량을 말할 때는 이렇게 손의 이미지를 떠올리게 마련이다.) 정도만 소개하고 있다.

수량	카리티아나어 용어
1	myhint
2	sypom
3	myjyp
4	otadnamyn
5	yj-pyt('우리의 손')
6	myhint yj-py ota oot('한 개와 우리의 다른 손을 가져라.')
11	myhint yj-piopy oot('우리의 발가락 한 개를 가져라.')

이 용어들의 패턴은 전 세계 숫자단어의 공통점을 다시 확인해 준다. '다섯'에 해당하는 용어는 분명히 '손'과 관련이 있으며, '여섯'과 같이 더 큰 수의 밑수가 된다. 이러한 5진법과 더불어, 카리티아나어의 숫자는 전 세계 언어에서 더 일반적으로 관찰되는 10진법도 반영하고 있다. '열하나'를 문자 그대로 번역하면 '우리의 발가락 한 개를 가져라.'가 된다. 이 단어는 암묵적으로 10에 기반을 두고 있다. 발가락 한 개만 더 있으면 11을 만들 수 있다는 뜻이기 때문이다. 카리티아나어에서 더 큰 숫자에 해당하는 단어들도 역시 같은 이유로 10진법을 기반으로 한다고 말할 수 있다.

사실, 약 7천 개에 달하는 전 세계 모든 언어의 수 체계는 더 큰 숫자와 관련한 단어가 10을 중심으로 구조화되는 예가 가장 흔하다는 점에서 10진법의 특징을 보인다. 더 작은 수량의 경우는 5진법이 자주 관찰되거나(자라와라어와 카리티아나어의 경우처럼) 분석되지 않는다(카리티아나어의 가장 작은 수의 숫자단어처럼). 인간이 숫자를 만드는 과정에서 5진법과 10진법에 집착하는 배경은 일찍이 주목을 받아왔다. 즉, 사람들은 숫자단어를 만들 때 흔히 손의 신체적 특징에 의존한다는 것이다. 우리의 손가락은 숫자개념을 현실세계로 가장 간단하게 확장한다. 손가락으로 숫자 세기 및 그와 관련된 관습을 통해 구체화되는 이러한 확장은 '손', '손가락', '발가락'과 같은 생물학적 용어의 환유적 표현으로 수량을 지칭함으로써 언어 영역으로 범위를 더욱 넓히게 된다.

많은 언어에서, 더 큰 숫자를 가리키는 용어는 두 개 이상의 단어로 이루어진 구와 같은 형태를 보인다. 이때도 역시 신체적 특징을 사용하는 예가 뚜렷하다. 예를 들어, 카리티아나어에서 11에 해당하는 용어는 '우리의 발가락 한 개를 가져라.'라고 표현된다. 현대 언어학 이론의 원리 중 하나는 사용빈도가 높은 용어는 음운학적으로 축소된다는 것이다. 즉, 자주 사용되는 언어는 시간이 갈수록 짧아진다. 복합어, 그리고 새롭게 구를 이루었던 단어들도 단순화된다. 이러한 특징을 포함한 다양한 이유로 사용빈도가 높은 단어는 역사적 근거의 명확성이 떨어지는 경향이 있다. 반대로, 사용빈도가 낮은 단어는 원래의 형태를 유지하고 있을 가능성이 더 크다. 어떤 의미에서, 크리티아나어와 자라와라어의 일부 숫자 용어에서 보이는 분명한 패턴은 그만큼 상대적으로 낮은 사용빈도를 반영하는 것일 수 있다. 이와는 대조적으로, 숫자의 역할이 중요하고 구어에서 더 자주 사용되는 언어에서는 더 큰 숫자도 뚜렷한 어원을 보이지 않는다(자라와라어의 숫자의 사용빈도가 낮다는 이유로 이 언어에 숫자가 존재하지 않는다고 가정되어 왔다는 점을 기억하라). 예를 들어, 영어에서는 더 큰 숫자의 단어에 손가락, 손, 발가락, 발처럼 기준이 되는 표현이 포함되지 않는다.[4]

이처럼 명백한 참조 표현은 보이지 않는다. 하지만 그보다 모호한 참조는 존재한다. 왜냐하면, 영어의 숫자단어들은 표기되는 방식과 별개로 10

진법의 특징을 강하게 보이기 때문이다. '13'과 '14'에 해당하는 'thirteen'과 'fourteen'을 예로 들어보자. 이 두 단어는 모두 10을 의미하는 'teen'으로 끝난다. 즉, 10에 수량을 더 추가한 형태를 의미한다. 'thir+teen'은 13이 되고, 'four+teen'은 14가 되는 식이다. 물론, 영어에서 일부 단어에서는 10의 개념이 'teen'이 아니라 'ty'의 형태를 보이지만, 10보다 큰 숫자들은 기본적으로 10진법이다. 또한, 이렇게 더 큰 숫자들은 덧셈보다 곱셈에 기초한다. 그러나 '20', '30', '40', '50', '60', '70', '80', '90'(영어로는 twenty, thirty, forty, fifty, sixty, seventy, eighty, ninety)은 분명히 10의 수량을 중심으로 한 간단한 수학 문제를 반영하고 있다. 즉, 2×10, 3×10, 4×10 등의 식으로 표현될 수 있다. 이처럼 10진법에 대한 일관된 관심은 카리티아나어의 경우와 같은 생물학적 뿌리를 갖는다. 즉, 사람들은 숫자를 손가락으로 세고, 때로는 발가락으로 수를 세며, 수량에 이름을 붙일 때도 우리의 손가락과 발가락으로 수량을 식별하는 방식에 기초한다.

10진법에 기반을 둔 또 다른 유럽 언어인 포르투갈어의 예를 들어보자. 포르투갈어는 대어족으로는 인도·유럽어족(Indo-European family)이지만, 로망스어군(Romance languages)에 속한다. 그래서 인도·유럽어족의 게르만어파(Germanic branch)인 영어와는 특별히 밀접한 관련은 없다. 두 언어의 숫자단어는 서로 유사한 예도 있고, 그렇지 않은 예도 있다. 용어상 차이는 우선 접어두고, 포르투갈어에서 10진법의 경향은 분명히 관찰된다.

수량	포르투갈어 용어
1	um
2	dois
3	tres
4	quatro

5	cinco
6	seis
7	sete
8	oito
9	nove
10	dez
11	onze
12	doze
13	treze
14	quatorze
15	quinze
16	dezesseis
17	dezessete
18	dezoito
19	dezenove
20, 21, 22,...	vinte, vinte um, vinte dois, ...

다시 한번 언급하자면, 1에서 10까지 숫자에 해당하는 단어의 형태는 임의적인 것처럼 보인다. 그러나 11부터는 규칙성이 나타난다. '열하나'는 수 세기가 다시 시작되는 숫자이다. 따라서 이 숫자의 앞에 나온 숫자가 밑수가 된다. 11에서 15까지 숫자의 단어에서 'ze' 앞부분은 1에서 5까지 숫자단어와 반복되는 유사성을 보인다. 'ze'는 이 자체로 의미가 있는 것은 아니지만, 1에서 5까지 숫자에 10을 더한 고대의 방식을 분명히 반영하고 있다. 마찬가지로, 16에서 19까지 숫자단어는 6에서 9까지 숫자단어와 유사성을 보인다. 역시 여기에 10을 결합한 형태이다. 이 숫자들에서는 현대 포르투갈어에서 'e'가 '그리고'라는 의미의 접속사라는 점에서 조합의 흔적을 뚜렷하게 확인할 수 있다. 따라서 16에 해당하는 단어는 말 그대로 '10과 6'이 된다. 이보다 더 큰 숫자에서는 10의 배수 체계가 다시 반복된다. 예를 들어, 21은 'vinte um'이다. 31이나 41도 같은 방식으로 단어가 조합된다. 결론적으로, 포르투갈의

숫자단어는 분명히 10진법에 기반을 두고 있다.[5]

이처럼 수 체계가 10진법의 특징을 갖게 된 것은 수학적 편의에 따른 것이라고 가정되기도 하지만, 꼭 그런 이유만은 아니라는 점을 유의해야 한다. 10진법의 패턴은 카리티아나와 같이 수학적 전통이 없는 사회에서도 분명히 발견되며, 유럽 언어에서는 수천 년 전에 이미 표기 숫자와 현대적인 수학적 관행이 등장하였다. 영어와 포르투갈어를 포함한 400개 이상의 관련 언어들의 조어인 인도·유럽조어의 재구성된 수 체계에서도 이러한 정황이 확인된다.[6] 인도·유럽조어는 약 6천 년 전에 흑해Black Sea 인근 지역에서 사용되었다(전문가들은 지금도 이 언어가 사용된 정확한 지역을 두고 열띤 논쟁을 벌이고 있다. 대략 거론되는 지역은 현재 우쿠라이나 또는 아나톨리아의 스텝 지역steppes이다). 몇 가지 역사적 사건을 거치며, 인도·유럽조어와 그 후손 언어를 사용하는 인구가 전 세계에 전례 없는 영향력을 미치게 되었고, 현재는 전 세계 인구 중 거의 절반에 가까운 사람들이 인도·유럽어를 사용하고 있다. 인류 역사에 이처럼 큰 영향력을 행사한 조어의 숫자 용어 중 일부 재구성된 예를 아래 표에서 확인할 수 있다. 앞서 설명하였듯이, 별표는 재구성된 형태임을 의미한다. 즉, 우리는 여기에 제시한 단어들과 관련한 역사적인 기록을 직접 확인할 수는 없지만, 현대 인도·유럽어족에 속하는 언어들의 유사성에 기초하여 이 언어에서 사용된 숫자가 이와 같은 형태를 취했을 것이라고 짐작할 수 있다. 이러한 추정은 상당한 신빙성을 갖는다.[7]

수량	인도·유럽조어 용어
1	*Hoi(H)nos
2	*duoh
3	*treies
4	*kwetuor

5	*penkwe
6	*(s)uéks
7	*séptm
8	*hekteh
9	*(h)néun
10	*dékmt
20	*duidkmti
30	*trihdkomth
40	*kweturdkomth
50	*penkwedkomth
60	*ueksdkomth
70	*septmdkomth
80	*hekthdkomth
90	*hneundkomth
100	*dkmtom

다른 재구성에서 경미한 불일치는 있었지만, 인도·유럽조어의 숫자단어가 10진법의 경향을 보인다는 것만큼은 분명하다. 위 표에 제시되지 않은 11부터 19까지 숫자단어는 '10과 x'의 변형 형태를 취한다. 여기에서 x에는 1에서 9까지 숫자가 대입된다. 20 이상의 숫자는 10진법의 패턴을 명확히 반영한다. 이 숫자들은 'dkmt' 소리의 일부 변형된 형태를 포함하는데, 이것은 10에 해당하는 고대의 숫자(*dékmt) 때문이다. 하지만, 이러한 숫자들은 덧셈보다 곱셈에 기반을 두고 있다. 우리가 이미 영어와 포르투갈어에서 확인한 내용과 같은 원리이다. 예를 들어, 20에 해당하는 *duidkmti는 '두 개의 10', 30인 *trihdkomth는 '세 개의 10'을 의미한다.

고대의 구어 숫자에서 10진법의 존재는 다른 주요 어족에서도 분명히 드러난다. 중국·티베트어족(Sino-Tibetan), 니제르·콩고어족(Niger-Congo), 오스트로네시아어족(Austronesian) 등 세 가지 사례를 들어보자. 인도·유럽어족과 마찬가지로 오늘날 사용되는 중국·티베트어족의 언어는 400개 이상을 헤아린다. 이 어족에는 표준 중국어와 광둥어가 포함되므로, 이 어족의 언어를 사용하는 인구의 수는 10억 명을 훌쩍 넘는다. 중국·티베트조어(Proto-Sino-Tibetan)의 숫자에 관한 논의를 하기 위해서는 음운론적으로 난해한 이 언어의 특성을 개괄해야 할 필요가 있다. 따라서 먼저 이 어족 중에서 가장 광범위하게 사용되고 있는 언어인 표준 중국어를 중심으로 숫자를 살펴보겠다. 유럽 언어와 마찬가지로, 표준 중국어에서 1에서 10까지 숫자에 해당하는 단어는 해독할 수 없는 형태로 구성된다. 즉, 이 작은 숫자들의 구성에 반복적으로 사용된 단위가 보이지 않는다는 뜻이다. 10에 해당하는 표준 중국어는 'shí'이다. 11에서 19까지 해당하는 단어는 모두 이 단어로 시작한다. 그 뒤에는 10보다 작은 숫자에 해당하는 단어가 이어진다. 예를 들어, 11을 가리키는 단어 'shíyì'는 'shí(10)'보다 큰 숫자들도 10진법을 기본으로 하며, 10개씩 묶음을 의미한다. 그런데 20에서 99까지 숫자의 경우에는 밑수 10 앞에 더 작은 숫자가 먼저 나온다. 그래서 단어의 구성을 볼 때 70은 17과 반대의 짝을 이루게 된다. 즉, 70을 의미하는 'qīshí'는 'qī(7)'와 'shí(10)'로 구성된다. 10의 다른 배수도 마찬가지다. 간단히 말해, 표준 중국어의 숫자들은 10진법을 기반으로 하는데, 사실 이 규칙은 영어의 경우보다 더 뚜렷하게 관찰된다.

니제르·콩고어족은 세계 주요 어족 중 하나이다. 어족에 속하는 언어의 수를 기준으로 할 때, 니제르·콩고어족은 세계에서 가장 큰 규모이다. 최근 한 조사에 따르면 이 어족에 포함되는 언어는 1,500개가 넘는다. 니제르·콩고어족에서 가장 광범위하게 사용되는 언어 중 하나는 아프리카 동부 지역의 반투어군(Bantu branch)에 속하는 스와힐리어(Swahili)이다. 니제르·콩고어족에서 많이 관찰되는 10진법의 전략을 보이는 스와힐리어의 사례는 아래 표에서 분명히 확인할 수 있다. 여기에서 11부터 13까지 수량은 '10'을 의미하는 단어인 'kumi'에 'tatu(3)'와 같은 더 작은 숫자 용어를 붙이는 방식으로 전달된다.

수량	스와힐리어 용어
1	moja
2	mbili
3	tatu
11	kumi na moja
12	kumi na mbili
13	kumi na tatu

오스트로네시아어족은 지리적으로 믿을 수 없을 만큼 분산되어 있다. 이 어족에는 1,200개 이상의 언어가 속해 있으며, 마다가스카르, 동남아시아, 하와이 등 서로 멀리 떨어진 지역에 분포하고 있다. 지난 2천 년 동안 고대 오스트로네시아어족의 언어, 즉 오스트로네시아조어를 사용한 사람들은 먼 항해를 하며 새로운 섬을 탐험하였다. 그로 인하여 현재 이 어족에 속하는 언어들은 태평양의 다른 섬들에도 흩어져 존재한다. 오스트로네시아조어의 숫자는 10진수를 기반으로 한 것이 분명하다. 오스트로네시아어족의 언어들 또한 마찬가지이다. 예를 들어, 이 어족의 폴리네시아어군은 아주 오래전부터 10진법 체계를 갖고 있는 것으로 알려졌다.[8] 흥미롭게도, 오스트로네시아어족의 많은 언어는 5진수와 관련한 증거 또한 보여준다. 10진수의 밑수와 마찬가지로, 5진수 패턴은 부인할 수 없는 해부학적 동기를 가지고 있다. 특히 오스트로네시아조어에서 5에 해당하는 단어는 '손'을 의미하는 단어와 동일하다(*lima).[9]

지금까지 살펴본 숫자를 통해, 우리는 인도·유럽어족, 중국·티베트어족, 니제르·콩고어족, 오스트로네시아어족을 포함하여 세계에서 가장 큰 어족에 10진수가 광범위하게 적용되고 있다는 것을 확인할 수 있었다. 이러한 영향은 분명히 수천 년 전으로 거슬러 올라간다. 인간의 문화는 숫자가 자연적으로 10과 5로 묶인다는 개념과 상관없이 오랫동안 존재해왔다. 표기 숫자에 대한 논의에서 확인한 바와 같이, 이러한 인지 습관은 우리의 생물학적 특징에 기인한다. 즉, 숫자단어는 손을 지칭하는 단어에서 유래한 경우가 많다. 그렇지 않은 경우에도, 수 체계가 대부분 기반을 두고 있는 10진법(빈도는 낮지만 20진법과 5진법도 사용된다.)에 기반을 둔 어휘는 인간의 신체적 특징을 반영한다. 다양한 어족의 196개 언어와 지리적 범위를 조사한 최근의 한 연구에서, 저명한 언어학자인 버나드 콤리Bernard Comrie는 그중 125개 언어가 10보다 큰 수량에서 완벽한 10진수의 패턴을 보인다는 사실을 발견하였다. 10진법과 20진법을 혼용하는 경우(22개 사례)와 순수하게 20진법만을 이용하는 경우(20개 사례)도 흔하게 발견되었다.[10]

　　20진법은 중앙아메리카와 코카서스Caucasus 산맥, 그리고 아프리카의 중서부 지역에서 상대적으로 널리 사용되고 있다. 그러나 20진법의 패턴은 일부 유럽 언어에서도 약하게나마 관찰된다. 특히, 프랑스어가 그러한 예로 더 큰 숫자의 구조에서 20진법 패턴을 반영한다. 예를 들어, 99에 해당하는 'quarter-vingt-dix-neuf(4×20+10+9)'는 20진법과 10진법의 특징을 모두 보인다. 20진법의 흔적은 영어에서도 제법 찾을 수 있다. 에이브러햄 링컨 Abraham Lincoln 대통령이 게티즈버그Gettysburg 연설에서 그 당시로부터 87년 전 미국의 독립을 언급했을 때 한 말을 떠올려 보자. 이때 링컨 대통령은 87년 전을 'four score and seven years ago'라고 하였다. 글자 그대로 번역하자면 '4개의 20년과 7년 전'이라는 의미가 된다. 기원이 다소 모호하더라도 20을 의미하는 'score'라는 단어가 존재한다는 사실은 수량을 20개씩 묶는 언어학적 흔적을 반영한다.

　　한 언어에서 5진법, 10진법, 20진법이 모두 반영되는 예도 있다. 중앙수단어족(Central Sudanic)에 속하는 맘부어(Mamvu)의 경우, 1에서 5까지 숫자에 해당하는 단어의 어원은 명확하지 않다. 우리가 앞선 예들에서도 흔히 확인할 수 있었듯이, 맘부어에서도 역시 작은 숫자에 해당하는 단어는 배경이 모호하다. 반면, 6에서 9까지 숫자에 해당하는 단어는 5진법에 기반을 두고 있다. 6을 뜻하는 'elí qodè relí'를 직역하면 '그 손이 한 개를 잡는다.'의 의미이다. 그러나 11에 해당하는 표현은 'qarú qodè relí'로, '그 발이 한 개를 잡는다.'로 해석된다. 20보다 큰 수량을 나타내는 단어들은 'múdo ngburú relí'라는 표현을 기본으로 하는데, 이것은 '한 명의 온전한 사람'이라는 뜻이다. 맘부어와 같은 언어들은 특히 수 체계가 한 손, 두 손, 온전한 사람을 지칭하는 단위들로 대개 구성된다는 것을 분명히 보여준다. 여기에서 온전한 사람이란 한 사람의 손가락 10개와 발가락 10개를 의미한다.[11]

이처럼 전 세계의 언어들에서 다양한 밑수가 사용되고 있지만, 숫자에서 10진법의 두드러진 역할에 특히 주목할 필요가 있다. 10진법의 중요성은 분명히 인간의 생물학적 특성과 관련이 있다. 수량을 10개씩 묶는 개념이 인간이 원래 그러한 성향을 타고났다거나, 그러한 방식이 특별히 효용성이 있기 때문은 아니다. 20진법과 비교해 보아도 더 광범위하게 사용되고 있는 10진법의 생물학적인 배경을 분명히 짐작할 수 있다. 우리의 손가락은 발가락보다 훨씬 더 눈에 잘 띄고 접근하기도 쉽다. 손가락은 시야에 바로 들어오고, 더 쉽게 조작되며, 수를 셀 때도 더 자연스러운 수단이 된다. 이처럼 일상적으로 쉽게 접할 수 있는 수단을 이용하여 수를 세는 행위는 숫자 용어에 이름을 붙이는 과정에도 영향을 미친다. 인간이 5진법보다 10진법에 더 많이 의존하는 경향도 아마도 해부학적 특징을 통해 어느 정도 설명할 수 있을 것이다. 양손의 손가락은 비교적 동질적인 특징을 보인다. 그러나 손가락과 발가락 사이에는 분명한 차이가 있다. 해부학적 위치나 외형적으로도 그렇다. 언어학자 베른트 하이네Bernd Heine는 이렇게 지적하였다. "한쪽 손과 다른 쪽 손에 대한 것보다 양손과 양발에 대한 인식적 차이가 더 큰 이유는 '10'이라는 숫자가 '5'보다 더 자주 밑수를 구성하는 것으로 보인다."[12]

우리가 이미 살펴본 사례들에서도 알 수 있듯이, 다섯을 초과하는 수량에 대한 숫자단어는 자연스럽게 한 단어보다 구를 이루어 표현되는 경우가 많다. 예를 들어, 카리티아나어에서 6은 '한 개와 우리의 다른 손을 가져라.'라고 표현된다. 이러한 구문 표현은 시간이 지나면서 어휘화되는 경우가 많다(즉, 이러한 표현은 더 짧은 단어로 축약되면서 내포된 의미는 모호해진다). 영어의 숫자들도 이러한 과정을 거쳤다. 그러나 일부 언어에서는 이러한 구문 숫자가 그대로 유지되며 덧셈이나 곱셈 표현으로 구성된다. 우리가 표준 중국어의 사례에서 보았듯이 11에서 19까지 숫자는 10 더하기 x를 의미하지만, 20, 30, 40 등의 숫자는 앞 숫자에 10을 곱한 형태가 된다. 표준 중국어에서처럼 대부분의 수 체계는 암묵적으로 덧셈과 곱셈을 이용하여 작은 숫자로부터 더 큰 숫자를 구성한다. 빈도는 훨씬 낮지만 뺄셈도 사용되는데, 10진법에 기반을 둔 언어에서 그러한 사례를 찾을 수 있다. 일본 토착 언어인 아이누어(Ainu)에서 9에 해당하는 단어인 'shine-pesan'은 '하나를 뺀 것'이라는 의미이다. 6에서 8까지 숫자도 뺄셈을 기반으로 한다. 그러나 뺄셈은 언어의 숫자표현에서 절대 기본적인 원칙이 되지 못한다. 즉, 전 세계의 수 체계에서 분명히 드러나는 계층구조에 따르면, 덧셈이 곱셈보다 두드러진 역할을 하고, 곱셈은 다시 뺄셈보다 더 중요한 역할을 한다. 나눗셈도 사용되지만, 지극히 드문 경우이다.[13]

숫자단어의 구성 원칙에서 덧셈이 우선 사용되는 경향과 더불어, 전 세계 언어의 구문 숫자에서 뚜렷이 관찰되는 또 다른 특징이 있다. 즉, 구문 숫자에서 덧셈을 표현할 때 '갖다', '잡다'와 같은 단어가 공통적으로 사용된다. 우리가 앞서 살펴본 카리티아나어에서 11은 '우리의 발가락 한 개를 가져라.'라고 번역된다. 맘부어에서 11은 '그 발이 한 개를 잡는다.'의 의미이다. '갖다', '잡다' 등의 단어와 더불어, 더 작은 숫자를 더해 큰 자를 만드는 용어에서 자주 등장하는 또 다른 방법은 '…으로/…를 가진'과 같은 뜻을 지닌 단어나 형태소를 이용하는 것이다. 자라와라어에서 접두사 'ka'가 그러한 예이다. 예를 들어, 자라와라어에서 yehe kafama는 '두 손으로'라는 의미이다.

숫자단어에서 신체 부분에 기반한 표현 또한 다소 경향성이 약하지만, 세계 언어에서 뚜렷하게 흔적을 찾아볼 수 있다. 예를 들어, 셈하기와 관련한 단어들은 역사적으로 손가락 또는 손가락의 굽힘과 관련한 단어에서 파생된 경우가 많다. 특히, 손가락 굽힘과 관련한 사례는 북아메리카의 애서베스카 어파(Athabaskan)의 북부 계열 언어와 줄루어(Zulu)에서 뚜렷이 나타난다.

숫자의 신체 부분 기반과 무관하게 숫자에서 보이는 전형적인 형태를 기반으로 다른 일반화를 시도해볼 수 있다. 우리가 여기에서 논의하지 않은 '천'이나 '백만'과 같이 아주 큰 숫자들의 경우를 생각해보자. 이러한 단어들도 궁극적으로 10진법을 반영하는 것인데, 이들의 어원이 더 작은 숫자단어의 어원과 다르더라도 10의 거듭제곱을 포함하기 때문이다. 작은 숫자들이 형용사처럼 취급되는 경향이 있는 것과 달리, 이렇게 더 큰 숫자들은 명사처럼 사용되는 경우가 많다. 예를 들어, 영어에서 'hundred(백)'이나 'thousand(천)'는 명사처럼 복수형을 써서 'hundreds(수백)', 또는 'thousands(수천)'이라고 표현할 수 있지만, 7과 8처럼 작은 숫자의 단어는 'sevens(수일곱)'나 'eights(수여덟)'로 사용되지 않는다. 더욱이, 이 정도로 큰 숫자는 실제 구어로 사용되는 예가 상대적으로 드물고, 세계 언어에서도 그렇게 공통적이지 않다. 세계의 거의 모든 언어는 기본 숫자의 체계를 갖고 있지만,[14] 100이나 20, 또는 10이나 20의 배수를 넘는 수량을 전달할 수단은 없는 경우가 많다. 다음에 이어지는 논의에서 살펴보겠지만, 호주와 아마존 및 기타 지역의 많은 원주민 언어에서 정확한 숫자 용어의 상한선은 10을 넘지 않는다.

지금까지 간략히 살펴본 내용에 근거하여 우리는 말로 표현되는 숫자와 관련하여 몇 가지 광범위한 결론을 내릴 수 있다. 첫째, 숫자는 세계의 거의 모든 언어의 공통적인 요소이다. 여기에서 우리는 몇 가지 사례만 검토하였지만, 이를 통해 기본적인 숫자단어가 세계 전 지역에 널리 퍼져 있는 서로 무관한 언어들에서도 공통적으로 나타난다는 사실을 확인할 수 있었다. 둘째, 이러한 논의는 서로 관련이 없는 언어들의 숫자단어가 놀라울 정도로 유사한 패턴을 갖고 있음을 보여주었다. 이러한 경향이 나타나는 이유는 대부분의 언어들이 신체 부분을 참조하여 단어를 구성하기 때문이며, 이것은 이러한 언어의 숫자단어가 의존하고 있는 밑수에서 뚜렷이 증명된다. 셋째, 언어학적 증거에 따르면, 이러한 신체 부분 모델은 전 세계 숫자의 혁신에 동기를 부여했을 뿐만 아니라, 여기에 기반을 둔 숫자단어들이 우리가 현재 확인할 수 있을 만큼 역사적으로 확장되어왔다. 중국·티베트조어, 니제르·콩고조어, 오스트로네시아조어, 인도·유럽조어를 포함한 고대 언어의 재구성을 통해 이러한 사실을 확인할 수 있다. 이러한 조어들의 후손 언어는 오늘날 세계에서 가장 활발하게 사용되고 있다.

우리의 신체는 우리가 사고하는 패턴과 주변을 이해하는 방식에 중요한 역할을 한다. 신체가 인지과정을 형성하는 방법, 이른바 체화된 인지(embodied cognition)에 대해 활발하게 이루어진 최근의 인지과학 연구 결과에서도 이처럼 신체가 사고에 미치는 영향은 분명히 입증되고 있다. 우리가 신체를 통해 수량을 이해한다는 점에서 기본적인 수량의 추론은 체화된 인지의 확실한 사례가 된다(이 점은 8장에서 더 자세히 다룬다). 1장에서 보았듯이, 인간은 시간의 경과에 대한 사고를 신체와 신체 주변의 공간을 통해 은유적으로 표현함으로써 비로소 시간의 경과를 이해할 수 있었던 것으로 보인다. 마찬가지로, 기본적인 숫자단어들 역시 우리의 신체 일부인 손가락과 발가락, 특히 손가락을 이용해 추상적인 수량을 구체화하는 원리를 암시한다.

어떤 면에서는 이 모든 것은 명백해 보일 수 있다. 어쨌든, 우리는 모두 어렸을 때 손가락으로 숫자를 세었고, 성인이 된 후에도 가끔은 그렇게 한다. 그러나 숫자의 이러한 신체적 기반, 특히 세계의 구어 숫자에서 신체 부문 모델이 보편적으로 등장한다는 사실이 간과되는 경우가 많다. 이와 같은 편재성은 숫자단어가 인간의 발명임을 의미한다. 즉, 숫자단어는 우리의 손가락과 손가락으로 표현할 수 있는 수량 사이의 연관성을 통해 탄생한 것이다(이와 관련한 내용 역시 8장에서 더 자세히 논의한다). 다른 한편으로, 누군가는 숫자란 독립적인 개념이고 인간의 정신에 내재한 것이며, 우리는 손가락을 이용하여 그러한 개념에 단순히 이름을 붙인 것이라고 주장할 수도 있을 것이다. 5장에서 살펴보겠지만, 대규모 인구를 대상으로 한 실험 증거에 비추어 본다면 이러한 입장은 지지를 받기 어렵다. 그러나 여기에서 우리가 주목해야 할 것은 세계 언어의 숫자단어에서 보이는 손가락 중심의 특징만으로도 숫자가 원래 존재하던 개념이고 여기에 이름이 붙여진 것일 뿐이라는 믿음을 다시 점검해볼 필요가 있다는 사실이다. 만약에 숫자가 존재하던 개념에 붙여진 이름일 뿐이라면, 인간이 그토록 손가락에 의존할 필요는 없었을 것이고, 전 세계 언어에서도 손가락의 사용과 무관한 다른 다양한 방식들이 등장했을 것이다. 교차언어적인 증거만 보더라도 숫자가 단순히 개념에 붙여진 이름이 아니라, 그 자체가 개념적인 도구라는 관점을 분명히 알 수 있다. 즉, 숫자는 우리가 손가락으로 수량을 이해한 후에 만들어진 것이다.[15]

숫자의 발명을 완성한 것은 인간의 정신이지만, 손가락을 통해 이루어진 것이다. 과거와 현재의 언어학적 데이터가 시사하는 바에 따르면, 서로 다른 문화권과 다양한 시점에 숫자는 손가락을 이용하여 5나 10과 같은 수량을 가리킬 수 있다는 자각을 통해 독립적으로 발생하였다. 이처럼 손가락은 수량을 지칭하는 용도로 사용될 수 있었고, 많은 사람은 이러한 방식이 유용하다는 것을 발견한 것이다. 그러나 손가락은 기호로서 역할을 하기에 한계가 있으며, 모든 수량을 완전히 달할 수 있는 추상적인 수단이 될 수 없다. 다행히, 우리는 추상적인 기호를 만들 수 있는 가장 강력한 도구인 단어를 이용해 어떤 수량도 나타낼 수 있다. 그러나 이러한 단어 역시 사람들이 손가락과 수량 사이에 더 구체적으로 체화된 대응성을 확립한 후에야 적용되는 것이 일반적이다. 숫자의 발명은 이처럼 우리의 신체에 근거를 두고 있다. 즉, 손가락을 통해 우리는 수량을 나타내는 추상적인 기호, 즉 숫자단어를 도출할 수 있었다. 이러한 추상적기호는 인구집단 내에서, 또는 다른 집단 사이에서 쉽게 학습 및 전달됨으로써 다수의 필요를 충족할 수 있게 되었다. 한 마디로, 우리에게 숫자는 진정한 언어적, 개념적 도구이다.

수량의 묶음을 위한 다른 동기

우리의 손가락에 암묵적으로, 또는 명시적으로 기초한 수 체계는 전 세계에 존재하지만, 숫자는 다른 요소에 기반을 두는 것일 수도 있다. 5진법과 10진법 외에 2진법이 바로 그러한 예이다. 자라와라어의 작은 숫자단어에서도 우리는 2진법의 영향을 확인할 수 있었다. 망가레바Mangareva 섬에서 사용되었던 전통적인 수 체계는 더욱 정교한 방식으로 2진법을 적용하고 있는데, 이 내용은 9장에서 살펴볼 것이다. 일부 문화권에서 존재하는 2진법 외에, 3진법, 4진법, 6진법, 8진법, 9진법에 기반을 둔 사례도 소수이나마 발견된다. 또한, 12진법이나 60진법의 영향이 지금도 보이는 언어도 있다. 1장에서 언급한 바와 같이, 최초로 고대 수메르인들이(이후에는 바빌로니아인들이) 사용했던 60진법은 현재 우리가 시간을 60분과 60초로 나누는 배경이 되었다.

그런가 하면, 8진법, 10진법, 60진법 또한 우리의 손에서 출발한 것으로 볼 수 있다. 물론, 5진법이나 10진법보다는 그 관계를 쉽게 이해할 수 있는 것은 아니다. 인간은 10개의 손가락을 갖고 있지만, 우리가 관찰한 손가락 셈법이 모두 손가락과 수량의 일치에만 기반을 두는 것은 아니다. 그 밖에 손의 다른 규칙성을 통해 양을 나타내는 방법도 있다. 이러한 방법은 분명한 규칙성이 아무래도 덜한 이유로, 사람들이 손가락으로 수를 세는 방식은 통문화적으로 분명히 차이를 보인다. 특이한 예를 하나 들어보자. 인도 상인들이 손가락으로 수를 세는 방법에 따르면, 한 손의 손가락은 1에서 5의 수를 각각 가리키지만, 다른 한 손의 손가락은 5를 곱한 수를 가리킨다. 따라서, 한 손에 두 손가락과 다른 손의 세 손가락을 보이면, 5가 아니라 17(2×1+3×5)이 된다.

손가락 사이의 공간도 쉽게 셀 수 있다. 즉, 우리의 다섯 손가락 사이에는 네 개의 공간이 있다. 두 손의 손가락 사이 공간은 모두 8개이다. 희귀한 8진법은 바로 이 공간을 세는 방식에서 출발하였다. 이번에는 엄지손가락을 제외한 네 손가락을 보자. 각 손가락에는 세 개의 선이 보인다. 바로 관절이 있는 자리이다. 12진법은 바로 한 손에서 이 12개의 관절 부위 선을 세는 방식이다. 이 손가락의 선들은 다른 손의 손가락을 이용하여 수를 셀 때 수량을 나타내는 확실한 표시가 된다(그림 3.1 참조). 역시 신체의 외형적 특징에 기초한 12진법 전략을 넘어 눈여겨봐야 할 대목은 바로 12×5=60이라는 사실이다. 12진법과 5진법이 인간의 손에서 출발한 것이 분명하다는 점을 고려하면, 고대 메소포타미아에서 60진법이 발생했다는 것은 그다지 놀랄 일이 아니다. 물론, 60진법이 반드시 우리의 손에서 출발한 것이라고 단정할 수는 없다. 그러나 60이라는 밑수가 5, 10, 12로 모두 완벽하게 나뉜다는 점을 단순히 우연으로 보기는 분명히 어렵다.[16]

다소 흔하지 않은 이러한 수 체계를 여기에서 모두 자세히 설명하려는 것은 아니다. 그러나 이처럼 다양한 수 체계의 존재를 언급하는 데는 중요한 이유가 있다. 즉, 적어도 이 책을 읽는 독자들이 인간이 수량을 이해하는 방식을 선천적으로 타고났다거나, 또는 다른 요인으로 인해 모든 집단이 동일한 방식으로 손가락을 이용하여 수량을 이해한다는 식의 인상은 갖지 않기를 바란다. 더욱이, 우리는 환경에 따라 다양한 수단을 통해 수량을 이용할 수 있다. 물론, 가장 흔한 것은 우리의 신체적 특징을 이용하는 것이다. 2진법 역시 부분적으로 인간의 신체적 특징에서 비롯된 것일 수 있다. 특히, 우리의 눈, 귀, 콧구멍, 볼 등은 모두 2개씩 쌍을 이루고 있기 때문이다. 실제로, 일부 언어에서는 2에 해당하는 단어의 기원이 이러한 신체적 특징과 관련이 있음을 암시하는 사례도 있다. 예를 들어, 카리티아나어에서 '2'는 'syspo'인데, 이 단어는 '눈'을 의미하는 'syspom'과 유사하다(두 단어 사이의 유사성이 우연의 일치인지는 불분명하다).

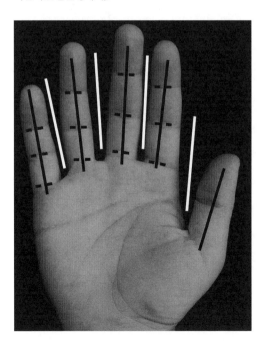

그림 3.1   전 세계 수 체계의 대부분은 우리 손의 손가락 수를 기준으로 한다. 그러나 우리 손의 다른 특징도 수 체계에 영향을 준 것으로 이해할 수 있다. 흰색 선으로 표시한 4개의 간격과 검은색 점선으로 표시한 12개의 관절 또한 숫자를 형성하는 데 영향을 주었지만, 손가락의 수만큼 일반적이지는 않다. 저자가 촬영한 사진.

신체의 특징에 기반을 둔 다른 전략 중에는 기이한 것도 있다. 뉴기니의 웨스트 세피크주West Spik에서 사용되는 오크사프민어(Oksapmin)에서 1부터 27까지 숫자는 손가락, 눈, 어깨를 포함한 신체 부위와 하나씩 대응되었다. 즉, 신체에서 숫자를 셀 수 있는 지점은 한 손에서 시작하여 팔, 머리, 그리고 다른 팔과 다른 손으로 차례로 이어진다. 뉴기니의 다른 지역에서도 이와 유사한 체계가 기록되었는데, 유프노어(Yupno)가 바로 그러한 예였다. 이 언어에서 수를 세는 용어는 손가락, 발가락은 물론 신체의 다른 지점과 연관이 있으며, 그 결과 33개의 단어가 순서대로 이어진다. 이러한 방식이 일정한 밑수를 도출하는 것은 아니므로, 이 언어들에 대해서는 여기에서 더 논의하지 않을 것이다. 그러나 이러한 사례의 존재는 우리의 신체적 특징이 숫자를 세는 전략에 동기를 부여하는 또 다른 방식을 제시하였다는 점에서 주목할 가치가 있다.[17]

희귀한 밑수도 관찰되는데, 캘리포니아주 살리난어(Salinan)에서 사용되는 4진법, 또는 뉴기니 남부 지역에서 발견되는 6진법이 그러한 예이다. 특히, 6진법은 언어학자들의 비상한 관심을 끌었다. 이들의 일부 연구 결과는 이 지역의 문화적 특징이 일부 언어에서 6진법에 기반을 둔 숫자의 출연에 영향을 미쳤다고 주장한다. 얌(외떡잎식물 백합목 마과 마속에 딸린 덩굴성 식물의 총칭 역주)은 이 지역 원주민들의 경제활동과 생존을 위해 가장 중요한 요소이다. 흥미로운 사실은 이들이 일반적으로 얌을 분류하고 저장할 때 6x6의 배치를 이용한다는 점이다. 이러한 관습은 이 지역에서 6진법을 발전시킨 동기가 된 것으로 보인다. 이처럼 얌이라는 특정한 대상을 겨냥한 수 세기 전략은 어느 시점에서 좀 더 추상적으로 발전하였고, 다른 영역으로 확장되면서 모든 수량을 6진법으로 계산될 수 있게 되었다.[18]

신체 이외의 사물, 즉 특정 언어가 사용되는 문화에서 중요한 역할을 하는 사물과 관련한 수 세기 전략을 통해 발전한 숫자의 유형으로는 다른 사례도 있다. 멜라네시아와 폴리네시아의 일부 언어들은 수를 세는 대상이 되는 사물의 종류에 따라 변화를 보이는 수 체계를 갖고 있었거나, 현재도 유지하고 있다. 예를 들어, 올드 하이 피지어(Old High Fijian)에서 100에 해당하는 단어는 카누를 셀 때는 'bola'이지만, 코코넛을 셀 때는 'koro'가 된다. 밑수는 여전히 10진수의 영향을 받은 것이지만, 일부 사물의 특수성은 분명해 보인다. 폴리네시아어의 숫자에 대해서는 9장에서 좀 더 논의할 것인데, 여기에서 우리는 이러한 숫자가 인지적 측면에서 제공하는 이점을 확인하게 될 것이다.

놀라운 것은 일부 희귀한 수 체계가 더 난해한 문화적 현상의 영향을 반영하기도 한다는 사실이다. 텍사스 대학교University of Texas의 언어학자 페이션스 엡스Patience Epps는 아마존 북서쪽의 일부 언어의 숫자가 친족 관계에 기반을 두고 있다는 것을 발견하였다. 이 지역에서 서로 관련이 있는 두 개의 언어인 도어(Dâw)와 후프어(Hup)가 바로 그러한 예에 해당한다. 도어를 사용하는 원주민들은 4에서 10까지 세는 동안 손가락을 이용하여 단어를 보완한다. 즉, 손가락으로는 수를 세는 대상의 수량을 표시하고, 단어로는 수량이 짝수인지 홀수인지 나타낸다. 만약 어떤 수량이 짝수라면, 화자는 그것이 '형제가 있다.'라고 말하고, 홀수라면 '형제가 없다.'라고 말한다. 마찬가지로, 후프어에서 '3'에 해당하는 단어를 번역하면 '형제가 없다."가 되고, '4'의 경우는 '형제가 있어 동행한다.'는 의미가 된다. 이처럼 '형제'의 용어에 기반을 둔 수체계는 분명히 이 지역의 형제자매 교환 혼인 풍습에서 유래한 것이다. 얌에 기초한 뉴기니의 6진법과 마찬가지로, 이러한 관계 기반 숫자의 사례는 대부분의 사례에서 숫자가 신체에 기반을 두고 있다는 사실이 반드시 그렇게 되어야 한다는 것을 의미하지 않음을 증명한다. 언어의 다른 측면과 마찬가지로, 우리는 공통적이지만 보편적이지 않은 패턴이 지구상의 수 체계에 존재

한다고 주장할 수 있을 뿐이다.[19]

구어 숫자의 제한적인 체계

4에서 10까지 해당하는 도어의 숫자를 표현하려면 '형제'라는 단어와 함께 손가락을 사용해야 한다. 따라서, 엄격하게 말하자면 언어 숫자가 아니다. 도어에서 진정한 어휘 숫자는 1에서 3에 한정된다. 도어의 경우처럼 전 세계의 일부 언어들은 한정된 범위의 숫자만을 갖고 있다. 이 중에 어떤 언어의 수 체계는 밑수를 갖고 있지 않다. 이처럼 한정적인 수 체계를 대상으로 한 최근 연구 결과에 따르면, 12개 이상의 언어가 밑수를 갖고 있지 않으며, 몇 개 언어에는 2를 초과하는 수량에 대한 정확한 단어가 없다. 심지어 1을 넘어가는 수량을 가리키는 단어가 없는 경우도 있다. 물론, 이러한 사례는 전 세계 언어 중 극히 일부에 불과하며, 대부분은 우리의 신체 특징을 반영한 밑수를 갖고 있다. 더욱이, 일부 극단적인 사례들은 지리적으로 아마존 지역에 국한된다. 그러나 밑수가 없는 것으로 보이는 언어가 과거에도 그러했으리라고 절대적으로 확신하기는 어렵다. 일부 사례에서 토착 언어의 숫자는 더 생산적인 수 체계의 채택으로 인하여 사용이 중단되었을 수도 있기 때문이다(자라와라어에 대한 우리의 논의를 상기해보라). 어떤 문화에서 젊은이들은 연장자들이 사용하던 고유한 수 체계를 학습할 기회를 갖지 못했을 수 있다. 이로 인하여 전통적인 수 체계가 소멸하는 경우, 그러한 체계가 애초에 존재하지 않았다는 잘못된 인상을 줄 수도 있다. 그러나 이러한 사회 언어학적인 가능성을 따져보더라도, 어떤 언어들은 밑수가 없는 제한적인 숫자만을 갖고 있다고 분명히 말할 수 있다. 아마존 지역 언어 중 시리샤나어(Xilixana)와 피라항어의 경우, 어떤 종류의 정확한 숫자단어도 없는 것으로 알려져 왔다. 나에게 친숙한 피라항족의 언어에 관한 내용은 5장에서 상세히 다룰 것이다. 시리샤나어를 대상으로 한 일부 연구는 이 언어에 '한 개 또는 몇 개', '두 개 또는 몇 개', '세 개 또는 그 이상' 정도로 모호하게 표현하는 세 개의 숫자가 존재한다고 주장하였다.[20]

아마존 지역에서 관찰되는 일부 제한적인 수 체계는 한 개 또는 두 개의 수량만을 정확하게 가리키고, 그보다 많은 수량 표현은 부정확하다. 이러한 특징을 확인할 수 있는 사례가 바로 문두루쿠어(Munduruku)이다. 이 부족의 언어는 최근 심리언어학 연구에서 많은 관심을 받고 있다(5장을 참조하라). 잘 알려진 대로, 호주의 언어들은 대부분 다소 제한된 숫자체계를 가지고 있다. 일부 언어학자들은 이들 언어 중 대부분은 2를 초과하는 수량에 대한 정확한 용어를 갖고 있지 않다고 주장하였다. 그러나 이러한 주장은 과장된 것으로 보인다. 이 대륙의 많은 언어는 실제로 다양한 양을 정확하게 기술할 수 있는 고유한 수단을 갖고 있으며, 소량을 나타내는 숫자단어를 덧셈이나 밑수를 이용한 곱셈으로 결합하여 더 큰 수를 나타내기도 한다. 언어학자 클레어 보웬Claire Bowern과 제이슨 젠츠Jason Zentz가 호주의 언어들을 대상으로 한 광범위한 연구를 통해 밝혔듯이, 수 체계는 실제로 제한적인 경우가 많다. 그렇다고 해서 과거의 추측처럼 이러한 체계가 '한 개, 두 개, 많이'의 수준으로 제한된다고 확신할 수는 없다. 예를 들어, 이 언어들은 아마존 지역 수렵채집민들의 수 체계보다 더 생산적인 경향을 보인다. 보웬과 젠츠가 조사한 200여 개의 호주 언어 중에서 모든 언어는 1과 2를 가리키는 단어를 갖고 있다. 그러나 200여 개의 호주 언어 중 4분의 3에 해당하는 언어에서 단어로 나타낼 수 있는 가장 큰 수는 3 또는 4이다. 그런데도 많은 언어는 다른 숫자들을 위한 밑수로 '2'를 나타내는 단어를 사용한다. 일부 언어는 '5'에 해당하는 단어를 밑수로 사용한다. '10'을 의미하는 단어를 밑수로 사용하는 사례가 가장 많았는

데, 모두 10개의 언어가 여기에 해당한다(반면 가장 큰 수로 7, 8, 9 또는 11과 같은 수를 지정할 수 있는 언어는 없다). 그렇다면, 호주에서도 손가락을 기본으로 숫자가 탄생하였을 것이라는 암시는 도처에 존재하는 것으로 보인다. 특히 4만 년 전부터 정착해온 이 대륙의 원주민들이 다른 지역에 비해 상대적으로 고립된 환경에서 생존해왔다는 것을 고려한다면 더욱 그렇다. 전 세계의 다른 지역과 마찬가지로, 일부 호주 인구는 언어학적으로 수량을 나타내기 위해 신체 부위를 기반으로 한 모델을 독립적으로 발전시켜왔다.[21]

결론

한때 대부분의 언어학자들은 언어학적 차이는 상대적으로 피상적인 것이며, 그 이면에 모든 언어는 더 깊고 보편적인 특징을 공유한다고 이해했다. 하지만, 이제는 현존하는 언어의 다양성을 주목하며 모든 언어에 보편적으로 의미 있는 특징이 있다고 말하는 것은 경험상 정당화될 수 없다고 보는 학자들이 점점 더 증가하고 있다.[22] 여기에서 간략히 살펴본 전 세계의 구어 숫자에서도 우리는 모든 언어의 보편성이란 존재하지 않는다는 것을 확인할 수 있었다. 즉, 기존의 믿음과 달리 모든 언어에 정확한 숫자단어가 포함되는 것은 아니다. 또한 우리는 수 체계를 구성하는 방식에 따라 언어의 숫자단어 또한 다양해진다는 것을 알게 되었다. 어떤 언어에서는 숫자단어의 범위가 아주 협소하지만, 반대로 거의 무한대인 언어도 있다. 한편, 일반적인 기대와 달리 호주의 사례 또는 자라와라어의 경우처럼 더 많은 숫자단어를 포함한 원주민의 언어도 확인할 수 있었다. 세심한 언어학적 기록은 전 세계 숫자에 관한 더 정확한 그림을 우리에게 보여주고 있다.

그러나 이러한 숫자의 다양성은 다른 한편으로 전 세계의 구어 숫자에서 분명히 관찰되는 패턴과 겹쳐진다. 패턴은 간단하다. 숫자단어는 손과 관련한 단어에서 파생되는 경우가 많으며, 일반적으로 10개, 5개, 또는 20개씩 묶음을 반영한다. 인류가 거주했던 모든 지역을 망라한 고대 및 현대 언어에서 분명히 나타나는 이러한 단순한 사실들을 통해 우리는 숫자단어에서 관찰되는 다양한 밑수는 전형적인 수량의 표현을 통해 개념을 더욱 명확하게 하는 언어적 구체화임을 알 수 있다. 이러한 전형을 가능하게 한 것은 자연적으로 발생하는 수량이다. 이 수량은 우리의 손을 통해 아주 쉽게 늘 확인할 수 있다. 바로 움켜쥘 때를 기다리는 손가락들이다(이 '움켜쥠'의 의미에 대해서는 8장에서 자세히 설명할 것이다). 제각각이면서도 서로 어울리는 손가락들을 통해 우리는 추상적이고 불완전하게 자각된 개념을 구체화할 수 있었다. 이렇게 하여 우리는 말로 수량을 표현하고, 이를 통해 다른 사람들의 정신에도 전달할 수 있게 되었다.[23]

IV

숫자단어를 넘어:

수 언어의 다른 종류

숫자는 우리의 문장을 지배한다. 이러한 생각을 전하며 지금 내가 쓰고 있는 단어들도 말하고자 하는 대상이나 개념의 수량을 끊임없이 유념해야 올바른 영어 문장으로 표현되고 이해될 수 있다. 지금 이 문장을 영어로 옮기고 수량과 관련이 있는 부분을 밑줄 표시하면 다음과 같다. "Even the word**s** that **I am** writing now as **I** convey **these** thought**s** can only be produced and comprehended in English with constant reference**s** to the quantity of item**s** or concept**s** that **are** being talked about." 이 한 문장 안에서도 영어 문법에 따라 언급된 대상의 수량을 구별해야 하는 부분이 열한 군데나 된다. 이 문장이 절대 유난해서 그런 것이 아니다. 영어는 문법상 수 일치와 관련하여 오히려 평범한 사례이다. 영어 이외에도 많은 언어는 언급되는 대상의 수량이나 사람의 수('나' 또는 '우리')와 관련하여 문법적 규칙을 지킬 것을 요구한다. 이 장에서는 이러한 수의 구분(numerical distinction)이 전 세계 언어에서 얼마나 중요한 것인지 설명하고자 한다. 우리는 문법적 수(grammatical number)가 매우 흔한 현상이며, 이 또한 우리의 생물학적 특징과 관련하여 반영한다는 점을 살펴볼 것이다. 그러나 숫자와 달리 문법적 수는 우리의 손보다 신경생물학적인 특징과 관련이 있다.

이러한 논의는 문법적 수를 개관하는 것으로 시작한다. 이후에 최소한 부분적으로는 개관에서 살펴본 바와 같이 패턴에 동기를 부여하는 것으로 보이는 인간의 신경생물학적 특징에 관한 몇 가지 기본적인 발견을 다룰 것이다. 본질적으로, 이러한 연구는 숫자단어도(3장에서 논의한 것과 같은), 표기 숫자도 아닌 숫자를 탐험하는 여정이다.

명사의 숫자

이 여정은 명목수(nominal number)에서부터 시작한다. 명목수는 명사가 나타내는 대상의 수량을 나타내는 명사의 변형을 말한다. 영어의 단어들은 보통 문법적 수에 따라 형태가 달라진다. 그래서 화자가 지칭하는 사람이 한 사람이면 영어로 'person(사람)'이라고 말하고, 둘 이상이면 'people(사람들)'이라고 말한다. 여기에서 우리가 말하는 숫자의 문제는 대체로 복수형인 후자에서 발생한다. 즉, '사람들'이라는 단어에서 우리는 한 명보다 많은 사람이 있다는 것만을 알 뿐, 그 이상의 정확한 숫자는 알지 못한다. 그밖에 불규칙한 형태로 변형되는 명사의 단수형과 복수형의 쌍으로는 'tooth(치아)'와 'teeth(치아들)', 'mouse(쥐)'와 'mice(쥐들)', 'criterion(기준)'과 'criteria(기준들)' 등이 있다. 영어를 배우는 입장이라면 꼭 익혀야 할 것들이다. 영어 학습자에게 더 절망적인 것은 아마도 '제로zero' 복수라고 불리는 다른 불규칙한 형태일 것이다. 'deer(사슴/사슴들)', 'sheep(양/양들)'처럼 복수형에서 단어가 변형되지 않는 형태이다. 이보다 어느 정도 규칙성이 보이는 불규칙한 복수형도 있다. 'children(아이들)', 'men(남자들)', 'oxen(황소들)'이 그러한 예로 접미사 'en'이 붙어 복수형을 나타낸다. 하지만 이러한 단어들은 표준적인 복수형의 형태는 아니며, 영어에서 가장 흔한 형태의 명목수와는 다른 역사적 기원을 갖는다. 여기에서 흔한 형태란 두 개 이상의 수량을 나타내는 단어의 끝에 소리를 추가하는 것을 말한다. 추가되는 소리로는 일반적으로 's'가 사용되지만, 형태가 약간 달라지는 경우도 있다. 다음 세 개의 단어 쌍을 보자. 이 쌍에서 두 번째 단어는 규칙적인 복수 접미사를 붙여 둘 이상의 수량을 나타낸다.

(4.1)	cat	-	cats(고양이들)
	car	-	cars(자동차들)
	house	-	houses(집들)

각 쌍에서 '-s' 접미사는 한 개의 'cat(고양이)', 'car(자동차)', 'house(집)'보다 많은 수를 나타낸다. 영어에서 어떤 접미사도 추가되지 않은 명사는 단수형, '-s'가 뒤에 붙으면 복수형으로 이해된다. 영어를 이제 막 배우기 시작했다면 이렇게 알고 있을 것이다. 하지만, 사실 그렇게 간단한 것은 아니다. 단어에 '-s'가 추가되는 규칙적인 경우에도 마찬가지이다. 이 말이 잘 이해되지 않는다면, (4.1)에 제시된 예들을 소리 내어 읽어보자. 그러면 이 단어들에 붙은 복수 접미사가 사실 동일한 것이 아니라는 것을 알 수 있다. 예를 들어, 언어학자들은 'cats'에서 's'를 무성음이라고 한다. 이 소리를 발음할 때 성대가 울리지 않는다는 의미이다. 반대로, 'cars'를 발음할 때는 성대가 울린다. 이 단어에서 '-s' 접미사 부분의 소리를 계속 내면 윙윙거리는 소리처럼 들린다. 'houses'에서 '-s' 소리도 성대를 울리지만, 앞에 먼저 삽입되는 모음 발음으로 인해 실제 이 접미사의 소리는 '- uhz'처럼 들리게 된다. 이렇게 소리는 다르지만, 철자는 모두 '-s'로 통일된다. 따라서 영어의 규칙 복수 접미사에는

통일성이 존재한다고 볼 수 있다.

영어와 마찬가지로, 많은 다른 언어에서도 명사에 접두사나 접미사를 붙여 말하고자 하는 대상의 수량을 나타내는 규칙적인 수단을 갖고 있다. 이들 언어 중 대부분은 단어에 접미사 또는 접두사를 추가하여 복수형을 만든다(즉, 명사로 지칭되는 대상이 한 개보다 많다는 의미이다). (4.2)에 예시된 포르투갈어 단어 쌍을 예로 들어보자.

(4.2)	gato	-	gatos(고양이들)
	carro	-	carros(자동차들)
	casa	-	casas(집들)

포르투갈에서도 '-s' 접미사를 사용하여 복수형을 만든다. 그러나 이러한 공통점이 있다고 해서 영어와 포르투갈어의 문법적 수와 동일한 방식으로 표기된다는 것은 아니다. 우선, 영어의 복수형에서 특정한 소리가 달라지는 현상은 포르투갈어에서 존재하지 않는다. 또 다른 차이로는 포르투갈어 명사와 인접한 단어들도 복수형에 따라 변한다는 점이 있다. 예를 들어, 포르투갈어로 '나의 집'은 'minha casa'가 되지만, '나의 집들'은 'minhas casas'라고 해야 한다. 즉, 소유 대명사도 복수명사 앞에서 minhas로 바뀐 것이다. 정관사의 경우도 마찬가지이다. 영어에서는 복수명사로 쓴다고 해서 앞의 정관사가 바뀌지 않는다. 따라서, 단수나 복수에 상관없이 'the house', 또는 'the houses'가 된다. 반면, 포르투갈어에서는 'a casa', 'as casas'가 된다. 뒤에 나오는 명사의 수에 따라 정관사가 'a'에서 'as'로 바뀐 것을 알 수 있다.

하지만 또 다른 유럽 언어에서 보이는 유사성은 복수 접미사인 '-s'가 많은 언어, 또는 대부분 언어의 공통적 특징일 것이라는 잘못된 인상을 줄 수 있다. 그러나 지난 수십 년 동안 전 세계의 비유럽 언어들에 관한 연구를 진행한 언어학자들은 명사의 문법적 수를 나타내는 방식이 언어마다 크게 다를 수 있다는 사실을 알게 되었다. 또한, 수량의 변화에 따라 명사의 형태가 바뀌지 않는 언어가 많다는 사실도 더욱 분명해졌다. 영어 'cat'과 'house'의 예를 같은 뜻인 아마존 카리티아나어의 사례에 대입해 보면 다음과 같다.

(4.3)   ombaky   -   ombaky
           'cat'   -   'cats'
           ambi   -   ambi
           'house'   -   'houses'

카리티아나어에서 명사 ombaky('고양이'에 대응하는 단어이지만, 일반적으로는 '재규어'를 의미한다.)와 ambi('집')는 각 객체의 수량에 상관없이 형태가 변하지 않는다. 카리티아나어의 모든 명사에서 나타나는 특징인데, 이 언어에 명목수가 없기 때문이다('우리'와 같은 대명사는 예외이다).

1,066개의 언어를 대상으로 대규모 조사를 진행한 언어학자 매튜 드라이어Matthew Dryer는 이중 98개 언어가 카리티아나어와 같이 명사를 복수로 나타낼 수 있는 문법적 수단이 없다는 것을 발견했다. 이러한 결과만 보더라도 복수명사가 없는 언어는 그렇게 드문 사례는 아니다. 영어를 비롯한 유럽 언어를 유창하게 이용하려면 명사의 단수나 복수형을 구별할 줄 아는 것이 필수적이다. 이러한 언어를 사용하는 사람들에게 전 세계 언어 중 약 10%가 복수형 명사를 따로 표시하지 않는다는 것이 이상하게 느껴질 수 있다. 그러나 그보다 더 주목해야 할 것은 화자가 말하는 대상의 수량이 한 개인지, 또는 그보다 많은지 전달할 수 있는 문법적 수단을 가진 언어가 전 세계 언어 중 약 90%를 차지하며 압도적으로 많다는 사실이다. 전혀 관련성이 없는 언어들 사이에서도 이처럼 뚜렷하게 드러나는 경향은 그만큼 우리가 의사소통할 때 말하고자 하는 대상이 한 개 인지, 또는 한 개가 아닌지 구별하는 것이 아주 중요하다는 것을 암시한다. 우리는 그러한 구별을 그저 당연하게 여기고 있

다. 우리가 그토록 자주 명사의 수를 구별하며 말하는 이유는 명확하지 않다. 다만, 세계 언어에 존재하는 다른 범주의 단수 및 복수형을 검토해본다면, 이러한 특징이 광범위하게 퍼진 이유를 가늠해볼 수 있을 것이다.[1]

어떤 문법적 수의 체계는 명사를 단순히 한 개를 의미하는 단수와 두 개 이상을 의미하는 복수로 구분하지 않고, 또 다른 범주를 포함하기도 한다. 바로 언어학자들이 양수(兩數, dual)라고 부르는 것이다. 양수는 언급되는 대상이 정확히 2개의 수량을 갖고 있을 때 사용된다. 예를 들어, 아랍어에서는 접미사 '-an'이 양수 표지의 역할을 하며, 복수명사에 표시되는 접미사는 별도로 존재한다. 이러한 특징은 영어 사용자에게 생소해 보일 수 있지만, 흥미롭게도 영어의 조어인 인도·유럽조어에도 양수가 있었다는 사실에 주목할 필요가 있다. 이러한 사실은 고대 그리스어, 산스크리트어(Sanskrit), 그리고 지금은 사라진 인도·유럽조어의 후손 언어들이 양수를 사용한 증거를 통해 확인할 수 있다. 예를 들어, 고대 그리스어에서는 'o hippos'는 '그 말', 'to hippo'는 '말 두 마리', 'hoi hip-poi'는 '그 말들'을 의미했다.[2] 사실, 고대 영어에서도 양수가 사용되었으며, 그 흔적은 오늘날 영어에도 희미하게 남아 있다. 영어에서 복수 접미사의 형태는 거론되는 대상이 두 개인지, 또는 그보다 많은지에 따라 변하지 않는다. 하지만, 다른 영어 단어들을 통해 이러한 구별이 반영되기도 한다. 예를 들어, 'any of them(그들 중 누구라도)'이 아니라 'either of them(그 둘 중 누구라도)'을 말한다면, 독자는 이 말이 지칭하는 사람의 수가 두 명이라는 것을 알 수 있다. 마찬가지로 'all of them(그들 모두)'이 아니라 'both of them(그 둘 모두)'이라고 말하면, 독자는 또한 그곳에 두 명밖에 없다는 것을 짐작할 수 있다. 따라서 영어에서는 'two(2)' 또는 'three(3)'와 같은 수를 세는 단어와 별개로 이러한 표현을 통해 1, 2, 또는 그보다 큰 수를 구별하여 전달할 수 있다. 그러나 아랍어와 같은 언어에서는 양수가 훨씬 더 규칙적으로 사용되며, 명사에 자주 사용되는 접미사로서도 분명한 형태를 보인다. 현대 언어 중에서 양수 접미사가 사용되는 또 다른 사례는 바로 슬로베니아어(Slovenian)이다.

호주의 일부 원주민 언어도 문법적으로 양수를 표시한다. 케이프요크(Cape York) 반도의 지르발어(Dyirbal)의 사례를 살펴보자.

(4.4)   Bayi Burbula miyandanyu
'부르불라가 웃었다.'

(4.5)   Bayi Burbula-gara miyandanyu
'부르불라와 또 다른 사람이 웃었다.'

(4.6)   Bayi Burbula-mangan miyandanyu.
'부르불라와 몇 명의 다른 사람들이 웃었다.'[3]

예시 문장을 통해 우리는 두 명 이상이 언급될 때 접미사 '-gara'가 붙고, 두 명보다 많은 사람을 언급할 때는 접미사 '-mangan'이 온다는 것을 알 수 있다. 반면에 Gara 접미사는 두 사람을 지칭할 때 사용된다는 것을 증명하는 것들이다. 그러나 접미사 '-gara'는 양수를 표시하기도 한다. 이 문장에서 '두 명의 부르불라'가 아니라 '부르불라와 또 다른 사람'의 의미로 사용되었으므로, 여기에서 이 접미사는 양수를 표시한다. 영어의 복수표지(plural marker)와 이 접미사는 인칭 명사에 붙는다. 다른 호주 언어의 양수 표지는 언급되는 대상의 수가 정확히 두 개라는 것을 더 직접 나타낸다. 카야르딜드어(Kayardild)에서 접미사 '-yarrngka'가 그러한 기능을 한다. 예를 들어, 'kularrin'은 '여자 형제'를 뜻하는데, 어떤 사람이 kularrinjiyarrngka라고 한다면, 이것은 '두 명의 여자 형제'를 뜻한다.[4]

양수 범주가 적용되는 언어에서 이 접미사의 사용은 대명사에서 더 광범위하게 이루어지거나, 대명사에 국한되는 경우가 많다(아마 독자들은 문법 시간에 다른 명사, 특히 언급되는 사람과 관련한 명사를 대체한다고 배운 것을 떠올릴 수 있을 것이다). 다음은 독일 동부 작은 지역에서 사용되는 고지 소르브어(Upper Sorbian)의 대명사 예이다.

(4.7)	ja	-	ty
	'나'	-	'너'
(4.8)	mój	-	wój
	'나'	-	'너'
(4.9)	my	-	wy
	'우리'	-	'너희 모두'[5]

(4.7)에 예시된 대명사는 1인칭과 2인칭 단수형이다. (4.9)의 대명사는 1인칭과 2인칭 복수형이다. (4.8)의 대명사는 '둘'이라는 개념을 추가해서 번역해야 정확한 의미가 전달된다. 그러나 예시된 대명사에서 알 수 있듯이 고지 소르브어에서는 숫자단어를 별도로 쓸 필요가 없다. 따라서, (4.8)의 두 대명사는 모두 양수 대명사로 볼 수 있다. 복수 단어를 만드는 굴절(inflection, 어형변화를 의미한다. - 역주)만큼 흔하지는 않지만, 양수 굴절 또한 고대는 물론, 현대 언어에 분명히 존재하는 것으로 알려져 있다.

어떤 언어에서는 언어학자들이 삼수 굴절(trial inflection)이라고 부르는 것을 포함하고 있다. 이 굴절은 언급되는 대상의 수량이 정확히 세 개일 때 사용된다. 그러나 '삼수(三數, 대명사 등의 어형에서 단수·양수·복수 등 3수를 나타내는 것 - 역주)'라는 명칭에서 알 수 있듯이 이러한 사용은 세계 언어 중 일부에 국한된다. 더 구체적으로 말하자면, 일부 오스트로네시아어족의 언어가 여기에 해당한다. 한 예로 몰루카어(Moluccan)의 다음 문장을 살펴보자.

이 문장에서 단어 'aridu'는 정확하게 3명을 지칭한다. 따라서 이것은 삼수 대명사(trial pronoun)이다.

(4.10)

Duma	hima	aridu	na'a
house	that	we three	own

'우리 셋은 저 집을 소유한다.'[6]

정확한 명목수의 목록은 3에서 멈춘다. 즉, 세계 언어에서 '넷'에 해당하는 문법적 수의 명확한 사례는 없다.[7] 여기에서 언급하지 않은 문법적 수의 다른 주요 범주는 소복수(少複數, paucal, 문맥에 따라 이해되는 작은 수로 다중수라고도 한다. - 역주)뿐이다. 이러한 유형의 문법적 수도 흔하지 않지만, 일부 오스트로네시아어족의 언어에서는 언급되는 대상의 작은 수량을 대략적으로 지칭하는 경우에 사용된다. 인구가 60여 명에 불과한 마을에 사는 바우마 피지어(Boumaa Fijian) 사용자들이 바로 이러한 소복수를 사용한다. 만약 이 마을에서 한 사람이 다른 몇 명 또는 십 수명과 이야기를 한다면, 이 화자는 소복수 2인칭 대명사인 'dou'를 사용할 것이다. 반면, 이 화자가 마을 전체 사람들과 의사소통을 한다면, 복수 2인칭 대명사인 'omunuu'를 사용한다.[8]

문법적 수는 기능뿐만 아니라 형태 면에서도 광범위하게 다를 수 있다. 우리가 (4.1), (4.2), (4.6)에서 보았듯이, 지르발어의 복수 접미사 형태는 영어나 포르투갈어와는 상당히 다르다. 그러나 명사 끝에 복수표지가 온다는 점에서 이 세 언어는 모두 접미사를 갖고 있다. 이러한 공통점이 우연히 발생한 것은 아니다. 접미사는 세계 언어에서 명목수가 취하는 가장 흔한 형태이다. 그러나 접두사를 붙이는 방식도 그렇게 희귀한 것은 아니다. 앞서 1,066개 언어를 대상으로 한 문법수 조사 결과에서 살펴보았듯이, 조사 대상 언어 중 약 10퍼센트에서 접두사를 이용하는 사례가 발견되었다. 다음은 접두사를 붙인 스와힐리어의 명목수의 예이다.

(4.11)

ji-no	-	me-no
'치아'	-	'치아들'[9]

명목수는 명사 단어의 앞이나 끝에 복수표지를 붙이는 것 외에도 다양한 형태를 취할 수 있다. 일부 특이한 사례에서는 복수표지가 단어의 가운데에 온다. 이것을 삽입사(infixing, 단어 중간에 들어가서 의미를 바꾸는 접사 - 역주)라고 한다. 필리핀 원주민 언어인 투왈리 이푸가오어(Tuwali Ifugao)의 단어 쌍을 예로 들어보면 다음과 같다.

(4.12)   babai   -   binabai
                    '여자'   -   '여자들'[10]

여기에서 삽입사 '-in-'이 'babai'의 가운데에 끼어들어 복수형을 만들고 있다는 것을 확인할 수 있다.

일부 언어에서 복수명사를 만드는 또 다른 특이한 방법으로 언어학자들이 말하는 중첩(reduplication)을 이용한다. 중첩이란 복수명사를 만들 때 해당 단어의 한 개 또는 그 이상의 음절을 반복하는 것을 말한다. 투왈리 이푸가오어 역시 아래 예시와 같이 중첩을 이용하여 복수를 나타낸다. 이 단어에서는 첫 번째 음절을 중첩하여 복수형을 만들고 있다.

(4.13)   tagu   -   tatagu
                    '사람'   -   '사람들'[11]

문법적으로 단수 명사를 복수형 명사로 변형하는 방법은 이 밖에도 다양하다. 예를 들어, 보충법(suppletion)은 단수 명사와 완전히 다른 단어를 사용하여 복수형을 표현한다. 현대 아랍어에서 '여자 한 명'은 mar'ah이고, '여자들'은 nisa이다. 케냐의 엔도어(Endo)에서 '염소' '염소 한 마리'는 'aráan'인 반면, '염소들'은 'no'이다. 각 명사의 단수형과 복수형 쌍은 반드시 외워야 하는 것이기 때문에 배우기 어렵다. 그래서 우리가 사용하는 언어와 다른 체계의 문법적 수를 이해하기 위해서는 더 큰 노력이 필요하다. 라틴어와 러

시아어를 비롯한 다양한 언어들은 명사의 격에 따라 완전히 다른 수 접미사를 사용한다. 예를 들어, 명사의 복수형 접미사는 이 단어가 문장에서 명사인지, 목적어인지에 따라 달라진다.

전 세계 언어의 명사에서 사용되는 문법적 수를 간략히 살펴본 우리는 몇 가지 결론을 내릴 수 있다. 첫째, 앞 단락에서 본 바와 같이, 명목수는 형식에 따라 크게 다를 수 있다. 대부분 언어에서는 접미사를 사용하지만, 접두사 형태로 표시되는 경우도 있다. 또 다른 언어에서는 중첩과 같이 특이한 형태가 사용된다. 우리는 또한 카리티아나어와 같은 일부 언어는 명목수를 전혀 사용하지 않는다는 것을 관찰하였다. 많은 종류의 명목수에도 불구하고, 세계의 언어들은 또한 이 문법적 현상의 기능과 관련하여 몇 가지 분명한 경향을 보인다. 즉, 언어는 대부분 단수와 복수를 포함하며, 단수, 양수 및 복수를 포함한 언어도 있다. 마지막으로, 일부 언어는 삼수 굴절도 갖고 있다. 그러나 여기에서 핵심은 세계의 어떤 언어도 4, 5, 6 또는 그보다 더 큰 수량을 문법적으로 정확하게 나타내는 수단을 갖고 있지 않다는 사실이다. 이러한 수량은 문법적인 수단보다 숫자단어로 직접 표시된다. 따라서, 세계 언어의 문법은 1, 2, 3을 정확히 구별하며, 그밖에 수량은 대략 표시하는 경향을 보인다. 아래에서 볼 수 있듯이, 이러한 경향이 등장한 배경으로는 신경생물학적 근거를 생각해볼 수 있다.[12]

기타 단어의 숫자

문법적 수는 명사에서는 전형적으로 명백하지만, 보통 이야기 대상이 되는 사람의 수나 다른 실체의 수를 나타내기 때문에, 언어 또한 논의되는 수량에 따라 문장의 다른 부분을 바꿀 수 있다. 언어는 일반적으로 문장의 주제의 역할을 하는 몇 가지 사항에 따라 문장의 동사에 약간의 변경을 요구한다.
이 패턴은 영어와 다른 유럽 언어 사용자들에게 친숙하다. 다음 두 쌍의 영어
문장을 생각해보자.

(4.14)	The car is fast.	-	The cars are fast.
	'그 차는 빠르다.'		'그 차들은 빠르다.'
(4.15)	He runs slowly.	-	They run slowly.
	'그는 천천히 달린다.'		'그들은 천천히 달린다.'

첫 번째 쌍에서, 우리는 주어가 단수이냐 복수이냐에 따라 'be' 동사가
'is' 또는 'are'로 달라지는 것을 볼 수 있다. 언어학자들은 이러한 변화는 주
어의 문법적 수와 일치(agreement)를 보여주기 위해 사용된다고 말한다. 두 번
째 문장 쌍에서는 주어가 단수일 때 동사에 접미사 '-s'가 붙고, 복수일 때 접
미사가 붙지 않는 것을 볼 수 있다. 여기에서 접미사는 시제를 표현하여 이러
한 행위가 '언제' 일어났는지에 대한 정보도 전달한다(이 문장에서 시간을 나타내
는 부사는 없지만, 현재 달리고 있다는 의미가 된다). 사실, 동사 접미사는 종종 문법
적 수와 시제 등 다른 기능을 함께 나타낸다. 언어는 이렇게 골치 아프다.

포르투갈어의 일치 사례를 보여주는 두 개의 문장을 통해 문법적 수를
좀 더 살펴보자.

(4.16)	Ele foi ontem.	-	Eles foram ontem.
	'그는 어제 갔다.'		'그들은 어제 갔다.'
(4.17)	Marta jogou futebol.	-	As mulheres jogaram futebol.
	'마르타는 축구 경기를 했다.'		'그 여자들은 축구 경기를 했다.'

동사 'foi'(갔다)는 그 전날에 간 사람의 수가 두 명 이상이면 (4.16)
'foram'으로 변한다. (4.17)에서 동사 'jogou'(경기를 했다)의 접미사 또한 주어

가 한 명인지, 또는 두 명 이상인지에 따라 달라진다. (4.14)에서 (4.17)까지 예시된 문장들은 전 세계 언어에서 흔히 사용되는 전략을 보여주고 있다. 즉, 주어가 복수명사인 경우에 동사는 어떤 식으로든 변한다. 어떤 언어에서는 주어와 동사가 아닌 주어와 목적어 사이에서 수의 일치가 발생한다. 주어의 수에 따라 목적어가 일치되는 사례는 유럽의 고립어(language isolate)인 바스크어(Basque)에서 분명히 찾아볼 수 있다. 이 언어가 고립어라고 불리는 이유는 알려진 계통 언어가 현재 남아있지 않기 때문이다.

(4.18)   Nik   luburuak   irakurri   di-tut
            나는   책들   읽다   조동사 'have'의
                                                    3인칭 복수

"나는 책들을 읽었다." [13]

이 경우, 조동사 'tut'(have) 앞에 접두사 'di-'가 온다. 이 접두사는 이 문장에서 주어인 책을 읽는 사람이 아니라 목적어인 책이 복수라는 것을 의미한다.

이처럼 문법적 수는 전 세계 모든 언어에 존재할 뿐 아니라, 형태 또한 다양하다. 즉, 명사에 복수 접미사를 붙이거나, 양수 대명사를 사용하여 간단하게 두 명의 사람을 지칭할 수도 있다. 또는, 동사에 접두사를 붙여 목적어 명사의 수와 일치시키는 경우도 있다. 명사와 동사를 또 다른 방식으로 변형하는 사례도 존재한다.

그런데 언어의 다양성은 이 정도 수준에 그치지 않는다. 영어의 부정관사를 생각해보자. 사물을 지칭할 때 'a car' 또는 'a computer'라고 말하는 것은 옳지만, 'a cars'나 'a computers'라고 말하는 것은 영어 문법에 맞지 않는다. 부정관사 자체가 숫자단어가 아니지만, 분명히 수량과 관련한 정보를 전달한다. 이러한 기능은 많은 언어에서 공통적으로 발견된다. 즉, 다양한 언어

의 화자들은 언급하는 사물의 수량에 따라 다른 관사를 사용한다. 예를 들어, 독일어로 '그 자동차'는 'das Auto'인데, '그 자동차들'로 명사가 복수형이 되면 정관사 'das'는 'die'로 바뀌게 된다('die Autos'). 이번에는 영어의 지시형용사 'this'와 'that'의 예를 들어보자. 이 형용사는 뒤에 오는 명사의 존재를 강조하는 역할을 하지만, 화자와 이 명사 사이의 거리에 대한 정보도 제공한다. 즉, 화자의 관점에서 여기에 있는 이 펜은 'this pen here'이고, 저기에 있는 저 펜은 'that pen over there'가 된다. 그러나 이 펜의 개수가 두 개 이상이면 'these pens here(여기에 있는 이 펜들)'과 'those pens over there(저기에 있는 저 펜들)'이라고 말한다.

일부 언어는 언어학자들이 분류사(classifier)라고 하는 것을 갖고 있는데, 이 단어는 지시사(demonstrative, 지시형용사 또는 지시대명사)와 비슷한 느낌의 기능을 한다. 명사와 나란히 사용되는 분류사는 이 명사와 함께 한 단어의 일부처럼 보인다. 앞서 살펴본 지시형용사가 명사의 거리를 시사하는 반면, 분류사는 함께 사용되는 명사의 기능이나 활동성 등에 따라 다르게 사용된다. 아마존 북서부 지역의 원주민 언어인 야구아어(Yagua)의 예를 들어보자.

(4.19) tï-kïï̈ varturu
하나 - 분류사 여성(기혼의)
'한 명의 기혼 여성'

(4.20) tïn-see vaada
하나 - 분류사 달걀
'한 개의 달걀'[14]

이 예시에서 '하나'라는 숫자에 붙는 분류사 접미사는 언급되는 대상이 사람인지 달걀인지에 따라 다르게 사용되고 있다. 표준 중국어와 일본어 등 가장 광범위하게 사용되는 언어를 포함하여 많은 언어는 수 세기와 관련한 분류사를 갖고 있다. 일부 마야 언어에서 명사는 수를 셀 때 수십 개의 범주로 나뉜다. 그만큼 구체적이지는 않지만, 영어에서도 분류의 흔적이 어느 정도 발견된다. 예를 들어, 'sand(모래)', 'dirt(먼지)', 'clay(찰흙)' 등 이른바 물질명사(mass noun)를 수량화해야 할 경우, 우리는 형태로 나눠야 한다. 즉, 우리는 문법적으로 'thirty clays(찰흙 30개)', 'thirty dirts(먼지 30개)', 또는 'thirty sands(모래 30개)'라고 할 수 없다. 대신, 'clumps of(무리)', 'mounds of(더미)', 'grains of(알갱이)'처럼 형태를 구체적으로 제시하는 단어를 이러한 물질명사 앞에 추가할 수 있다. 물질명사의 수량은 이러한 단어('clump', 'mound', 'grain')를 단수 또는 복수로 바꾸어 표현된다. 반면, 'car(자동차)', 'pencil(연필)', 'book(책)'과 같은 가산명사(count noun)는 이러한 단어의 도움이 필요 없다. 오히려 'thirty cars(자동차 30)'는 문법으로 맞지만, 'thirty clumps of car(30개 무리의 자동차)'는 말이 안 된다.

언급되는 대상의 수량을 구별하기 위한 문법적인 방법은 무수히 많은 것이 분명하다. 그러나 동사의 수 일치나 단수를 나타내는 정관사의 사용과 같은 이 모든 문법적 방법은 작은 수량을 구별하는 목적으로 특화되었다는 점에 유의해야 한다. 특히 1, 2, 3 등의 작은 수량을 구별할 때 사용되고 더 큰 수량의 경우에 문법적 수는 어림수일 뿐이다. 이러한 경향은 실제 단어에서도 뚜렷하게 엿보인다. 3장에서 우리는 정확한 수량을 나타내는 단어에 집중했지만, 여기에서는 많은 언어에서 모호한 수를 나타내는 단어가 존재한다는 사실을 눈여겨볼 필요가 있다. 영어에서도 서너 개, 두어 개, 많이, 예닐곱 개등의 표현이 있다('a few', 'a couple', 'many', 'several' 등이 이러한 표현에 해당한다). 이러한 표현은 모든 언어에 존재할 가능성이 크기 때문에, 잠재적인 사례의 수는 무한히 존재한다고 해도 과언이 아닐 것이다. 예를 들어, 유카텍 마야어(Yucatec Maya)에서 '많이'에 해당하는 단어는 yáʼab'과 같은 예가 있다.[15] 놀라운 것은 수량을 표현할 때 이와 같은 어림수 단어에 전적으로, 또는 거의 전적으로 의존하는 언어가 존재한다는 사실이다. 우리는 5장에서 숫자 없는 세상에 사는 사람들에 대해 논의하며 이러한 언어들을 살펴볼 것이다.

부정확한 숫자단어의 또 다른 예는 특정한 종류로 묶을 수 있는 대상이 복수로 존재하는 경우에 사용될 수 있다. 예를 들어, 영어에서는 발굽이 있는 동물들이 모여있는 무리를 'herd'라고 한다. 마찬가지로, 물고기 떼는 'school', 돌고래 무리는 'pod'로 표현할 수 있다. 이런 식으로 특정한 종류의 동물 무리를 따로 일컫는 영어 단어로는 수십 개가 있다. 같은 동물이라도 상황에 따라 무리를 지칭하는 단어가 달라질 수 있다. 이를테면, 날지 않고 지상에 모여있는 거위 떼는 'gaggle'이라고 하지만, 날고 있는 거위 떼를 지칭할 때는 'skein'이라고 한다. 적어도 이러한 용어에 신경을 많이 쓰는 사람들은 이렇게 구별하여 사용할 것이다. 비슷하게 생긴 동물이라도 거위가 아닌 오리 떼를 가리키는 것이라면 'flock'이라고 한다. 영어 사용자들이라고 해도 유용성이 크지 않은 이러한 용어들을 제대로 구별하지 못할 수 있다. 그렇다 하더라도 이러한 구별은 언어가 한 개와 그보다 큰 수량 사이의 구별을 강조하는 또 다른 방식으로서 엄연히 존재한다.

이러한 구별은 다른 느낌의 동사를 선택적으로 사용하는 방식으로도 나타난다. 예를 들어, 코끼리 한 마리가 빨리 움직이는 것을 본다면, 우리는 그 코끼리가 달려간다고 말할 수 있다. 그런데, 아주 많은 수의 코끼리들이 무리 지어 같은 속도로 움직인다면, 우리는 그 코끼리들이 우르르 몰려가고 있다고 표현할 것이다. 이렇게 다른 동사 표현이 사용되는 것은 코끼리가 달리는 횟수가 아니라, 코끼리의 수가 달라졌기 때문이다. 반대로, 일부 언어에서는 어떤 사건과 관련된 대상물의 수가 아니라 사건이 발생한 횟수에 따라 다른 동사를 사용한다. 이러한 복수사건성(pluractionality)의 특징은 아프리카 사헬Sahel 지역의 차드어파(Chadic language)에 속하는 하우사어(Hausa)에서 분명히 확인할 수 있다. 예를 들어, 동사 'aikee'는 동사 a''aikee와 마찬가지로 '보내다'의 뜻이다. 동사의 두 번째 형태에 보이는 접두사 a''(아포스트로피 표시는 발음에 관한 것으로, 성문폐쇄음 또는 방출 자음과 같은 발음 특성을 나타내는데 자주 사용된다. - 역주)는 어떤 것을 계속해서 보낸다는 것을 의미한다. 따라서 동사원형 'aikee'는 어떤 사물을 보내는 횟수에 따라 변하는 것이지 어떤 사물을 보내거나 받는 사람들, 또는 보낸 사물의 숫자에 따라 변하는 것이 아니다.

아마존 지역의 카리티아나어에는 다수의 대상물이 한 사건에 연관되었음을 암시하는 특별한 동사가 존재한다. 이 장의 앞부분에서 언급했듯이 카리티아나어에는 명목수(대명사 구분 이외에)가 없다는 것은 다소 놀라운 일이다. 카리티아나어에서 눈여겨볼 것은 본질적으로 복수 느낌을 나타내는 동사들이다. 예를 들어, 동사 'ymbykyt'는 '여러 명이 도착하다'라는 뜻이다. 동사 'piit'는 '여러 개를 가져가다.'라는 의미로 사용된다. 이 동사를 사용할 때 대상물을 갖고 있는 사람의 수가 몇 명인지는 상관없다. 다른 '복수' 동사들은 '달리기', '가기', '날기'와 같은 동작을 묘사할 때 사용된다. 24명의 카리티아나어 사용자를 대상으로 한 간단한 연구에서, 나는 이러한 특징이 없는 영어의 사용자에 비해 이러한 동사들은 카리티아나어 사용자들이 특정한 동작에 관하여 생각하는 방식에 영향을 미친다는 증거를 발견하였다.[16]

문법적 수는 단순히 명사의 단수와 복수를 구분하는 용도로만 여겨지기 쉽다. 그러나 우리는 문법적 숫자의 역할이 여기에 그치지 않는다는 것을 이제 알게 되었다. 문법적 수는 세계 어느 언어에서나 존재하지만, 형태는 아주 다양하다. 우선, 많은 언어에서 문법적 수는 실제로 양적 구별을 언급하는 접미사의 형태를 취하고 있다. 그러나 때때로 이러한 구별은 '한 개'와 '많은'처럼 간단하지 않다. 그러한 구분은 '한 개'와 '두 개', '두 개'와 '많이'를 구별하는 더 특정한 방식으로 이루어진다. 더욱이 우리는 문법적 수가 명사에서는 단순히 표면화되지 않는다는 것을 보았다. 동사는 또한 언급되는 대상물, 또는 행동의 수량을 반영할 수 있다. 관사와 분류사와 같은 다른 단어들도 수량을 언급하는 인간의 경향을 반영하는 것이다. 심지어 그 수량이 특정 대화와 전혀 무관해 보이더라도 마찬가지이다. 언어가 단순히 이러한 경향을 반영하기만 하는 것도 아니다. 언어는 수량을 계속 살피게 함으로써 숫자에 대한 인간의 관심을 강화하였다.

　　문법적인 숫자의 다양한 특성에도 불구하고, 우리는 또한 이 현상에 관해서 세계 언어의 문법에서 놀랄 만큼 강한 경향을 보았다. 첫째, 전 세계 언어 중 대부분은 문법적 수를 갖고 있다. 이것은 전 세계의 문법 지형에서 가장 보편적으로 드러나는 특징으로, 그 다양성이 점차 인식되고 있다. 둘째, 더 결정적인 것은 전 세계 언어에서 문법적 수 전략은 다양한 형태를 보이지만, 기능은 놀라울 정도로 유사하다. 무엇보다, 문법은 수량을 두 가지 범주 중 하나, 즉 1 또는 1을 제외한 모든 것으로 묶는 경향이 있다. 이보다 더 미묘한 범주를 겨냥하기도 하지만, 수량 표현에서 문법의 기능은 여전히 현저하게 제한된다. 문법으로 정확히 나타낼 수 있는 수량은 기껏해야 세 가지 수량(1, 2, 3) 정도이다. 다시 말해, 전 세계 언어에서 5진법과 10진법에 해당하는 숫자단어는 두루 관찰되지만, 어떤 언어도 문법적으로 정확하게 5나 10을 나타낼 수 있는 접미사는 갖고 있지 않다. 다양한 언어에서 수량의 모호한 경계를 넘나드는 모든 접두사와 접미사의 특징을 고려하면, 제한적이나마 문법적 수가 의미하는 수량의 범위는 상당히 주목할 만한 가치가 있다. 여기에서 우리는 이렇게 질문할 수 있다. 인간의 문법이 모호한 방식으로 수량에 접근하는 이유는 무엇일까? 앞서 언급했듯이, 작은 수량(1, 2, 3)은 문법적으로도 비교적 정확하게 나타낼 수단이 있지만, 그보다 큰 수량을 언급하기 위해서는 문법적 수가 아닌 구체적인 숫자단어를 사용해야 한다. 더 큰 수량을 정확하게 구별하는 것은 우리에게 그다지 자연스럽지 않지만, 1, 2, 3처럼 작은 수량은 자연스럽게 구별된다. 연구 결과에 따르면, 우리의 이러한 경향은 사실로 밝혀졌다. 그렇다면, 특정한 수량의 구별이 우리에게 더 자연스럽게 다가오는 이유는 무엇일까? 이 질문에 답을 하기 위해서는 수량을 이해하는 장비로서 우리의 뇌를 살펴볼 필요가 있다.

문법적 수의 신경생물학적 기반

두정엽 내구intraparietal sulcus는 인간의 뇌에서 보이는 수많은 고랑 중 하나이다. 두정엽 내구는 두정엽에서 수평으로, 대뇌피질의 중심부에서 후방으로 확장된다. 두정엽 내구는 수리와 관련한 사고를 관장하는데, 이와 관련한 더 자세한 내용은 8장에서 다룰 것이다. 우리가 두정엽 내구의 수리적 사고에 주목하는 이유는 이러한 기능이 개체발생적으로나 계통발생적으로 모두 원시적이기 때문이다. 달리 말해, 그러한 사고 중 일부는 세포분열을 통해 생명체가 탄생하는 아주 초기 단계에 이루어지는 것일 뿐만 아니라(개체발생), 우리의 종은 물론 관련 종에서 아주 오래전부터 이어져 내려온 과정으로 보인다(계통발생). 인간과 계통적으로 관련이 있는 다른 동물들은 어느 정도 수리적 사고를 할 수 있다.

'어느 정도'라는 말은 이 책에서 이해해야 할 핵심이기도 하다. 문화와는 별개로 뇌가 우리에게 제공하는 수리적 도구는 꽤 무딘 편이다. 그러나 그러한 도구는 확실히 존재한다. 두정엽 내구는 문화적관습보다 신경생물학적으로 관장되는 영역이다. 이 두정엽 내구에서 발생하는 수리적 과정의 한 특징이 앞서 우리가 살펴보았던 문법적 패턴에 동기부여를 하는 것으로 보인다. 왜냐하면, 인간은 선천적으로 1, 2, 3과 같은 작은 수량을 서로 구별하거나, 이보다 더 큰 수량과 구별하는 경향이 있기 때문이다. 말하자면, 1을 다른 모든 수량으로부터 구별하려는 성향은 우리에게 자연스러운 일이다.

　　인지 심리학, 신경과학을 비롯한 다양한 관련 분야의 연구 결과는 수학적 학습을 하기 전에 인간은 이미 작은 수량을 신속하게 구별할 수 있다는 것을 증명하고 있다(이러한 사실은 6장에서 소개하는 영아기 인식에 대한 논의를 통해 더욱 명확해졌다). 이러한 객체 추적 능력(object-tracking ability)은 두정엽 내구와 같은 기본적인 신경생물학적 특징으로 인해 가능한 것이다. 이러한 능력을 통해 우리는 1, 2, 3개의 사물을 정확하고 빠르게 구별할 수 있게 된다. 하지만 그보다 큰 수량을 구별해야 할 때 우리의 신경 메커니즘은 모호한 수단만을 제공한다. 극적인 상황을 통해 더 작은 수량을 자연적으로 구별하는 우리의 자연스러운 능력이 얼마나 강력한 것인지 생각해보자. 뉴욕시의 한 골목길을 걷던 나는 몇 사람이 한 사람을 공격하여 때려눕히는 상황을 목격했다. 누가 누구인지는 알아보지 못했다. 하지만 현장을 목격한 순간이 길어야 1초라 하더라도 가해자의 수가 세 명 이하라면 몇 명을 보았는지는 금방 파악할 수 있을 것이다. 경찰관의 조사를 받을 때도 몇 명의 가해자를 목격했는지 자신 있게 말할 수 있다. 그런데 같은 상황에서 가해자의 수가 6명이라면 어떨까? 역시, 가해자들이 도망가기 전까지 내가 목격한 시간은 1초 남짓이다. 이 경우에는 내가 몇 명을 보았는지 자신 있게 말할 수 있을까? 그렇지 않을 것이다. 마찬가지로 사물의 수량을 빠르게 판단해보라고 할 경우, 사람들은 3을 초과하는 수량에 대해선 짐작만 할 수 있을 뿐이다.

　　3보다 큰 수량의 경우, 우리는 확연히 차이가 나는 수량끼리 더 잘 구분한다. 예를 들어, 경찰이 가해자의 수가 6명이었는지, 아니면 7명이었는지 묻는다면 답을 제대로 하지 못할 수 있다. 6과 7의 차이는 근소하기 때문이다.

그러나 경찰관이 가해자의 수가 6명이거나 12명이라는 것을 우연히 알고, 현장에서 내가 본 가해자의 수가 6명인지, 12명인지 묻는다면 나는 정확한 답을 줄 수 있을 것이다. 12명은 6명보다 100% 큰 수이기 때문이다. 그런데 12명보다 6명이라고 인식한 것이 맞더라도 정확한 답을 제시하려면 인원수를 세어야 한다. 첫 번째 경우에 나의 증언에 근거하여 작성한 경찰 보고서는 꽤 정확하겠지만, 두 번째 경우에는 증언 내용을 신뢰할 수 없다. 이를테면, 처음에는 6명인 줄 알았는데, 다시 생각해보니 7명인 것 같을 수 있을 것이다. 아니면 5명, 또는 8명으로 기억이 바뀔 수 있다. 만일 가해자가 몇 명이었는지 세어볼 틈이 없었거나, 몇 명인지 알더라도 숫자단어로 정보를 전달할 수 있는 언어적 기호가 없다면, 내 진술의 신빙성은 더욱 떨어지게 된다. 여러 실험연구와 뇌 영상 연구에서 입증된 바와 같이, 두정엽 내구와 다른 피질 영역에서 유전적으로 연결된 메커니즘이 정확하게 구별할 수 있는 것은 작은 수량에 한정된다.

어떤 의미에서 이 점은 명백해 보인다. 더 작은 수량을 구별하는 것은 당연히 더 쉬울 것이기 때문이다. 그러나 다양한 분야에서 이루어진 많은 연구 결과에 비추어 볼 때, 이 또한 그렇게 간단한 문제는 아니다. 인간은 단지 작은 수량을 좀 더 잘 구분할 줄 안다거나, 수량을 파악하는 개념이 단지 인식하는 대상물의 수가 많을수록 더 모호해지는 것이라고만 이해할 수는 없다. 다만, 분명히 말할 수 있는 것은 우리가 1, 2, 3을 생각하는 방법과 그보다 큰 수를 생각하는 방법 사이에는 분명한 차이가 존재한다는 것이다. 다른 각도에서 생각해보자. 우리는 기본적으로 작은 수량은 정확하게 인식하고, 더 큰 수량은 짐작하여 생각하는 경향을 갖고 있다. 저명한 심리학자인 스타니슬라스 데하엔Stanislas Dehaene이 지적하였듯이, 우리에게는 어느 정도의 수량을 정확히 인식하도록 도와주는 '수 감각(number sense)'이 있다. 더 정확히 말하자면 우리의 뇌, 특히 두정엽 내구는 정확한 수와 어림수 등 두 가지 수 감각을 관장한다. 정확한 수 감각(exact number sense)은 객체 추적 능력으로, 흔히 '병렬적 개별화 체계(parallel individuation system)'라고 한다. 이 능력은 우리에게 정량적인 사고 이상의 것을 가능하게 한다. 그런데 이 능력의 특징 중 하나는 작은 수량의 집단을 정확하게 인식할 수 있도록 한다는 것이다. 뉴욕 시내 골목에서 1명, 2명, 또는 3명의 가해자는 빨리 알아보는 것과 마찬가지이다. 나는 이러한 감각을 '어림수 감각(approximate number sense)'에 대비되는 개념으로 '정확한 수 감각'이라고 부른다. 어림수 감각은 5명에서 7명까지 가해자가 더 많은 경우, 이처럼 더 큰 수량을 추정할 수 있게 한다. 이러한 감각들은 뒷장에서 더 자세히 논의되며, 우리 종과 관련된 뚜렷한 정량적 추론의 구성 요소들이다. 그러나 그들은 완전한 수학적 사고를 탐구하는 데는 전혀 도움이 되지 않는다.[17]

이와 같은 신경생물학적인 배경은 문법적 수와 관련하여 우리가 해온 논의를 새롭게 조명할 것으로 보인다. 첫째, 그동안 연구 결과를 바탕으로 우리가 내린 주요 결론 중 하나는 문법적 수는 어디에나 존재한다는 것이다. 인간의 선천적인 수리 능력과 관련한 신경생물학적 연구는 이러한 주장에 힘을 실어줄 것으로 보인다. 거의 모든 언어에서 발견되는 문법적 수는 일반적으로 사람들이 문장과 개별 단어를 만드는 방식에 큰 영향을 미친다고 밝혀졌다. 이러한 특징은 명사, 동사, 기사, 분류사를 비롯해 다양한 유형의 단어로 나타날 수 있다. 둘째, 문법적 수는 특정 수량을 나타낼 수 있으나, 그 범위는 지극히 제한적이다. 문법적 수는 다른 수량으로부터 1을 구별하거나, 2와 3을 구별할 수 있다. 다른 양을 구별하는 경향이 있지만, 2와 3을 구체적으로 언급할 수도 있다. 셋째, 문법적 수는 큰 수량을 다루기도 하지만, 이 경우에는 항상 어림짐작하는 방식을 이용한다.

3장에서 우리는 대부분의 숫자체계가 인간의 생물학적 특징으로 인하여 동기부여가 된다는 점을 살펴보았다. 대부분 언어에서 숫자는 손가락과 손의 명확한 역사적 연관성을 나타낸다. 이 장에서 논의된 연구 결과는 문법적 수 또한 전 세계 언어 전반에 걸쳐 공통적인 특징을 갖고 있음을 보여준다. 그러나 이러한 일반적인 경향은 손가락이나 발가락이 아닌, 뇌의 특징에 기인하는 것이 분명하다. 즉, 우리의 문법에서 숫자의 개념이 관찰되는 것은 우연이 아니다. 바로 우리의 뇌, 특히 두정엽 내구에 의해 선천적으로 인식된 것이다.

숫자단어와 문법적 수의 동기에 관한 이러한 가설이 정확한 것이라면, 우리는 아주 작은 수량의 숫자단어가 더 큰 수량의 숫자단어와 대조될 때 어떤 식으로든 다를 것이라고 예상할 수 있다. 이 예측은 일반적으로 언어적 증거로 뒷받침된다. 1, 2, 3과 같이 작은 수량을 위한 숫자단어는 참조가 되는 대상이 시간이 지나면서 소실되고, 기원은 같은 언어에서 더 큰 숫자의 경우와 분명히 구별되는 경향을 보인다. 5 또는 10과 같은 수량에 대한 숫자와 달리, 인간은 일반적으로 신체 부위에 따라 더 낮은 수량의 이름을 붙이지 않는다 (하지만 인간의 언어와 관련한 대부분의 일반화와 마찬가지로, 드물지만 몇 가지 예외도 존재한다). 그리고 우리는 그럴 필요가 없다. 그 정도의 수량은 신체적인 대용물의 도움을 받지 않더라도 우리의 정신으로 충분히 이해할 수 있다. 즉, 굳이 현실세계에서 일치하는 수량을 찾아 참조하지 않더라도 1, 2, 3에 해당하는 단어는 발명할 수 있다.

또 다른 결정적인 면에서 작은 수량의 숫자는 큰 수량의 숫자와 차이를 보인다. 즉, 작은 숫자는 선천적인 개념에 직접 기초한다. 앞서 언급한 심리학자 스타니슬라스 데하엔과 같은 연구자들이 지적했듯이, 작은 숫자는 큰 숫자보다 훨씬 더 자주 사용된다. 실제로, 문어체에서 1, 2, 3에 해당하는 숫자가 다른 모든 숫자에 비해 두 배 이상 자주 등장한다. 이처럼 작은 숫자단어가 자주 사용되는 이유는 그만큼 정확하고 빠르게 개념화할 수 있기 때문이다. 우리가 자연적인 환경에서 1, 2, 3의 수량을 그렇게 자주 마주칠 수 있을까? 적어도 우리가 언어를 통해 드러나는 빈도만큼은 아닐 것이다. 숫자단어의 사용빈도가 연구된 모든 언어에서, 문어체와 구어체에 등장한 빈도는 숫자가 커짐에 따라 규칙적으로 감소하지 않는다. 대신, 숫자 3과 대조적으로 숫자 4의 등장 비율이 급격히 떨어지는 경향을 보인다. 또한, 영어를 비롯해 10진법을 사용하는 언어에서 10 또는 20과 같은 숫자들은 다른 큰 숫자보다 훨씬 더 빈번하게 사용된다. 구어와 문어에서 특정한 숫자가 더 자주 등장하는 현상은 단지 현실세계에 이 수량이 더 흔하게 존재하기 때문이라고 해석할 수는 없다. 그보다 우리의 뇌와 몸을 통해 이러한 숫자가 더 쉽게 인식된다는 것을 의미한다.[18]

인간이 더 작은 수량을 쉽게 처리하는 편의성은 우리가 문법적 수에서 살펴본 패턴에도 반영된다. 그러나 이러한 특징은 더 작은 숫자가 사용되는 빈도 및 불분명한 기원의 측면에서도 명백하다. 또한 서수(ordinal number)와 관련하여서도 이러한 특징은 언급되어야 한다. 서수는 순서상 대상물이나 사건의 위치를 나타낸다. 서수가 사용된 영어 문장의 예를 들어보자. 'Germany is the third country to win the World Cup a fourth time(독일은 월드컵에서 네 번 우승한 세 번째 나라이다).' 이 문장에서 1, 2, 3의 서수는 4의 서수와 구별된다. 더 많은 숫자의 서수 단어를 보면 그 차이가 더 확연히 보일 것이다. 1부터 12까지 서수에 해당하는 영어 단어는 'first(첫 번째), second(두 번째), third(세 번째), fourth(네번 째), fifth(다섯 번째), sixth(여섯 번째), seventh(일곱 번째), eighth(여덟 번째), ninth(아홉 번째), tenth(열 번째), eleventh(열한 번째), twelfth(열두 번째)'이다. 여기에서 주목할 것은 1, 2, 3의 서수를 제외한 나머지 단어들의 서수는 끝에 '-th'를 붙인 형태라는 것이다. 따라서 우리는 다시 한 번 더 작은 수량과 관련이 있는 숫자는 언어적으로 특별한 위치에 있으며, 이 것은 간접적으로 우리의 뇌의 독특한 작용을 반영한 것으로 이해할 수 있다.

인간의 언어에서 작은 숫자가 특별하게 취급되는 방식을 보여주는 마지막 예로서 로마숫자를 떠올려 보자. 이 숫자들은 선형 표식에 기초한 기수법으로부터 진화한 것이다. 로마숫자에서 더 작은 수량은 I(1), II(2), III(3)처럼 선으로 간단하게 표시된다. 그러나 이보다 큰 수량은 다르게 표시된다. 왜냐하면, 3보다 큰 수를 계속 같은 선으로만 표시하면 인지하기 어렵기 때문이다. 즉, 6은 선 여섯 개를 나란히 붙인 IIIIII보다 VI로 표기하는 것이 더 구별하기 쉽다. 우리가 보는 즉시 파악할 수 있는 I, II, III에 비해, 이후에 등장하는 표기는 정확하게 수량화하기 어렵다. 1부터 3까지 숫자에서 촉진된 분화는 로마숫자 4의 표기에서 훨씬 분명해진다. 로마숫자로 4는 IV로 표기된다. 작은 수량, 특히 1, 2, 3은 다른 모든 수량과 대조될 때 더욱 직접적인 방식으로 다르게 취급된다.[19]

더 작은 수량을 표시하는 로마숫자의 간단한 기호는 문법적 수의 체계와 작은 수량을 나타내는 단어에서 전 세계적으로 관찰되는 패턴의 또 다른 예를 보여준다. 인간의 신경생리학을 통해 우리는 인간이 자연적으로 말하고 생각할 수 있는 것은 더 작은 수량이라는 것을 알 수 있다. 문제가 되는 패턴에 대한 대안적인 설명은 논란의 여지를 안고 있다. 예를 들어, 작은 수량이 인간의 자연환경에서 어떤 방식으로는 더 편재해 있다는 주장을 설득력 있게 뒷받침하는 증거는 없다. 그러나 수에 대한 선천적인 감각으로 인하여 우리가 작은 수량을 더 잘 구별할 수 있다는 점에 대해서는 증거가 존재한다.

전 세계의 언어를 두루 살펴보면 문법적 수가 아주 다양하게 존재한다는 사실을 알게 된다. 문법적인 숫자는 다양한 형태로 존재하기 때문에 이러한 인식이 완전히 부정확한 것은 아니다. 그러나 좀 더 자세히 들여다보면 문법적 수의 공통적인 기능을 확인할 수 있다. 이러한 공통점은 아마도 우리의 기본적인 신경생물학적 특성 때문일 것이다. 전 세계 언어의 숫자에서 보이는 일반적인 패턴 중 상당수는 인간의 생물학적 특징과 관련한 기본적인 사실에 기인한다.

결론

아직 두 살도 채 되지 않은 내 아들은 우리가 청록빛의 비스케인 만Biscayne Bay을 가로지르며 버지니아 키Virginia Key 섬과 마이애미Miami 시를 잇는 리켄백커 코스웨이(Rickenbacker Causeway)를 넘어갈 때 차 뒷 자리에 앉아 있었다. 우리 차가 다리에 들어서 오르막길을 타고 있을 때 아들은 오른쪽 차창 밖 수평선 쪽으로 뻗은 만을 바라보며 이렇게 외쳤다. "물!" 그러더니 왼쪽으로 고개를 돌려 도시의 해안선까지 뻗은 만을 유심히 바라보았다. 분리된 듯 펼쳐진 완전히 다른 풍경에 흠칫 놀란 아들이 이번에는 이렇게 소리쳤다. "물 두 개!" 물이 두 개라니. 그래, 안 될 것도 없지 않은가? 영어 문법의 셀 수 있는 명사와 셀 수 없는 명사를 완전히 이해하지 못하는 아이에게 그런 표현은 충분히 가능한 것이었다. 그러나 아들의 천진난만한 이 외침은 그보다 더 많은 이야기를 우리에게 들려주고 있다. 영어를 비롯한 대부분의 언어를 습득하는 아이들은 정말 어린 나이에, 대개 두 살도 되기 전부터, 두 개 이상의 사물을 지칭할 때는 명사의 복수형을 써야 한다는 것을 깨닫는다. 아이들은 분명히 아주 어릴 때부터 이러한 구별을 익힐 수 있다. 언어는 문법적 수, 즉 우리의 뇌가 본래 능숙하게 다룰 수 있는 수준의 수를 중요하게 강조한다. 이러한 경향은 전 세계 언어에서 문법적 수의 확산을 자극하였을 것이다.

문법적 수의 편재성은 특히 언어의 다양성에 대한 우리의 인식이 커지고 있는 시점에 주목할만하다. 지난 수십 년 동안, 언어학자들이 전 세계 오지에서 관련성이 없는 다양한 언어를 기록하였고, 이러한 성과를 통해 우리는 언어가 아주 다른 형태를 보일 수도 있다는 것을 알게 되었다. 이제 많은 언어학자는 언어의 다양성을 인간의 의사소통에서 가장 중요한 특징으로 손꼽는다. 시제를 나타내는 표현이 부족한 언어가 있는가 하면, 또 어떤 언어에는 빨강, 노랑과 같은 색상의 구별이 모호하다. 문법적으로 주어가 명확하게 드러나지 않는 언어도 있다. 어떤 언어에서는 의미 있는 소리가 10개 정도에 그치는 반면, 100개 이상의 소리를 포함한 언어도 있다. 이처럼 언어는 근본적으로 다양하다. 또한, 일부 언어학자들은 이러한 점이 부분적으로 다양한 환경에 대한 언어의 적응능력을 반영한다고 보고 있다(동료 학자들과 함께 진행한 연구 결과에 따르면, 언어적 음성체계의 일부 측면은 극도의 건조함과 같은 환경적 요인으로부터 미묘하게 영향을 받으며 진화한 것으로 보인다).[20] 언어는 시대에 따라 변화하고, 사회에 따라 다르며, 한 사회 안에서도 지역과 사회적 속성에 따라 다르게 나타난다. 언어의 이러한 특성은 언어와 사회문화적 현상 간에 어떤 상호작용이 있다는 것을 암시한다고 본다.

　　언어는 이처럼 놀라운 다양성과 적응성을 갖지만, 수량을 다루는 방식에서만큼은 강한 경향성이 보인다. 우리는 이 장에서 문법적 수가 전 세계 언어에서 대부분 존재한다는 사실을 확인하였다. 언어의 문법은 수를 강조하며, 더 큰 막연한 수량에서 작고 정확한 수량을 구별하는 데 집중하는 경우가 많다. 따라서, 문법적 수는 우리 뇌 구조의 기능적 측면을 반영한다. 즉, 우리의 뇌가 본래 타고난 기능은 더 작은 수량을 정확히 구분할 수 있을 뿐이다.

　　그러나 문법적 수가 공통적인 경향을 갖고 있다 하더라도, 모든 언어가 같은 특징을 공유하는 것은 아니다. 3장에서도 모든 언어가 숫자단어를 포함하는 것은 아니라는 것을 지적하였다. 5장에서는 인류 역사에서 숫자가 어떤 역할을 하였는지 돌아보기 위해 우리의 논의에서 중심이 되는 문제를 검토한다. 사람들이 문법적 수, 숫자단어, 또는 수량의 다른 상징적 표현을 활용하지 않는다면 어떻게 될까? 이 질문을 시작으로 우리는 숫자가 없는 세계를 살펴볼 것이다.

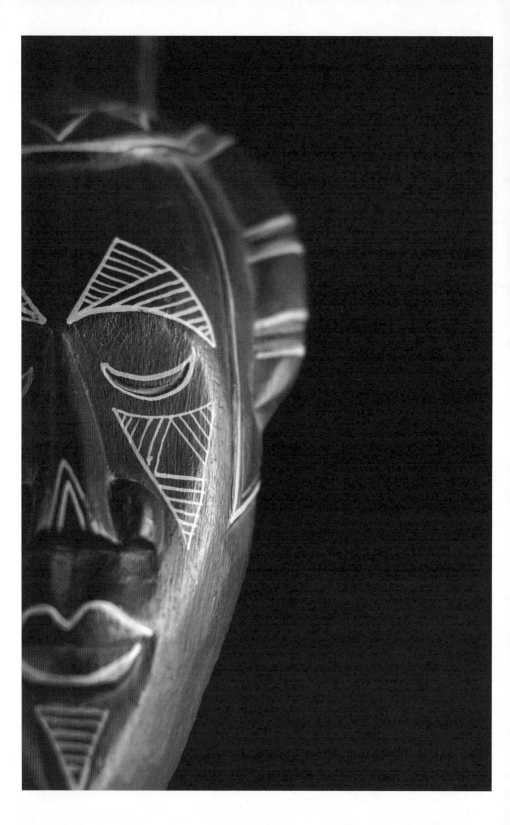

2부

숫자가
없는
세계

V

숫자가 없는 세계에 사는 사람들

    어린시절에 나는 밀림 속에서 서로 꿈 이야기를 하는 사람들의 소란스러움에 한밤중에 잠이 깨곤 했다. 한 사람이 느닷없이 이야기를 시작하면, 곧 여기저기서 시끌벅적한 참견이 이어졌다. 피라항족 사람들은 적어도 내게는 매력이 넘치는 사람들이었다. 이들은 밤새 아무 때고 일어나 이웃과 담소를 나누는데, 이러한 습관에 익숙하지 않은 외부인들은 이 이야기 소리에 밤잠을 설치기도 한다. 하지만, 당시 어린 나에게 우리 가족의 큰 오두막을 울리던 그 목소리는 캄캄한 어둠을 뚫고 엄습하는 밀림의 두려움을 달래주는 고마운 존재였다. 그들이 무슨 말을 하는 것인지 나로서는 거의 알 길이 없었지만, 심리적으로는 안정감을 느낄 수 있었다. 마을 사람들이 하는 이야기는 알아듣지 못하더라도, 그들의 목소리만큼 느긋한 분위기를 그대로 전해주었다. 나를 사로잡았던 밀림의 두려움 따위는 그들의 안중에 없어 보였다. 해먹(ammock)에 누워 자다 칠흑 같은 밀림에서 들리는 정체 모를 소리에 흠칫 놀라 눈을 뜰 때면, 나는 겁에 질려 옴짝달싹하지 못한 채 잠들지 못하기 일쑤였다. 적어도 마을 사람들의 목소리에서 그런 긴장감은 전혀 없었다. 그래서 그들의 수다에 눈을 떴더라도, 나는 곧바로 다시 잠에 빠져들 수 있었다.

　우리 가족이 살았던 피라항족 마을은 아마존강 지류를 따라 일주일 정도 거슬러 올라가거나, 세스나(Cessna) 단발 경비행기로 1시간가량 비행하면 찾을 수 있는 곳이었다. 어딘지 분간도 안 되는 빽빽한 숲 사이로 난 좁디좁은 풀 길을 찾아 바퀴를 내리면 비행은 끝이 났다. 지금도 피라항족은 고립되어 있고, 그들의 문화는 내가 어린시절 보았던 모습을 거의 그대로 간직하고 있다. 아마 2세기도 전에 브라질 사람들과 처음 접촉했던 때와도 다르지 않을 것이다. 그들은 여전히 강기슭에 자그맣게 지은 소박한 집에서 산다. 건기에 하얗게 드러나는 강변에 나무 칸막이로 지은 집에서 지낼 때도 있다. 이곳에서도 사람들은 한밤중에 일어나 꿈에서 겪은 이야기를 나눈다.

　나는 부모님, 그리고 두 명의 누나와 함께 아마존 한가운데서 몇 달 동안 이 작은 수렵채집 부족과 함께 지냈다. 이 사람들은 헤아릴 수 없이 많은 이유로 놀라웠다. 간혹 엄습하는 한밤의 두려움을 제외한다면, 그곳에서 지낸 어린시절의 기억은 즐겁고 여유로운 추억으로 남아 있다. 당시 복음 성서 번역을 하셨던 나의 부모님은 일하는 곳에도 우리를 데려가 함께 시간을 보냈다. 그러나 우리 가족이 외부 세계에서 들여온 것은 성서만이 아니었다. 피라항족의 저항감을 덜 느끼고 마음에 들 수 있겠다 싶은 다른 물건들도 함께 챙겨갔다. 그중에 우리가 가져간 의약품으로 아이들의 목숨도 구한 적도 더러 있었다. 하지만 다른 물건들은 이 사람들에게 딱히 도움이 되었다거나 유용하지 않은 경우가 많았다. 예를 들어, 피라항족 사람들은 우리가 가져온 식품에 흠칫 놀라곤 했다. 마치 그들이 서로 이를 잡아먹는 모습을 보고 나와 누나들이 기겁했던 것처럼 말이다. 한 번은 어떤 피라항족 남성이 우리에게 피 같은 것을 왜 발라먹는지 물어보기도 했다. 케첩을 두고 하는 말이었다. 또 이런 일도 있었다. 어느 날 우리는 샐러드를 먹고 있었는데, 한 남자가 우리를 가리키며 다른 사람들에게 우리가 나뭇잎을 희한하게 먹고 있다고 말했다. 우리가 들여온 것 중 실패한 것은 물건만이 아니었다. 다양한 서양식 기호도 쓸모가 없었다. 알파벳 글자도 마찬가지였다. 다른 많은 토착 부족과 달리, 피라항족 사람들은 자신들의 언어를 기록하는 데 관심이 없었다. 숫자라는 개념도 모조리 거부했다.[1]

마을에서 맞이한 수많은 밤에 해먹으로 잠들러 가기 전, 부모님은 피라항족 사람들을 위한 수학 교실을 열었다. 더 많은 참여를 유도하기 위해 당시 인기가 좋았던 외부 물품도 선물로 제공했다. 바로 팝콘이었다. 해진 뒤 시커먼 그림자를 드리운 어두운 마이시강Maici River 둔덕을 마주한 우리 가족의 오두막은 가스 백열램프로 불을 밝혔다. 주변의 곤충들은 이 램프로 수없이 달려들었다. 램프 불빛 아래서 부모님은 피라항족의 언어로 수학을 가르치셨다. 무척 애를 쓰셨지만, 부모님의 노력은 그다지 효과가 없었다. 피라항족을 위한 수학 수업 결과가 신통치 않았던 이유 중 하나는 아마 이 사람들의 언어에 명확한 숫자개념이 존재하지 않는다는 사실일 것이다. 어떤 문화에서 다른 문화의 수 체계를 차용한다면, 그 문화는 적어도 숫자단어의 의미를 알고 있음을 의미한다. 그러나 피라항족의 경우, 숫자라는 것 자체가 아예 이질적인 개념이었다. 부모님은 포르투갈어의 특정 숫자단어는 물론이고, 명확한 숫자단어의 존재와 숫자단어가 가리키는 정확한 수량(이것이 핵심이라 할 수 있다.)을 그들에게 인지시키려고 하였다.

어린 소년이었던 내게 피라항족 성인이 숫자 배우기를 그토록 어려워한다는 사실은 굉장히 희한하게 다가왔다. 무엇보다 어린 내가 보기에도 이들은 분명히 학습장애 같은 것은 없는 사람들이었기 때문이다. 피라항족이 그때나 지금이나 숫자 학습에서 겪는 어려움을 설명할 수 있는 유전적 이상 징후 같은 것은 존재하지 않는다. 더욱이 외부 문화에서 자란 극소수의 피라항족은 이러한 어려움을 겪지 않는다. 오히려 나는 이 사람들의 기민한 인지 능력에 감탄할 때가 많았다. 물론, 당시 내가 어려서 그렇게 보인 까닭도 있겠지만, 나의 감탄을 불러일으킨 경위 자체는 결코 사소한 것이 아니었다. 누나들처럼 나도 피라항족 아이들을 따라 밀림에 들어가 어울려 놀았다. 그 아이들이 없었다면 분명히 길을 잃었을 만한 상황도 여러 차례 있었다. 피라항족 아이들은 나보다 낚시도 잘했고, 과일이 많은 곳도 내가 생각지도 못한 방식으로 찾아냈다. 게다가 이 생태계에서 생존하기 위해 무엇보다 중요한 정신적인 능력 면에서는 내가 그들과 도저히 겨룰 수 없다고 느낄 때가 많았다. 그런데 불 밝힌 수학 수업 시간만 되면 피라항족 성인들보다도 내가 훨씬 더 기초가 탄탄해 보이는 것이다.

피라항족 사람들과 기초적인 수학 사이에 언어적, 문화적 장벽이 존재한다는 것은 지극히 드문 일만은 아니다. 사실, 동쪽으로 수백 킬로미터 떨어진 곳에는 이와 유사한 어려움을 겪는 사람들이 또 있다. 바로 문두루쿠족(Munduruku)이다. 이 부족은 규모가 크고 호전적이며, 아마존의 주요 지류 중 하나인 타파조스강Tapajos River 상류에 살고 있다. 문두루쿠족은 19세기 후반부터 고무나무 수액을 채취하는 일로 생계를 유지하고 있다. 이들은 열심히 일했다. 특히, 아마존산 고무의 인기가 높았던 20세기 초반에 이들은 어마어마한 양의 고무를 채취했다. 하지만, 역사학자 존 헤밍John Hemming의 기록은 다른 이야기를 들려준다. "작은 배를 탄 행상들은 이 부족민들에게 카샤사 럼주(cachaça rum)나 쓸모없는 특허 의약품과 같은 물건을 팔며 네 배의 이윤을 남겼다. 그러면서 이들이 채취한 고무에 대해서는 헐값을 치렀음은 물론이다."[2]

3장과 4장에서 살펴보았듯이, 언어에서 수 개념을 기호화하는 방식은 아주 다양하다. 어떤 언어 체계에서는 수량을 나타내는 단어를 무한히 만들어낼 수 있다. 모든 언어가 그 정도로 강력한 수 체계를 갖추고 있는 것은 아니다. 피라항족과 문두루쿠족의 언어가 대표적인 예일 것이다. 피라항족은 구어에 숫자를 나타내는 명확한 어휘가 없으므로 더더욱 극단적인 사례에 속한다. 이들에게는 '하나'를 가리키는 말조차 없다. 이러한 주장이 그저 한두 가지 일화에서 비롯된 것은 아니다. 이들의 언어에 숫자가 없다는 특징은 나의 아버지 다니엘 에버레트Daniel Everett를 통해 처음으로 학계의 주목을 받았다. 이것은 아버지가 선교사에서 학자로 진로를 바꾸는 계기가 되기도 했다.[4] 아버지가 이러한 사실을 제기하자, 몇몇 심리학자를 비롯한 다른 학자들도 피라항족의 언어에 정말 숫자개념이 없는지 확인하는 연구를 진행하였다. 10여 년 전에 심리언어학자들이 이들을 상대로 진행한 실험의 예를 들어보자. 이 실험은 피라항족 사람들에게 실패 여러 개를 줄지어 보여주는 것으로 시작되었다. 그런 다음, 연구자들은 피라항족 사람들에게 각 줄에 포함된 실패가 몇 개인지 표현해달라고 했다. 이 실험에 참여한 14명의 피라항족 사람들은 모두 한 개의 실패를 가리켜 'hói'라고 했다. '작은 크기, 또는 적은 양' 정도로 번역하는 것이 가장 적절한 이 단어는 피라항어에서 가장 작은 수량을 의미한다. 그다음으로 작은 수량은 'hoí'라고 한다. 앞서 언급한 'hói'와의 차이점은 모음 성조 하나뿐이다. 피라항어에서는 성조는 단어의 의미를 바꾼다. 이 실험에서 피라항족 사람들이 답한 맥락에서는 '몇몇, 약간' 정도의 뜻으로 바뀐 셈이다. 문제는 이 실험 결과에서 입증되었듯이 'hói'와 'hoí'의 의미와 실제는 겹치는 부분이 있다는 것이다. 실제로, 연구자들은 실패 1개를 가리킬 때는 14명의 피라항족 사람들이 모두 동일하게 답했지만, 더 많은 수량을 표현할 때는 어느 정도 차이가 있음을 발견하였다. 2개의 실패를 보여주었을 때는 피라항족 사람들은 대부분 'hoí'라고 했지만, 놀랍게도 일부는 'hói'라고 했다 (이를 통해 'hói'가 단순히 '하나'를 의미하는 것은 아님을 알 수 있다). 실패가 3개인 경우에도 복잡한 결과가 나왔다. 실제로, 실패의 수가 늘어날수록 'hói'라고 한 참가자의 수는 줄어들고, 대신 'hói'에서 'hoí'로, 그리고 다시 'hoí'에서 'baágiso'('많다'에 가까운 의미로, 문자 그대로 해석하자면 '함께 가져오다'라는 뜻이다.)로 답하는 사례가 늘어났다. 동일한 실험을 영어 사용자들에 적용하여 1개, 2개, 또는 3개의 사물을 제시하면 모두 'one', 'two', 'three'등 특정한 단어 숫자로 답했을 것이다.[4]

이것은 놀라운 발견이었다. 다른 비슷한 실험에서도 이를 뒷받침하는 결과가 이어졌다. 이러한 결과는 피라항족의 언어에서 숫자와 관련이 있는 것으로 보이는 단어 세 개는 실제로 명확한 숫자를 나타내는 것이 아니라는 사실을 보여준다. 즉, 이러한 단어는 우리가 '어느 정도'나 '두세 개'와 같은 어구를 사용할 때처럼, 어림수와 비슷하게 사용된다. 다시 말해, 피라항족 언어에는 영어의 'two'나 'three'와 쌍을 이룰 수 있는 단어가 없다. 따라서, 이들의 언어에는 수 개념이 없다. 더 나아가, 4장에서 논의한 바와 같이, 문법적으로도 수를 구별할 수 없다. 이것이 바로 피라항족의 언어와 문화에서 두드러지는 점이다. 즉, 이들은 자신들의 일상적인 경험에 정확한 수의 개념을 통합하지 않기로 한 것이다. 문두루쿠족의 언어에서도 숫자단어는 존재하지만, 대부분 불분명한 방식으로 사용된다. 2004년 《사이언스(Science)》지에 발표된 한 획기적인 연구에서, 인지과학자들은 문두루쿠어의 숫자단어가 대부분 모호한 뜻을 갖고 있음을 밝혀낸 바 있다.[5]

이러한 언어를 사용하는 집단에서 정확한 숫자단어의 차용을 문화적으로 저항하는 동기가 존재하는지에 대해서는 논란의 여지가 있지만, 일부 집단에서 이러한 저항이 이례적으로 강력한 것만큼은 사실이다. 수 체계는 서로 다른 문화 사이를 관통하며 전파되는 것이 일반적인 현상이기 때문이다. 특히, 피라항과 문두루쿠족의 사례처럼 외부인과 오랫동안 접촉한 경험이 있는 경우라면 더욱 그러하다. 다시 말해, 어떤 문화가 수량을 나타내는 단어를 더 풍부하게 갖고 있는 타문화를 접촉하게 되면, 대개 그러한 숫자단어의 일부, 또는 전부를 차용하거나, 적어도 그러한 단어가 의미하는 수량의 개념을 수용하게 된다. 숫자란 굉장히 유용한 것이어서 이러한 차용 과정은 쉽게 이해된다. 더군다나 이러한 사례가 빈번히 일어난다는 점에서, 아무리 차용 과정을 방해하는 요소가 있다 하더라도 어떤 문화가 오랫동안 교류해온 다른 문화로부터 더 폭넓은 수 체계를 차용하지 않는다는 것은 놀라운 일이다. 그런데도 피라항족과 문두루쿠족을 비롯한 일부 문화에서는 여전히 숫자개념이 아예 없거나 거의 없는 상태를 유지하고 있다(그런데 두 부족에서도 요즘 들어 상황이 변하고 있다는 징조가 보이기 시작했다). 다음에 살펴보는 바와 같이, 이러한 선택은 삶의 곳곳에 영향을 미친다.

밀림에서 답을 찾기

2004년에 《사이언스》지에도 실린 상당히 널리 알려진 한 연구에서, 피츠버그대학University of Pittsburgh의 한 심리학자는 피라항족의 언어에서 숫자단어의 부재는 이 문화 구성원의 수량 구별 능력에 중대한 영향을 미치고 있다는 점을 실험적으로 증명하였다. 이 심리학자는 바로 피터 고든Peter Gordon이다. 그는 나의 부모님의 도움을 받아 피라항족을 방문하여 두 번의 여름을 지내면서 실험을 진행했다. 이 실험의 결과는 분명하고 재현 가능한 방식으로 한동안 떠돌았던 이야기, 즉 피라항족은 3보다 큰 숫자를 정확하게 구별하는 것을 어려워한다는 사실을 입증하였다. 여러 면에서 고든이 진행한 실험은 나의 부모님이 1980년대 초에 앞서 언급했던 피라항족 사람과의 수학 수업에서 시도했던 것과 비슷했다.[6]

그림 5.1　　마이시강 지류에서 전형적인 카누를 타고 있는 피라항족 가족의 모습. 이들이 입고 있는 옷은 지극히 드문 외부 세계의 반입품 중 하나이다. 이 사진은 저자가 2015년에 촬영하였다.

고든의 연구가 발표된 후 피라항족에 대한 관심이 급증하면서, 이들에 대해 부정확하게 언급하는 사례도 늘어났다. 때로 해괴하게 왜곡되는 경우도 있었다. 결국, 어떤 이들에게 피라항족은 고대의 흔적을 간직한 집단으로 여겨졌다. 즉, 숫자가 존재하지 않았던 석기시대에 머물러 있는 유물과도 같은 존재로 받아 들여졌다. 어떤 이들은 피라항족의 취약한 수리 개념이 혈족 결혼의 결과라고 주장했다. 즉, 인구 병목현상으로 인해 발현되는 열성유전자 효과라는 것이다. 물론, 이러한 두 가지 의견은 모두 사실에 어긋났다. 고든의 연구에서 도출할 수 있는 가장 신빙성 있는 결론은 수렵채집민인 피라항족은 숫자를 활용하지 않기로 선택하였고, 그 결과 숫자라는 도구를 통해 얻을 수 있는 인지적 이점을 사용하지 않게 되었다는 것이다. 고든의 연구 결과와 더불어, 나를 포함한 다른 연구자들의 후속 연구 결과를 참조하면 이 점을 더 자세히 이해할 수 있다.

먼저 인간이 일반적으로 숫자를 인식하는 방식과 관련한 배경을 살펴보자. 4장에서 설명한 바와 같이, 인간은 두 가지의 수리적 '감각'을 타고난다. 유전적으로 물려받은 이러한 능력은 워낙 단순한 수준이어서 성인들은 대부분 이것을 수리 능력이라고까지 생각하지 않지만, 이러한 감각은 숫자를 이용하는 사고능력 전체의 기반이 된다. 우선, 우리에게는 대략적인 숫자를 짐작할 수 있는 어림수 감각(approximate number sense)이 있다. 즉, 누구나 수량을 근사치로 추정하는 능력을 갖고 있다. 우리는 태어날 때부터 이러한 체계를 공유하는 것으로 보인다. 바로 이러한 능력을 통해 우리는 서로 다른 수량 사이의 큰 차이점을 인식할 수 있는 것이다. 6장에서도 살펴보겠지만, 예를 들어 갓 태어난 아기들도 8개와 16개를 구별할 줄 안다. 이처럼 아기들도 큰 수량에 대해서는 막연하게나마 수학적 사고를 할 수 있다. 우리가 선천적으로 타고난 두 번째 수리 능력은 셋 이하의 수량을 정확하게 구별할 줄 안다는 것이다. 다시 말해서, 세계 어느 곳에서 살든, 또는 나이가 몇이든 상관없이, 우리는 모두 한 개와 두 개, 두 개와 세 개, 세 개와 한 개를 구별해낼 수 있다. 이 책에서 나는 이러한 능력을 어림수 감각에 대비하여 편의상 정확한 수 감각(exact number sense)이라고 하겠다(이러한 감각은 일반적으로 몇 개씩 묶은 적은 수의 대상을 나란히 놓았을 때 구별할 줄 아는 능력이므로, 심리학자들은 이것은 '객체 추적 체계' 또는 '병렬적 개별화 체계'라고 한다). 4장에서 언급한 바와 같이, 이 두 가지 감각은 주로 우리 뇌의 두정엽 내구에서 관장한다.

이러한 원시적인 수리 능력의 존재는 이미 상당한 수준으로 입증되었다. 그러나 이제 또 다른 의문이 꼬리에 꼬리를 문다. 지구상의 그 수많은 종 중에서 어떻게 인간만이 이러한 능력을 타고날 수 있었던 것일까? 우리는 어떻게 이러한 능력을 통합할 수 있었을까? 작은 수량을 정확하게 인지하는 능력인 어림수 감각을 통해 더 큰 수량의 인지로 확대하는 기폭제는 무엇일까?

이러한 질문에 대해 우리는 두 가지 가능성을 우선 생각해 볼 수 있다. 첫 번째 가능성은 자연주의적 입장과 관련이 있다. 즉, 인간의 뇌는 이미 그러한 수리 능력을 갖추도록 설계되어 있다는 설명이다. 이것이 옳다면, 우리가 타고난 것은 어림수 감각과 정확한 수 감각에만 그치지 않는다. 이 두 감각을 어떤 식으로든 조합할 수 있는 능력까지 타고났다고 보아야 맞다. 다시 말해, 종으로서 타고난 수 감각은 물론이고, 인간은 성장하면서 5개와 6개처럼 더 큰 수량의 차이를 자연스럽게 구별할 줄 알게 된다는 의미이다('다섯'이나 '여섯'처럼 숫자단어를 붙인다면 그 차이를 더 빨리 터득할 수 있겠지만, 숫자단어가 굳이 없더라도 이러한 원리를 자각할 수 있다는 것이다). 두 번째 가능성은 문화에 중점을 둔다. 인간은 숫자 언어의 사용과 더불어 문화 속에서 숫자에 노출된 후에야 타고난 수 감각을 통합할 수 있다고 보는 입장이다. 이 설명에 따르면, 3보다 큰 수량을 구별하기 위해서는 먼저 문화적으로 공유되는 기호, 즉 숫자단어를 학습해야 한다.

인간의 고유한 수 인지능력의 기원에 관한 이러한 두 가지 가설은 모두 비슷한 배경을 전제하고 있다. 즉, 인간은 숫자가 편재한 사회에서 성장하는 가운데 3보다 큰 수량들 사이의 정확한 차이에 익숙해진다. 전 세계의 거의 모든 문화가 수 개념을 포함한다는 점을 생각하면, 한동안 이러한 가설 중 어느 것이라도 흔들만한 근거를 제시하기는 어려워 보인다. 문화 지향적인 가설을 지지하는 사람들은 아이들이 숫자 세는 법을 배운 후에야 3보다 큰 수량을 구별하는 법을 제대로 학습할 수 있다고 주장한다. 하지만, 자연주의적 입장을 지지하는 사람들은 우리의 뇌가 충분히 성장했을 때 숫자를 이해하게 된다고 주장할 것이다. 이러한 논쟁을 잠재울 수 있는 실마리는 숫자가 없는 문화에 속한 건강한 성인들을 대상으로 한 연구 결과에서 찾을 수 있다. 숫자 단어, 또는 숫자 문화와 관련한 다른 어떤 형태도 존재하지 않는 집단이 있다고 가정해보자. 이러한 집단의 구성원들도 수량을 명확히 구별할 수 있을까? 아니면, 이 사람들의 뇌는 우리가 선천적으로 타고났다고 이해하는 수 감각 중에서 어림수 감각에 한정되는 것일까? 첫 번째 질문에 긍정적인 답을 할 수 있는 데이터는 자연주의적 입장을 뒷받침하는 강력한 근거가 될 것이다. 반면, 두 번째 질문에 수긍할 수 있는 데이터는 문화 지향적 가설의 분명한 근거이다.

이러한 의문점을 안고 시작된 그동안의 피라항족 연구는 이 부족민들이 과연 3보다 큰 수량을 정확히 구별할 줄 아는가에 중점을 두었다. 고든 역시 이 부족의 마을 두 곳에 거주하는 성인들을 대상으로 이들의 수량 인지능력을 확인하는 실험을 진행하였다. 이 연구의 목적은 다음과 같은 핵심적인 질문의 답을 구하는 것이었다. 수 개념이 없는 문화의 건강한 성인은 3보다 큰 수량을 정확하고 일관성 있게 구별할 수 있을까? 이들은 6개와 7개, 8개와 9개, 또는 5개와 4개의 수량 차이를 일관성 있게 인식할 수 있을까? 피라항족 성인들이 이러한 구별을 하지 못한다면, 셈법과 숫자단어의 학습은 고도의 수학 문제 풀이를 위해서만 필요한 것이 아니라, 다양한 수량 차이의 구별을 위해서도 전제되어야 하는 것으로 이해할 수 있다.

고든은 크게 두 가지 유형의 실험을 진행하였다. 첫 번째 유형의 실험에서 고든은 피라항족 사람들에게 소형 AA 건전지를 여러 개씩 보여주고 개수에 따라 짝을 지어보게 했다. 이 유형에서 가장 기본적인 실험은 '줄 맞추기' 였다. 고든은 일정한 수량으로 나눈 후 간격을 맞춰 줄 세운 건전지를 피라항족 사람들에게 보여주었다. 같은 줄에 속하는 건전지들을 간격을 서로 좁혀 다른 줄의 건전지들과 쉽게 구별되도록 하였다. 좀 더 명확하게 분리되어 보이게 하기 위하여 외형이 다른 건전지를 사용하기도 했다. 먼저 피라항족 사람들에게 정확한 시범을 보인 후, 줄 세운 건전지의 수량과 같은 수량으로 건전지를 나란히 놓아보게 하였다(이러한 실험 형식에 익숙하지 않은 부족민을 대상으로 하는 것인 만큼, 고든의 수량 실험은 연구자들이 정확한 시범을 보인 후에 진행되었다). 첫 번째 유형의 또 다른 실험은 '직각 맞추기'였다. 일정한 수량의 건전지를 보여주고 따라 놓게 하는 원칙은 먼저 소개한 실험과 동일했다. 단, '줄 맞추기'에서 원래 제시된 줄에 따라 건전지를 나란히 놓게 하였다면, '직각 맞추기'에서는 건전지의 방향을 돌려 직각으로 놓게 하였다는 점에서 차이가 있었다. 그밖에 '짧은 제시' 실험도 진행되었는데, 이 실험에서는 피라항족 사람들에게 줄 세운 건전지를 몇 개 짧게 보여주고 가린 다음, 같은 수량으로 건전지를 놓아보게 하였다. 두 번째 유형 실험에서 고든은 참가자들에게 사물이 담긴 용기를 보여주고, 수량이 얼마나 되는지 물었다. 예를 들어, 고든은 피라항족 사람들에게 속이 보이지 않는 깡통에 여러 개의 견과를 하나씩 넣는 모습을 보여주었다. 그런 다음, 고든은 깡통에서 견과를 하나씩 다시 꺼내는 모습을 보였다. 일정한 수의 견과를 꺼낸 다음에는 피라항족 사람들에게 깡통에 남은 견과의 수를 표현하게 했다.

고든은 모든 유형의 실험에 대해 피라항족 사람들이 보인 반응에서 분명한 특징을 발견하였다. 한 마디로, 피라항족은 수량을 명확하게 구별하는 것을 눈에 띄게 힘들어했다. 특히 3보다 큰 수량을 다루어야 할 때 가장 힘들어 보였다. 예를 들어, 건전지를 똑같은 개수로 줄만 맞추면 되는 실험에서, 1개, 2개, 또는 3개의 건전지를 보여줬을 때는 어렵지 않게 같은 수량으로 건전지를 나란히 놓았다. 하지만, 그보다 많은 수의 건전지를 제시하자, 오답이 발생하기 시작하였다. 제시된 건전지의 수가 커질수록 오답률도 그만큼 증가하였다. 짧은 제시와 직각 맞추기에서도 같은 패턴이 관찰되었다. 단, 짧은 제시는 방식 자체가 다른 실험에 비해 어려웠던 만큼, 모든 수에서 오답이 더 많이 관찰되었다. 또한, 피라항족 사람들은 '깡통 속 견과' 실험을 매우 어렵게 느꼈다. 이때도 역시 깡통에 담긴 견과의 수가 많을수록 오답이 늘었다. 즉, 피라항족의 경우 사고를 통해 정확하고 반복적으로 수량을 구별하는 것은 가능하였으나, 이러한 구별은 사물의 개수가 3을 넘지 않을 때만 가능했다. 제시한 수량이 3보다 커지면, 피라항족 사람들은 오답을 내기 시작했다. 결국, 이들의 응답은 정확한 수량 차이의 구별이라기보다, 어림수나 유사 산정(analogous estimation)에 의존한 것이었다.

피라항족 사람들의 이러한 오답은 무작위로 발생한 것이 아니었다. 고든이 관찰한 바에 따르면, 실험에서 제시한 숫자와 피라항족의 오답에는 명확한 상관관계가 있었다. 실험하는 수량의 범위가 더 넓을수록, 정답에 대한 평균 편차도 증가하였다. 다시 말해, 목표 숫자가 커질수록, 오답도 더 잦아졌다.[7] 그렇다면, 피라항족 사람들의 오답의 패턴이 그토록 일관성 있게 관찰된 이유도 궁금해진다. 여기에는 두 가지 이유가 있다. 첫째, 관찰된 상관관계는 실제로 피라항족 사람들이 관찰한 수량을 일치시켜보려고 노력했다는 것을 암시한다. 3보다 큰 수량에서도 이들은 쉽게 포기하지 않았다. 지루하다는 이유로 대충 짐작하지도 않았다. 둘째, 이러한 상관관계는 피라항족 사람들이 실험에서 제시된 수량을 머릿속에서 도식화하려 했음을 보여준다. 물론, 그 방식은 모호했을 것이다. 인간이 선천적으로 타고난 수 감각에 대해 우리가 이미 논의한 내용을 돌이켜보면, 피라항족을 대상으로 한 실험의 이러한 결과는 충분히 예측할만하다.

피라항족의 실험 결과를 통해 우리는 분명한 그림을 그려볼 수 있다. 이들은 3보다 큰 수량을 구별할 때 힘들어 하였으며, 옳은 답을 제시하더라도 정확한 개수를 파악한다기보다 어림수에 의존한 것으로 보인다. 그보다 작은 수량은 정확하게 구별할 수 있다. 피라항족이 갖고 있지 않은 것은 유전적으로 타고난 두 가지 수 개념을 통합할 수 있는 수단이었다. 그밖에 다른 모든 측면에서 이들은 유전적으로 정상이다. 피라항족 사람들은 최소 수백 년 동안 마이시강 유역의 생태계에 적응하며 성공적으로 삶을 꾸려왔다. 피라항족의 언어에 숫자가 존재하지 않고, 문화적으로 달리 수를 표현하는 방법도 없다는 이유가 아니라면, 이들이 왜 그토록 기초적인 수량 인지 실험에서 난감해했는지 설명하기 어렵다.

고든의 실험 결과는 광범위하게 논의되었고, 많은 학자들은 이것이야말로 기본적인 수 개념이 인간의 타고난 조건이 아니라는 사실을 분명히 입증해준다고 생각했다. 아마 가장 명백한 지표였을 것이다. 대신, 수 개념은 문화와 언어의 전승을 통해 습득 또는 학습되는 것으로 이해되었다. 만일 수 개념이 유전적인 것이 아니라는 가설이 사실이라면, 기초적인 수리 개념은 인간의 두뇌에 내재한 것이 아니라, 정신활동의 소산이 된다. 즉, 우리가 스스로 개발한 앱처럼 기능한다는 의미이다.

모든 과학 분야에서 재현 가능성(replicability)이 워낙 중요한 요소인 만큼, 많은 인지과학자들은 피라항족을 대상으로 한 후속 연구에 큰 관심을 보였다. 그 결과, 고든의 연구 결과가 발표된 지 불과 몇 년 후에 스탠포드 대학교Standford University의 마이클 프랭크Michael Frank와 MITMassachusetts Institute of Technology의 테드 깁슨Ted Gilbson을 포함한 연구팀의 후속 연구가 시작되었다. 고든의 연구 결과와 마찬가지로, 이 연구팀 또한 피라항어에서 수량과 관련한 용어는 가리키는 대상이 불분명하다고 밝혔다. 그러나 이러한 실험 결과만으로 피라항어에 정말로 숫자가 없다고 단언할 수는 없었다. 그밖에 고든의 줄 맞추기, 직각 맞추기, 짧은 제시, 깡통 속 견과류 시험 등 다양한 과제를 재현한 실험도 진행되었다. 이러한 재현 실험은 아지오파이족(Xaagiopai) 마을에서 이루어졌다. 이 마을은 고든이 연구했던 마을에서 카누로 며칠 더 내려가야 하는 것이었다. 연구자들은 일대일 수량 맞추기 실험에서 다양한 사물을 활용하였다. 고든이 피라항족 사람들을 대상으로 먼저 사용했던 AA 건전지는 굴러다니기 쉬워 그렇지 않아도 이들에게 생소한 실험이 더 어렵게 느껴질 수 있다는 염려에서였다. 이곳 사람들이 평소에 사용하지 않는 것이면서 일정한 형태를 갖춘 대상물로 연구자들이 고심 끝에 고른 것은 바로 실패와 바람 빠진 풍선이었다. 특히, 실패는 건전지처럼 굴러다니지 않게 탁자 위에 쉽게 세울 수 있었다. 이 실험은 피라항족 성인 14명을 대상으로 개별적으로 진행되었다. 우선 피실험자에게 탁자 위에 놓인 실패의 수량을 파악하게 한 후, 실패의 개수만큼 풍선을 놓게 했다. 실험에 다른 사물을 사용하였다는 점을 제외하고, 다른 조건은 고든의 실험 조건을 그대로 따랐다. 직각 맞추기와 짧은 제시, 깡통 속 견과 실험에서 피라항족의 응답 결과는 고든의 실험 결과와 동일했다. 따라서, 연구자들은 공간적으로 대상물을 움직이거나 잠깐 본 후에 개수를 기억해야 하는 상황에서 피라항족 사람들은 3보다 큰 수량을 정확히 구별하지 못한다는 결론을 내렸다. 중요한 것은, 영어를 사용하는 성인들과 같이 숫자단어나 수 세기 활동에 친숙한 이들에게는 이러한 실험이 아주 쉬운 과제라는 점이다.

가장 간단한 줄 맞추기 실험의 경우, 프랭크의 연구팀은 참가자들에게 대상물의 수량을 기억하거나 방향을 변경할 것을 요구하지 않았다. 따라서, 이들의 실험이 고든의 실험 결과를 재현하지는 않았다. 대신, 프랭크의 연구팀 관찰에 따르면, 실패를 줄을 세워 단순히 제시하거나 실험이 진행되는 동안 원래 실패의 줄을 계속 확인할 수 있게 한 경우에 피라항족 참가자들은 제시된 실패의 수량을 정확하게 재현할 수 있었다. 물론, 예외적인 상황은 있었다. 프랭크 연구팀의 연구 결과에 따라 피라항어의 수 인지에 대한 해석이 더욱 복잡해졌다. 이 연구팀은 숫자단어가 수량을 파악하고 기억하는 데 있어서 중추적인 '인지적 기술'의 역할을 하지만, 수량을 인지하는 데 반드시 필요한 기술은 아니라고 결론 내렸다. 또한, 프랭크의 연구팀은 고든의 실험에서 피라항족 참가자들이 가장 단순한 일대일 줄 맞추기 실험에서도 어려워한 또 다른 이유는 아마도 간혹 굴러다니는 AA 건전지가 참가자들의 수량 인식을 더 방해했기 때문일 것이라고 추측했다.

2009년 여름 여느 때처럼 습했던 어느 날 오후, 당시 다른 원주민 연구를 진행하고 있던 나는 프랭크 연구팀의 이 피라항족 연구 논문을 읽었다. 한편으로 이들의 연구 결과에 수긍했지만, 고든의 실험에 사용한 건전지가 굴러다니는 바람에 실험 결과에 영향을 주었을 것이라는 지적은 설득력이 떨어져 보였다. 고든은 현지 연구에서 통역 등 다양한 조력자의 역할을 한 내 부모님으로부터 도움을 받았다. 당시에 10대였던 나는 간간이 부모님을 따라 밀림에서 지내며(그때 내 가족은 미국에서 살고 있었다), 고든의 실험을 구경할 수 있었다. 1980년대 초에 나는 이미 등불을 밝힌 어머니의 수학 수업 시간에 기초적인 수량을 인지하는 것도 힘들어하던 피라항족의 모습을 본 경험이 있다. 고든의 실험에서도 어떤 사물을 이용하든 상관없이 피라항족 사람들은 실험 과제를 어려워했다. 게다가 더 중요한 것은 후속 연구 대상인 아지오파이족 마을의 사례는 피라항족 마을과 결정적인 부분에서 차이를 보였다는 사실이다. 아지오파이족 마을에서 후속 연구가 시작되기 몇 달 전에 어머니 케렌 마도라Keren Madora는 이곳에서도 수학 교실을 열었다. 이전에 기초적인 수 개념을 가르치려는 시도에 실패했던 것과 달리, 이번에는 분명히 어느 정도 진전을 보였다. 그 비결은 어머니가 '손의 모든 아들'이란 뜻의 피라항어 단어 'xohoisogio'를 만들어 사용한 데 있었다. 마을 사람 중 일부는 적어도 부분적으로 이 수업을 통해 몇 가지 기본적인 수량 인지기술을 학습한 것으로 보였다.

이와 관련하여 더 나은 해답을 찾고자 나는 몇 주 뒤, 그리고 2010년 여름에 피라항족 마을로 돌아갔다. 아버지만큼 피라항어가 유창한 어머니와 함께 연구를 진행하였다. 이 연구를 통해 발견한 내용은 앞서 언급한 두 연구의 결론을 대부분 뒷받침하였다. 고든은 초기 연구에서 피라항족은 숫자단어나 수량을 나타내는 기호가 없기에 따로 훈련받지 않은 상태에서는 3보다 큰 수량을 일관되게 구별하지 못한다고 주장한 바 있다. 가장 기초적인 일대일 줄 맞추기 실험에서도 이러한 주장이 사실임을 확인할 수 있다.[8]

우리의 연구는 앞서 소개한 일대일 수량 맞추기 실험을 재현하였다. 이번에 우리는 프랭크와 동료 연구자들과 같은 방법과 대상물, 즉 실패와 풍선을 사용하였다. 후속 연구에서는 다른 사물도 사용하였는데, 결과는 마찬가지였다. 그러나 아지오파이와 한참 먼 새로운 마을에서 피라항어를 연구한 것임에 따라, 우리의 참가자들은 실험을 시작하기 전까지 몇 개월 안에 숫자단어 학습에 노출된 경험이 없었다. 이 연구에는 14명의 성인(여자 8명, 남자 6명)이 참여했고, 적극성을 보인 아이들에 대해서도 몇 가지 실험을 진행하였다. 세 가지 유형의 일대일 수량 맞추기 시험에서 피라항족은 4개 이상의 사물을 보였을 때 오답을 냈다. 1개에서 3개까지 사물을 보였을 때 100%였던 정답률은 5개의 사물을 보였을 때는 50%로 떨어졌다. 이후에 보여주는 사물의 수량이 커질수록, 정답률도 더 줄어들었다. 이번 연구에서 가장 많은 수량인 10개를 보였을 때는 일대일 줄 맞추기 실험에서는 응답자 중 4분의 1, 숨겨진 사물의 수량 맞추기 실험에서는 10분의 1만이 답을 맞혔다.

간단히 말해, 이러한 실험에서 피라항족은 보여주는 사물이 3개보다 많으면 수량을 정확히 구별하거나 기억하는 데 항상 어려움을 겪었다. 이러한 결론은 앞서 소개한 세 연구를 통해 뒷받침되었고, 이들 연구의 결론은 대부분 실험에서 놀라울 정도의 일관성을 보였다. 또한, 프랭크팀의 연구 결과가 달랐던 이유도 쉽게 설명되었다. 설사 아지오파이족 마을 사람들이 이미 숫자를 학습한 것이 조금은 다른 결과로 이어졌다는 가설에 회의적일 수 있더라도, 세 연구 결과는 모두 피라항족 성인들이 수 개념이 있는 문화의 사람들이라면 간단하게 답할 수 있는 수량 인지 실험을 어려워한다는 사실을 보여주고 있다. 피라항족 데이터에 대한 가장 그럴듯한 해석은 다음과 같이 정리해 볼 수 있다. 숫자단어를 배우고 그와 관련된 셈 전략을 배우지 않으면 우리는 수량을 구별하기 위해 타고난 그 능력 두 가지를 완전히 합칠 수 없다. 이 두 능력을 통합하려면 수 개념이 있는 문화권에서 성장하며 숫자단어를 일상적으로 사용할 수 있어야 한다.[9]

우리는 피라항족에 관한 선행연구 실험의 재현과 더불어, 다른 방식으로도 이들의 수량 인지능력을 연구했다. 예를 들어, 우리는 이들에게 특정한 몸짓이나 손뼉치기 등으로 소리를 내는 행위를 따라 하게 하였다. 모든 실험 결과에서 피라항족 사람들은 수량을 인식하는 방식에 상관없이 이를 정확히 구별하는 데 어려움을 겪는 것으로 나타났다.

안타깝게도 피라항족 사람들을 대상으로 한 이러한 연구 결과는 잘못 해석되는 경우가 많다. 먼저, 피라항족의 낮은 정답률이 집단 전체의 인지 부족을 대변한다는 해석도 잘못이다. 특히 경험적으로 구축된 관점에서 이러한 해석은 뒷받침되지 않는다. 쉽게 반증할 수 있는 또 다른 해석은 피라항족 사람들이 실험 과제를 제대로 수행하고자 하는 노력을 하지 않았다거나, 실험에 집중하지 않았다는 것이다. 실험 결과를 면밀하게 분석해보면 이러한 짐작은 선입견에 불과하다는 것을 알 수 있다. 피라항족 사람들은 단순히 짐작하기만 한 것이 아니라 일관되게 정답에 근사한 답을 제시했기 때문이다. 다시 말해, 이 사람들은 분명히 수량에 집중하였으나, 단지 방식이 서툴렀다. 반면, 피라항족 사람들을 대상으로 수집된 모든 데이터를 통해 뒷받침되는 해석도 있다. 즉, 이들에게는 수 개념이 없고, 숫자 언어 또는 숫자와 관련한 어떤 문화적인 요소도 보이지 않는다는 것이다. 이처럼 숫자가 없는 언어와 문화는 이들의 수량 구별 능력과 기억 능력에 분명히 영향을 미치는 것으로 보인다. 이러한 관점은 다양한 실험 결과는 물론, 이 부족민과 교류했던 많은 외부인의 보고 자료에 비추어 보더라도 설득력이 있다. 피라항족 문화와 관련하여 행동이나 물질적 요소 중 어떤 것도 정확한 수량 인식의 존재를 나타내는 것은 없다. 가옥 구조물, 사냥 도구는 물론, 더 작은 크기의 다른 인공물을 만드는 과정에서 이들은 정확한 수량을 구별할 필요가 없다.

그런데 혹시 이들 문화의 다른 측면에서는 큰 수량을 일관성 있게 구별할 필요가 있지 않을까? 이러한 맥락에서, 강의실을 비롯한 여러 상황에서 내가 마주쳤던 몇 가지 오해는 이 실험적 연구의 결과를 전한 온라인 잡지 《슬레이트$_{Slate}$》의 기사에 한 독자가 남긴 다음과 같은 댓글에서 분명히 드러난다. '7명, 아니 5명이라도 자녀를 둔 이 부족의 여성이 자기 아이들의 나이를 분간하지도 못한다면, 어떻게 아이들을 키우고 돌볼 수 있겠는가? 이 엄마는 자신에게 두세 명이 넘는 아이가 있다는 사실을 기억이라도 할 수 있을까? 만약 자기 아이가 몇 명인지 기억할 수 있다면, 다른 상황에서도 분명히 수를 셀 수 있을 것이다.'

이러한 반응은 숫자가 없는 세상에 사는 사람들의 삶에 대해 가지고 있는 중대한 오해 두 가지를 드러낸다. 첫째, 대략적인 나이를 가늠할 때 반드시 수 개념이 필요한 것은 아니다. 어떤 친척이 다른 친척보다 먼저 태어났다면, 어떤 친척의 나이가 더 많은지는 확실히 알 수 있다. 세 명 이상의 친척이 있다면, 세 명의 나이를 비교하거나 두 명씩 번갈아 나이를 비교하면, 누가 가장 나이가 많은지 기억할 수 있다. 즉, 네 명의 아이가 있는 엄마는 어느 아이가 가장 먼저 태어났고, 어느 아이가 가장 늦게 태어났는지 알게 마련이다. 이 순서를 이해하기 위해 숫자 개념을 알 필요는 없다. 단, 지구의 태양 공전 횟수를 세는 것과 같이(1장 참조) 절대적인 나이를 따질 때는 정확한 수량을 구별할 줄 알아야 한다. 그러나 이것은 상대 연령과는 다른 개념이다. 많은 이들은 이 두 가지 개념을 별개의 것으로 쉽게 이해하지 못한다. 아마도 태어나면서부터 나이와 숫자가 아주 밀접하게 연관된 문화 속에서 살아왔기 때문일 것이다.[10]

앞서 제시한 독자의 댓글에서 엿볼 수 있는 두 번째 오해는 얼핏 보기에는 좀 더 깊이 있는 의문처럼 보인다. 어떻게 엄마가 되어서 자기 아이가 몇 명인지도 기억하지 못할 수 있을까? 엄마라면 모든 아이를 항상 기억해야 하는 것이 아닐까? 물론이다. 그러나 이것 또한 정확한 수량의 인지나 수 세기 능력과는 관계가 없는 것이다. 대가족에 속하는 한 사람이 명절에 집으로 본가를 찾아 형제자매인 코리, 안젤라, 제시카, 매트를 함께 만나기로 했다고 가정해보자. 그런데 코리의 항공편이 결항되어 모이기로 한 저녁 시간에 맞춰 올 수 없게 되었다. 결항 소식을 미리 듣지 못했다면, 식사하러 자리에 모이자마자 아마 모두 궁금해할 것이다. 이런 상황에서 "형제자매가 세 명밖에 보이지 않네. 난 분명히 네 명의 형제자매가 있다고!"라며 소리칠 사람은 없다. 사랑하는 가족이 자리에 없다는 사실을 파악하는 데 정확한 숫자를 알 필요는 없다. 우리는 가족을 개인으로 인식하지, 얼굴 없이 셀 수 있는 대상물로 인식하지 않는다. 물론, 가족 구성원이 몇 명인지 셀 수는 있다. 그러나 굳이 몇 명인지 세어보지 않아도 누가 자리에 없는지는 알 수 있다. 피라항족 또한 마찬가지이다. 자리에 누가 없는지 알아차리거나, 문화적인 어떤 일을 수행할 때, 수량을 정확히 구별할 줄 알아야 한다는 증거는 어디에도 없다. 만일 그러한 개념을 알 필요가 있었다면, 이들도 분명히 숫자단어를 빌려와 수량을 구별하려 했을 것이다. 그러나 피라항족의 아이들은 숫자가 아닌 개인으로 기억된다.

숫자 없이 사는 사람들에 대해 우리가 묻는 질문에서 역으로 숫자가 중요한 역할을 하는 우리의 문화에 대한 정보를 파악할 수도 있다. 숫자 문화에 깊이 매몰된 우리로서는 숫자가 없는 삶을 상상하는 것조차 쉽지 않다. 우리는 숫자를 발명했고, 태어나면서부터 숫자로 의미를 부여받았다. 이후 살아가면서도 우리가 인지하고 물질적으로 이루어지는 삶의 모든 측면에서 숫자를 분리하는 것은 불가능하다. 피라항족을 대상으로 한 실험 결과는 때로 이들의 삶을 너무 이질적인 것으로 보이게 하여, 마치 현존하는 구석기시대 사람들처럼 이들을 취급하는 태도를 유도하기도 한다. 하지만, 이렇게 피라항족의 독특한 면에만 주목하다 보면, 정작 이 연구 결과가 시사하는 진정한 정보를 놓치게 된다. 피라항족만이 아니라 우리 모두와 관련이 있는 이야기가 담긴 이 정보는 우리에게 인간이 특정한 수량을 명확히 구별하고 기억하기 위해서는 숫자개념을 포함한 언어와 문화가 전제되어야 함을 일러준다. 아주 기초적인 수량 인지기술이라도 어떤 것은 문화와 언어를 통해서만 습득될 수 있다. 결국, 이러한 능력은 우리가 의지와 상관없이 타고나는 것도 아니고, 자연적으로 발생하는 능력도 아니다.

다행히 이러한 결론은 피라항족 연구 사례에만 국한되지 않는다. 6장에서 곧 살펴보겠지만, 산업화가 진행된 대도시에서 자라는 아이들을 대상으로 수 인지능력 발달을 실험한 연구에서도 동일한 결론에 도달하였다. 앞서 언급했던 아마존 지역의 또 다른 흥미로운 부족인 문두루쿠족을 실험한 연구 결과도 마찬가지였다. 문두루쿠족은 피라항족보다 훨씬 더 큰 규모의 문화를 형성하고 있다. 피라항족 인구가 약 700명 정도인데, 문두루쿠족의 인구는 무려 11,000명이 넘는다. 피라항족 보호구역의 동쪽 끝에서 600킬로미터를 더 가면 문두루쿠족 보호구역을 찾을 수 있다. 이 두 부족의 삶의 방식은 다르지만, 공통점도 있다. 과거에 유럽인들이 이곳에 처음 발을 디뎠을 때, 피라항족과 문두루쿠족은 모두 부족의 영토를 지키기 위해 격렬하게 저항하였다. 이들만큼 대담하게 맞섰던 또 다른 부족으로는 바로 피라항족의 작은 하위 부족인 무라족(Mura)도 있다. 문두루쿠족은 피라항족처럼 숫자개념에 어려움을 겪는 사람들이라는 이유로도 오랫동안 유명세를 탔다.

그러나 피라항족과는 달리 문두루쿠족은 1부터 4까지 나타낼 수 있는 숫자단어를 갖고 있으므로, 완전히 숫자가 없다고는 할 수 없다. 이 숫자들을 꼼꼼히 살펴보면, 다른 언어에 존재하는 숫자단어만큼 개념이 명확하지 않은 것을 발견하게 될 것이다. 즉, 문두루쿠의 숫자단어는 정확한 개수를 지칭하기보다 영어의 숫자단어 중 'one'과 'two'와 피라항어의 'hói'와 'hoí' 사이 어딘가를 의미한다. 이러한 부정확성도 실험으로 입증되었다. 연구자는 노트북 컴퓨터 화면에 점 여러 개를 무작위로 띄워 문두루쿠족 사람들에게 보여주고 숫자단어를 말해보게 하였다. 화면에 점 1개가 보이면, 이들은 거의 100 퍼센트에 가까운 확률로 'pug'라고 했고, 점 2개가 보이면 역시 100퍼센트의 확률로 'xep xep'이라고 답했다. 분명히 이들 언어에는 '하나'와 '둘'이라는 단어가 존재한다는 것을 알 수 있다. 3개와 4개의 사물을 나타내는 단어도 존재하지만, 이 단어들이 항상 그 수량을 나타내는 것은 아니다. 즉, 문두루쿠족 사람들도 피라항족 사람들이 사용하는 것과 유사한 종류의 부정확한 숫자단어를 사용하고 있었다. 4보다 큰 수는 대략적인 수량을 의미하는 다른 단어를 이용하여 나타낸다. 이러한 단어는 '약간' 또는 '많은' 정도로 번역하는 것이 가장 적합하다. 게다가 문두루쿠족의 언어에 존재하는 숫자단어들은 실제로 자주 사용되는 것은 아니다. 숫자를 이용해 무언가를 지칭하는 상황 자체가 드문 것이다(반대로, 호주를 비롯한 세계 여러 지역에 존재하는 언어 중 어떤 언어들은 숫자단어가 어느 정도 있으면서도 단수, 양수, 또는 복수와 같은 개념을 자주 사용한다).[11]

프랑스의 언어학자 피에르 피카Pierre Pica는 심리학자들과 팀을 이루어 아마존 문두루쿠족의 기초 숫자 인지능력을 실험하였다. 연구 결과, 이들은 문두루쿠족도 피라항족처럼 3을 초과하는 수량의 사물이 제시되면 어림수에 의존하여 셈을 한다는 것을 입증하였다. 한 연구에서 피카와 동료 연구자들은 55명의 문두루쿠족 성인과 10명의 프랑스어 사용자(실험 대조군 참가자)를 대상으로 기초적인 수리 능력과 관련하여 네 가지 실험을 진행하였다. 예를 들어, 네 개의 실험 중 두 가지는 어림수에 관한 것이었다. 예를 들어, 문두루쿠족 참가자들에게 컴퓨터 화면에 두 개의 점 집합을 보여주고, 어느 집합의 점이 더 많게 보이는지 즉시 판단하도록 하였다. 이 실험은 정확한 수량 구별 능력보다 어림셈 능력을 확인하기 위한 것이다. 그러나 나머지 두 개의 실험에서는 참가자들에게 정확한 수량을 표현하게 하였다. 두 실험 모두 뺄셈이 필요했다. 연구자는 참가자들에게 컴퓨터 화면에 표시된 깡통 속에 점들을 '넣는' 모습을 보여준 다음, 깡통에서 점들을 다시 '꺼내는' 상황을 지켜보게 했다. 한 실험에서는 깡통 속에 남은 점의 수량을 말로 표현하게 하였고, 다른 실험에서는 서로 다른 개수의 점이 그려진 이미지를 보여주고 현재 깡통 속에 남은 점의 수와 일치하는 이미지를 선택하게 하였다. 예를 들어 점 5개를 깡통에 넣은 후 4개를 꺼내는 모습을 지켜본 문두루쿠족 사람들에게는 점이 없는 깡통, 점이 1개 있는 깡통, 점이 2개 있는 깡통의 이미지 등 세 개의 '선택지'가 바로 제시되었다. 물론, 정답은 점이 1개 들어있는 깡통이다.

정확한 수량을 말해야 하는 실험에서 문두루쿠족의 응답패턴은 피라항족의 경우와 아주 비슷한 양상을 보였다. 반면, 문두루쿠족의 응답 결과는 대조군이었던 프랑스어 사용자 집단의 응답 결과와는 확연히 달랐다. 문두루쿠족 성인과 아이들은 맨 처음 깡통에 네 개 이하의 점을 '넣은' 경우에는 거의 완벽한 정답률을 보였으나, 네 개 이상의 점을 넣은 경우의 정답률은 현저하게 떨어졌다. 연구팀은 다음과 같이 지적했다. "프랑스어 사용자 대조군이 정확한 계산으로 쉽게 풀어낸 문제에 대해서도 문두루쿠족은 어림셈을 활용했다."[12]

　다른 연구들이 수 체계가 제한적이고 서로 관련성이 없는 부족 집단들의 수 인식을 조사한 반면, 전반적으로 정확한 숫자단어와 문법적 수를 갖고 있지 않은 피라항족과 문두루쿠족에 대한 연구 결과는 개념적 도구로서 숫자와 관련하여 변화하는 능력을 이해하는데 특히 중요하다(최근 연구에 따르면, 수를 나타내는 문법 또한 수 개념을 습득하는 데 도움이 된다고 한다).[13] 물론, 이들에게는 수를 세는 것과 관련한 일상적인 활동도 없다. 이러한 활동은 숫자가 생활 깊숙이 영향을 미치는 문화의 아이들이 명확한 수 개념을 발달시키는 데 매우 중요하다(6장 참조). 서로 무관한 두 아마존 부족을 연구한 결과가 이토록 눈에 띄게 유사한 데에는 한 가지 분명한 의미가 있다. 명확한 수 체계가 없는 문화 속에 사는 인간은 3보다 큰 수량을 정확히 구별하는 데 어려움을 겪는다는 것이다. 이러한 결론은 하나의 종으로서 우리에게 숫자가 미친 영향을 이해하는 데 도움이 된다. 결국, 이러한 결과가 시사하는 것은 단순히 두 부족에 국한되지 않는다. 그보다 이러한 연구 결과는 숫자단어와 관련 기호를 통한 개념적 지원이 부재한 상황에서 기본적인 수학적 인식이 작용하는 방식을 반영한다. 기호를 사용하지 않는 건강한 성인은 3보다 큰 수량은 어림셈을 이용하여 다룬다. 5, 6, 7과 같이 큰 수량을 정확히 구별하는 능력은 타고난다기보다 대개 문화를 통해 습득된다. 우리가 숫자단어처럼 문화적으로 계승된 기호 체계를 습득한 경우에만 큰 수량을 정확하고 일관성 있게 구별할 수 있다.

　피카의 연구팀에 속했던 심리학자 스타니슬라스 데하엔Stanislas Dehaene은 그의 저서 『수 감각(The Number Sense)』에서 문두루쿠족을 대상으로 한 연구 결과를 바탕으로 이들의 수량 인지능력을 다음과 같이 해석하였다. "우리의 실험 결과는 어떤 식으로 고립되었고 얼마나 관련 교육이 부족한지에 상관없이, 수 감각이란 보편적인 것이며, 모든 인류 문화에 존재한다는 주장을 강력히 뒷받침하고 있다. 즉, 산술은 사다리와 같다. 우리는 모두 같은 가로대에서 시작하지만, 모두 같은 단으로 오르는 것은 아니다." [14]

문두루쿠족과 피라항족에 대한 연구 결과가 우리의 선천적인 수 감각의 보편성, 즉 우리가 타고난 두 종류의 수 감각과 관련한 가설을 뒷받침한다는 데하엔의 해석은 옳다. 두 부족은 모두 1부터 3까지 숫자는 정확한 수 감각(타고난 병렬 개별화 체계)으로 일관성 있게 구별하였으나, 더 큰 수량은 어림수 감각으로 추측하였으니 말이다. 그러나 이와 관련한 연구에서 더욱 놀라운 부분은 따로 있다. 바로 산술 사다리를 한 단이라도 오르려면 숫자가 필요하다는 것을 암시한다는 점이다. 우리가 산술 사다리에서 얼마나 높은 단까지 오를 수 있는가의 문제는 타고난 지능이 아니라 우리가 구사하는 언어와 태어나면서부터 속하게 되는 문화에 달려 있다. 숫자가 아예 없는 언어를 사용하는 사람이라면 산술 사다리를 오를 가능성도 거의 없을뿐더러, 굳이 오를 이유도 없다. 아주 기초적으로 보이는 수량적 사고도 숫자를 포함한 언어와 문화적 관습이 있기에 가능한 것이다.

현재 많은 사람의 수 인지능력의 형성과정에서 수 개념이 있는 언어 및 문화적 요소의 역할을 완전히 이해하려면 더 많은 연구가 이루어져야 한다. 이러한 연구는 두 가지 기본적인 수 감각이 통합되기까지 숫자의 역할은 물론, 수량적 사고의 다른 측면도 밝혀줄 것으로 기대된다. 예를 들어, 문두루쿠족을 대상으로 한 연구는 숫자가 수량을 반으로 나누는 사람들의 능력에 어떤 영향을 미치는지 탐구해왔다. 이 연구에 따르면, 문두루쿠족은 그전에 접해보지 않은 수량도 어림짐작하여 반으로 나눌 수 있다고 한다. [15]

문두루쿠족을 대상으로 한 최근의 또 다른 연구 주제는 이들이 수량적 사고를 할 때 공간개념을 어느 정도 사용하는가이다. 1장에서 언급한 바와 같이, 사람들은 공간적 표현을 통해 추상적인 인지 영역을 이해하기도 한다. 우리는 이미 거의 모든 문화에서 공간적 개념으로 시간을 이해한다는 것을 살펴보았다. 마찬가지로, 사람들은 공간적 표현을 이용해 수량을 이해한다. 수량이 공간으로 전환되는 현상은 우리의 수학 교실에서도 관찰할 수 있다. 수직선이나 데카르트평면을 가르칠 때가 그러한 예이다. 그런데 그보다 덜 체계적인 활용의 예시는 전 세계의 수많은 문화에서 찾을 수 있다. 게다가 일부 증거에 따르면, 영유아들은 학교에 다니기 훨씬 전에 이미 숫자를 공간으로 치환하는 법을 익히는 것으로 보인다.[16]

공간에 수량의 개념을 입히는 인지 매핑(cognitive mapping)을 더 잘 이해하기 위해, 데하엔과 동료 연구자들은 문두루쿠족 사람들과 함께 다음과 같은 실험을 하였다. 참가자들에게는 아래에 가로 일직선이 있고, 그 위로 선의 양 끝에 두 개의 원이 배치된 화면을 보여주었다. 왼쪽 원에는 검은 점 1개, 오른쪽 원에는 검은 점 10개가 표시되었다. 다음으로 문두루쿠족 사람들에게 1개에서 10개까지 검은 점들을 따로 제시하였다. 예를 들어, 6개의 검은 점을 보여준 다음, 이들에게 두 원 아래에 보이는 일직선에서 이 점들의 수량에 해당하는 위치를 짚어보게 하였다. 만일 문두루쿠족 사람들이 수량을 공간적으로 인식하지 못한다면, 이들의 반응은 저마다 다를 것이었다. 같은 실험을 한다면, 미국인들은 일반적으로 가로 수직선 따라 일정한 간격으로 숫자를 표시한다. 따라서, 9개의 점을 보여주면 10개의 점이 있는 원에 가깝게, 2개의 점을 보여주면 1개 점이 있는 원에 가깝게 표시할 것이다. 문두루쿠족 사람들도 어느 정도 규칙성은 보였지만, 직선에 표시한 수량의 간격은 그렇게 일정하지 않았다. 이들은 대개 우리가 학교에서 배울 법한 균등한 간격의 수직선을 따르기보다 주로 대수(對數, logarithm) 전략을 사용했다. 즉, 큰 수량에 비해 작은 수량은 원래 수직선에서 놓이는 위치에서 더 많이 벗어난다. 예를 들어, 문두루쿠족 사람들은 두 개의 원 아래 선에 수량의 위치를 가리킬 때, 3개의 점은 상대적으로 가운데에 가까운 곳을 짚었지만, 9개의 점은 왼쪽 원으로부터 3개의 점의 위치로 지목한 곳까지 거리의 두 배되는 지점을 표시했다. 수직선에 익숙한 우리라면 9개의 점은 왼쪽 원 아래에 점 3개를 표시한 거리의 세 배가량 떨어진 곳에 표시할 것이다. 그러나 대수의 세계에서는 9개의 점은 3개의 점의 위치보다 두 배 정도 떨어진 거리에 있는 것이 맞다. 3을 두 번 곱하면 9이기 때문이다(3^2=9). 문두루쿠족은 대체로 수 개념이 없으므로, 이들이 수량에 따라 점을 배치하는 전략은 시사하는 바가 있다. 즉, 문두루쿠족에 대한 실험 결과는 모든 인간은 문화나 언어적 배경과 상관없이 공간을 이용하여 수량을 이해한다는 주장을 뒷받침한다. 학교교육을 받지 않고 숫자개념이 없는 성인이라도 정신적인 수직선을 이용한다. 다만, 이러한 정신적인 수직선은 대수적으로 구조화될 수 있다.

하지만, 이러한 가설이 우리와 같은 학교교육이 존재하지 않는 집단에 통용되는 것은 아니다. 지구 반대편에 사는 토착민 부족을 대상으로 한 최근 연구 결과에 따르면, 우리가 흔히 알고 있는 수직선은 보편적인 기술은 전혀 아닌 것으로 보인다. 캘리포니아 대학교 샌디에이고USCD: University of California, San Diego의 라파엘 누네즈Rafael Núñez가 이끄는 인지과학자 연구팀은 파푸아뉴기니의 외딴 산악지역에 사는 유프노족(Yupno)을 대상으로 이러한 실험들을 재현하였다. 유프노족은 숫자단어를 갖고 있지만, 공간이나 시간을 정확하게 측정하지 않는다. 또한, 연구 결과에 따르면 이들은 일정한 방식으로 공간에 수량의 개념을 치환하는 인지 매핑을 하지 않는 것으로 알려져 있다. 대부분의 문두루쿠족과 달리 유프노족은 대수적으로든 아니든 수량의 크기에 따라 마음속으로 수직선 상의 위치를 가늠하지 않는 것으로 보였다. 대신, 실험에서 사용한 점이나 다른 대상물을 이용하여 선에 수량을 표시해 보라고 하면, 이들은 일관되게 선의 양쪽 끝을 선택했다. 이처럼 유프노족이 선을 이용하여 수량의 대소를 비교하지 못한다는 사실은 전 세계 모든 사람이 수량을 공간적인 차원에서 생각하는 것은 아님을 의미한다. 어떤 사람들은 자신들이 속한 문화에서 얻은 개념적 도구에 조금이라도 의존하여 사뭇 다른 방식으로 수량을 인식한다는 것이다.[17]

숫자가 있는 언어와 문화의 다양한 측면이 인간의 수량 인지능력에 미치는 영향과 관련하여 밝혀지지 않은 부분이 많이 남아 있다. 예컨대, 우리는 문화에 따라 수직선이 얼마나 다르게 사용되고 있는지 아직 모른다. 이 장에서 살펴본 증거를 토대로 확실히 말할 수 있는 것은 외딴 밀림에서 우리와 전혀 다른 언어를 사용하는 여러 부족민을 상대로 한 연구 결과가 인간의 수리적 사고를 재정립하는 데 도움이 되고 있다는 사실이다. 즉, 이러한 연구를 통해 우리가 아주 기초적이라고 생각하는 수량 인지능력도 숫자와 셈하기 능력이 전제되어야 한다는 것이 밝혀졌다. 또한, 사람들이 어느 정도의 기초적인 산술 능력은 타고난다 하더라도, 숫자가 있는 문화 속에서 살아온 사람들만이 산술 사다리에 오를 수 있다는 것을 이러한 연구 결과가 입증하고 있다.

소리도 없고 숫자도 없다면

문두루쿠족과 피라항족의 언어 이외에도 수 개념이 전반적으로 없거나, 아예 없는 방식으로 소통하는 집단의 사례는 더 찾아볼 수 있다. 여기에서 살펴볼 니카라과의 가정 수화자(homesigner)들이 바로 그러한 예이다. 이들이 사용하는 숫자 없는 언어 또한 숫자가 우리의 기초적인 수리적 사고에 미치는 영향을 조명해준다. 가정 수화자란 다양한 이유로 수화를 배울 기회를 놓친 농인(聾人, 청각 장애인)을 말한다. 대신, 이들은 세계 다른 지역의 가정 수화자들과 마찬가지로, 자체적으로 만든 가정 수어를 사용한다. 이러한 수어는 아주 가까운 사람들, 특히 가족 사이에 공유된다. 가정 수화자들은 인간에게 있어서 의사소통이 얼마나 필수불가결한 것인지 보여주는 산 증인이다. 이러한 가정에서 자란 아이들은 외부에서 통용되는 제대로 발전한 형식의 언어를 배운 적이 없지만, 정교한 의사소통을 할 수 있다. 그러나 이 정교한 수어에는 숫자단어가 존재하지 않는다.

한 놀라운 연구에서, 심리학자들은 4명의 성인 니카라과 가정 수화자들의 수 인지능력을 알아보기 위한 실험을 하였다. 이 가정 수화자들은 숫자단어를 전혀 알지 못했지만, 숫자가 있는 문화에 살고 있다는 점에서는 피라항족이나 문두루쿠족과 달랐다. 따라서, 이 가정 수화자들은 수량 간의 차이를 아는 것이 중요하다는 점을 잘 이해하고 있었다. 예를 들어, 가정 수화자들은 지폐의 대략적인 가치를 인지하고, 금액이 작은 지폐와 큰 지폐를 구별할 수 있다. 이처럼 수량의 차이를 인식하고, 3보다 큰 수량의 존재를 인지하고 있지만, 그러한 수량을 정확하게 가리킬 방법이 이들에게는 없었다. 이들이 사용하는 수어(수화언어)에 숫자가 없기 때문이다.

연구자들은 피라항족이나 문두루쿠족과 달리 수량 인지능력이 부족하지 않은 이 니카라과 가정 수화자들에게 언어적 숫자의 부재가 미치는 영향을 시험하였다. 숫자가 존재하는 사회에서 살며 숫자가 없는 언어를 사용하는 건강한 성인을 대상으로 한 이 연구는 숫자가 없는 세상에 사는 건강한 성인들의 수리 능력에 대하여 더 깊이 있는 통찰을 제시하였다. 이러한 숫자는 단순히 숫자단어의 습득이나 수 세기 활동을 통해 인지적 일상에 침투한 것이 아니었다. 가정 수화자들은 작은 수량은 몸짓으로 정확히 나타냈지만, 큰 수량은 불분명한 방식으로 전달했다.

피라항족에게는 이미 여러 번 실시한 일대일 줄 맞추기와 같은 실험을 이들에게 적용한 연구자들은 놀라울 정도로 유사한 결과를 얻었다. 가정 수화자들은 '3개보다 많은 수량을 보여주면 이와 일치하는 수량을 일관성 있게 제시하지 못했다.'[18] 피라항족과 문두루쿠족처럼, 가정 수화자들은 3개보다 많은 대상물의 수량을 정확하게 구별하고 재현하는 데 어려움을 겪었다. 예를 들어, 한 실험에서 연구자는 이들에게 특정한 개수의 물체가 그려진 카드를 보여주었다. 그다음 해당 카드에 몇 개의 물체가 있었는지 손가락으로 표시해보라고 하였다. 카드에 1개, 2개, 또는 3개의 물체가 제시되었을 때 참가자는 모두 정확한 개수의 손가락을 펴 보였다. 그러나 제시한 수량이 커질수록 정답률이 급감하였고, 오차의 크기 또한 증가하였다. 반면, 공식적인 수화를 사용하고 숫자단어를 알고 있는 니카라과의 다른 농인들은, 스페인어로 숫자단어를 알고 있는 니카라과의 청인(聽人)들과 마찬가지로 오답을 내지 않았다. 요컨대, 이 실험 결과를 통하여 우리는 이미 친숙한 다음과 같은 결론을 다시 얻게 된다. 즉, 3보다 큰 수량을 정확하고 일관되게 구별하기 위해서는 숫자단어를 이용한 연습이 필요하다.

결론

숫자가 그처럼 인지적으로 유용한 것이라면, 어떻게 어떤 사람들은 숫자를 버리기로 선택하였거나 차용하지 못한 것일까? "이 사람들은 숫자 없이 사는 것이 더 나을 것"이라며 적당히 답할 수도 있겠지만, 이러한 반응은 너무 온정주의적인 것이거나 문화적 상대주의를 잘못 적용한 것이 될 것이다. 적어도 문두루쿠족과 피라항족의 경우, 정답은 그들 문화의 기록되지 않은 역사 속 어딘가에서 사라졌을 것이다. 분명 이들에게도 숫자라는 놀라운 인지적 도구의 차용으로 누릴 수 있는 이점이 있었을 것이다. 하지만, 이들은 숫자의 도움 없이도 오랜 세월을 거치며 성공적으로 생존하고, 주변의 생태계

에 탁월하게 적응해왔다.[19]

숫자의 유용성과 세계 각국 언어에 숫자가 존재하는 그 편재성에 비추어 볼 때, 숫자가 존재하지 않는 집단이 존재한다는 것 자체가 한편으로 대단히 놀라운 일일 수 있다. 그러나 전 세계의 언어를 관찰해보면, 언어의 어떤 기능은 당연히 보편적일 것이라고 막연히 믿었던 우리의 기대가 무너지는 경우가 적지 않다. 세상에는 아주 다양한 형태의 문화와 언어가 존재한다. 이러한 사실을 고려한다면, 명확한 수량을 나타내는 숫자단어나 숫자, 숫자와 관련하여 규격화된 몸짓, 또는 기타 관련 기호 없이 사는 사람들이 존재한다는 사실은 그렇게 놀라운 일은 아닐 것이다. 이 장에서 나는 숫자가 인간의 경험에 미치는 영향을 이해하고자 하는 맥락에서 이러한 관찰의 유용성을 설명하고자 하였다. 결국, 숫자 없이 사는 건강한 성인 집단을 통해, 우리는 인간이 타고난 수량적 사고능력의 특징을 엿볼 수 있었다. 우리가 살펴본 연구 결과는 숫자가 없다면 우리가 타고난 능력을 모든 수량을 완벽하게 파악할 수 있는 수준으로 발전시킬 수 없다는 사실을 분명히 입증하고 있다.

VI

아이들이 생각하는 수량

우리가 나이를 계산하거나, 내가 이 세상에서 존재하기 시작한 시점을 따질 때, 보통 어머니의 자궁으로부터 세상 밖으로 나온 순간을 떠올린다. 하지만, 우리가 무의식으로부터 분리되어 점차 생명을 얻는 과정은 자궁 속에서부터 이미 시작된다. 이러한 분리 과정은 자궁의 환경적 제약 안에서 이루어진다. 따라서, 태아의 정신 활동에 영향을 미칠 수 있는 외부의 자극은 이 새로운 생명체에 충분히 미치지 못한다. 그렇다고 해서 자궁이 모든 자극을 차단하는 것은 아니다. 태아는 자궁 안에서도 인지능력과 행동발달에 깊은 영향을 미치는 정신적인 자극과 신체 외적인 자극에 노출된다. 그 중 하나가 바로 태아 자신의 손가락을 통한 자극이다. 이러한 자극은 경험적인 측면에서 보면 아주 기초적인 수준이다. 극히 예외적인 상황을 제외하고, 우리가 직접 보고, 듣고, 냄새를 맡기도 전에 이러한 자극은 우리의 감각적 체험으로(때로 입을 통해) 흡수된다. 내가 아들의 얼굴을 처음 본 것은 3차원 초음파 사진에서였다. 태어나기 약 두 달 전이었지만, 자궁 속 아들은 새로이 발견한 자신의 존재를 계속 확인하기라도 하듯 손가락을 자기 볼에 대고 있었다. 진짜 빛을 보기 전에 이미 자신의 손가락을 '보고' 있는 듯했다. 그렇게 자기 몸을 더듬어 만져 보며 느끼는 것이 분명했다. 다른 태아들도 모두 마찬가지일 것이다. 우리의 삶이 손가락과 긴밀하게 교감하는 기나긴 인지의 여정이라면, 태어나기 전 단계는 그 출발점이다. 전 세계 사람들이 손가락으로 숫자를 나타내는 일이 얼마나 흔한 일인지만 생각해보아도, 우리 손가락의 개수가 인간 고유의 수리적 사고에서 중추적 역할을 하는 것은 자명하다. 그러나 이러한 역할을 논의하기에 앞서, 손가락을 인식하는 단계보다 먼저 존재하는 것으로 보이는 수리적 개념을 좀 더 명확히 이해할 필요가 있다. 물론 우리 생애에서 그토록 이른 시기에 손가락을 대면하기는 하지만, 그전에 이미 어느 정도의 수리적 차이를 인식하는 것이 확실하기 때문이다. 4장과 5장에서 언급했듯이, 인간은 수리적 신경인지 체계, 즉 어림수 감각과 내가 명명한 정확한 수 감각을 타고난다. 이 두 가지의 감각을 통해 우리는 아주 어릴 때부터 수량적 차이를 인식할 수 있게 된다.[1] 하지만, 아이들은 이 두 감각을 이미 갖추고 있음에도 모든 수량을 정확하게 따지는 법을 배우는 단계를 어려워한다. 수리적 차이를 구별하는 방법은 배우기 쉽지 않다. 이러한 과정에 큰 영향을 미치는 것이 바로 숫자단어의 습득이다. 어떤 식이든 사람들은 대부분 손가락을 기반으로 한 숫자단어를 익히며, 이것은 정수(整數, integer)를 인식하는 단계로 가는 첫걸음이 된다.

아기들은 수량을 어떻게 이해할까?

앞서 확인한 바와 같이, 정확한 수 감각은 같은 세대 내에서 또는 세대 간에 수 개념을 언어적으로 전달할 수단이 없는 집단에서도 분명하게 관찰되었다. 마찬가지로, 전 세계 모든 인구집단의 성인은 수 개념이 없더라도 제시된 두 대상물의 수량 차이가 크다면, 수량이 더 많은 묶음을 구별해 낼 수 있다. 신경인지적으로 정상인 성인이라면 누구나 6개와 12개, 또는 8개와 16개를 쉽게 구별할 수 있다. 이러한 능력은 우리가 어림수 감각을 갖고 있다는 증거가 된다. 숫자단어와 수를 셀 때 사용하는 다양한 전략은 우리가 타고난 두 가지의 수 감각을 융합하여 작은 수량에서 큰 수량까지 모두 정확하게 구별할 수 있게 해준다.

그렇다면, 이쯤에서 합리적인 질문을 던지는 사람들도 있을 것이다. 이 두 가지 감각을 우리가 정말로 타고난 것인지는 어떻게 알 수 있을까? 그도 그럴 것이, 한때 선천적인 것으로 여겨졌던 인간의 인지 도구 중에 그렇지 않은 것으로 밝혀진 사례들이 더러 있기 때문이다. 예를 들어, 과거에 언어학자들은 언어 자체의 기원을 기본적으로 인간유전체(genome)의 변이 혹은 반복된 변이 때문이며, 모든 인간은 '언어 본능(language instinct)'을 공유한다고 믿었다. 바꾸어 말하면, 일부 사람들 사이에서 특정 변이(또는 반복된 변이)를 통해 언어적 능력이 발생하였고, 이러한 유전자적 특성이 번식에 크게 유용함에 따라 자연 선택(natural selection)된 것이라는 주장이다. 하지만, 현재는 이러한 주장을 하는 언어학자는 거의 없다. 대신, 언어는 문화마다 다를 수는 있으나 의사소통이나 정보 관리 면에서 대개 비슷한 전략을 보이는 콜라주 정도로 이해하는 학자들이 많다. 갈수록 더 많은 지지를 받고 있는 이러한 관점에서 볼 때, 자연선택은 언어와 관련한 본능의 발생에 직접 관여한다기보다 언어를 발전시키는 인지 및 사회적 능력으로 이어질 가능성이 높다. 그렇다면, 우리는 우리의 수 '감각'이 특정한 수량 관련 본능을 발현하는 것이지, 수량을 파악할 줄 아는 사고 전략을 공통적으로 타고난 결과가 아니라는 점을 어떻게 확신할 수 있을까? 우리가 실제로 타고난 수적 사고를 표현하는 것이라고 어떻게 확신할 수 있을까?[2]

이와 같은 질문에 대해 명확한 답을 제시하는 것은 어렵다. 그러나 이와 관련한 답을 뒷받침할 수 있는 두 가지의 일반적인 증거가 존재한다. 이러한 증거는 우리가 지금까지 살펴본 바와 같이 인간이 수량의 구별과 관련하여 타고난 두 가지 감각을 비교적 강력하게 입증해준다. 그 중 첫 번째 증거는 다른 동물의 행동에서 엿볼 수 있다. 7장에서 논의할 내용이지만, 동물 중 많은 종은 우리처럼 작은 수량은 정확히 구별할 뿐 아니라, 수량을 어림짐작하는 능력도 갖고 있다. 이러한 증거를 통해 우리는 우리의 뇌에 설계된 두 가지의 수 체계가 계통발생적으로 원시적인 것이라고 자신 있게 말할 수 있다. 다시 말해, 이러한 체계들은 수백만 년 동안 인간의 뇌에, 그리고 우리 선조 종의 뇌에도 존재해왔다는 것을 의미한다. 이 두 가지 능력의 발자취를 따르면, 인간과 척추동물을 포함해 여러 종을 후손으로 둔 종까지 거슬러 올라갈 수 있다. 두 번째 증거는, 아직 언어를 습득하기 전 단계인 아이들의 행동에서 찾아볼 수 있다. 이러한 증거는 일부 수리 능력은 개체발생학적 측면에서 원시적인 것임을 암시한다. 즉, 자라면서 경험적으로 습득하기 전에 태어나면서부터 이미 우리가 갖추고 있는 능력이라는 의미이다. 이러한 능력은 유전적으로 우리가 물려받은 선물이다. 그러나 이 두 가지의 수 감각을 우리가 유전적으로 물려받았다고 해서 자라면서 이러한 감각을 제대로 발전시키는 방식이나, 더 완전한 수적 사고를 위해 이러한 수 체계를 이용하는 방식에서 문화적으로 차이가 없다는 것은 아니다. 전 세계 어느 문화에든 영아들의 수량에 관한 사고의 특징을 완전히 이해하려면 아직도 많은 연구가 이루어져야 한다. 이미 상당한 연구는 진행 중이다. 여기에서는 우리가 논의하는 주제에 맞는 몇 가지 연구 결과에 주목하고자 한다.

　　먼저 간단한 의문점부터 짚어보자. 영아들은 아직 언어를 배우기 전이고, 실험 상황에서 지시를 따르기도 어렵다. 그런데 영아들의 머릿속을 어떻게 이해할 수 있을까? 사실, 영아를 대상으로 한 실험은 방법론 측면에서도 상당히 까다로운 것이어서, 일부 획기적인 방안이 등장하고 나서야 시도할 수 있었다. 이러한 문제를 극복함으로써, 지난 30여 년 동안 영아기 수리 사고력에 대한 이해는 혁명에 가까운 발전을 보였다. 또한, 과거 일부 영아기 실험 결과와 관련하여 영아들의 직관력에 비해 무리한 실험 목표를 설정했던 것이 아닌지 의문이 제기되기도 하였다. 이러한 문제는 연구자들이 영아가 물리적으로 직접 참여하거나 실험자와 의사소통을 할 필요가 거의 없는 실험 환경을 설계하고, 영아들이 어떠한 조건에 집중하는지 살필 수 있도록 관찰 범위를 좁히기 시작하면서 극복될 수 있다. 이처럼, 피실험자가 집중하는 대상에 초점을 맞추는 것은 합리적인 선택이었다. 다른 종과 마찬가지로 인간 역시 새로운 자극에 관심을 더 보이게 마련이기 때문이다.

우리에게 친숙한 장소인 식당을 예로 들어보자. 분주한 음식점에 들어서는 순간, 우리는 사람들의 웅성거림, 딸그락거리는 은식기와 접시, 탁자에 부딪히는 유리잔 등 온갖 소리에 둘러싸일 것이다. 하지만, 식당에 들어서기 전부터 어떤 소음이 기다리고 있을지 우리는 예상했을 것이고, 자리에 앉아 음식을 먹는 동안에도 이 새로울 것 없는 소음에 별 신경도 쓰지 않을 것이다. 우리 일행은 물론이고, 식당의 다른 손님들도 다들 자신들의 대화에 집중하며 식사를 계속할 것이다(대화에서라도 부디 새로운 자극을 접할 수 있기를 바란다. 그렇지 않으면 이 대화마저 익숙한 소음처럼 심드렁해질지 모르니까 말이다). 이제 좀 다른 상황을 상상해 보자. 만일 우리의 뇌가 새로운 자극을 인식한다면 어떨까? 예를 들어, 요리를 나르는 직원의 쟁반에서 유리잔 하나가 바닥으로 떨어져 와장창 깨진다면, 어떤 일이 벌어질까? 각자 대화에 집중하던 사람들의 주의는 이 생소한 소음이 난 쪽으로 쏠린다. 주의가 이렇게 흐트러지면 신체적으로도 반응이 나타난다. 사람들은 낯선 소리의 원인을 찾아 재빨리 고개를 돌려 시선을 고정한다. 모르긴 몰라도 놀란 사람들은 음식을 삼키는 것도 잊은 채 멍해질 것이다. 여기에서 주목해야 할 것은 새로운 자극에 이처럼 시선을 고정하고 음식을 삼키는 것과 같은 일상적인 행동을 중단하는 반응은 영아들에게서도 발견되는 기본적인 현상이라는 사실이다. 아동발달을 연구하는 학자들은 바로 이러한 반응을 살핌으로써 직접 의사소통이 어려운 아기들이 언제 주어진 자극에 관심을 보이거나 지루해하는지 알 수 있다는 사실을 깨달았다. 따라서, 영아의 집중도를 조사하는 연구자들은 대개 새로운 자극에 대한 아기들의 반응 여부를 관찰한다. 여기에서 새로운 자극이란 처음 보여주는 색상, 모양, 수량 등을 말한다. 예를 들면, 음식을 먹는 아이에게 새로운 자극을 제시할 때 아기가 자극에 시선을 주거나 먹는 행동에 변화를 보이는지 관찰하는 식이다. 실제로, 모유수유를 하는 동안 새로운 자극에 노출된 아기들의 반응을 이러한 방식으로 관찰한 사례가 있다. 하지만, 아기의 시선과 젖 먹는 활동의 변화를 정확하게 측정하기는 쉽지 않은 일이었고, 이러한 행동의 측정에 기반을 둔 방법론은 새로운 도구를 필요로 하였다. 그 결과, 지난 수십 년 동안 이와 관련한 실험 도구가 꾸준히 개발되었다. 전자 모니터링 젖꼭지와 시선 및 눈동자 움직임을 따라 기록하는 영상기기가 그러한 예이다.

이제 영아기의 수 인지능력에 관한 중요한 실험 사례를 몇 가지 들어보자. 이 실험들은 모두 영아들은 특정한 자극을 받으면 더 오래 응시한다고 가정하였다. 먼저 심리학자 카렌 윈Karen Wynn이 진행했던 유명한 연구부터 살펴보자. 이 연구 결과는 《네이처(Nature)》지에 20년도 더 전에 실렸고, 이 연구에서 사용된 실험은 이후 수없이 많은 후속 연구에서 수정을 거치며 다양한 방법으로 재현되었다. 이처럼 파급력이 강했던 만큼 윈의 연구 사례를 출발점으로 삼는 것이 합리적이다. 더욱이 이 연구 결과가 언어를 습득하기 전 단계인 영아들도 1, 2, 3의 차이를 인지한다고 강력히 주장한다는 점에서 현재 우리의 논의에 시사하는 바가 크다. 실험에 참여한 영아의 평균 연령은 5개월이었다. 이보다 최근에 진행된 연구들에서는 갓난아기를 비롯해 더 어린 영아를 대상으로 한 수리 인지능력을 분석하고 있다(그중 한 사례는 곧 다룰 것이다). 윈은 이 연구를 위해 모집된 32명의 영아를 절반으로 나눠 덧셈(1+1)과 뺄셈(2-1) 능력을 관찰하는 두 개의 실험을 진행하였다.[3]

그런데 윈은 어떻게 5개월 된 아기들을 대상으로 이런 실험을 진행할 수 있었을까? 바로 다음과 같이 획기적이면서도 간단한 방법을 사용하였기에 가능한 일이었다. 먼저 앞이 트인 상자 모양의 작은 무대 앞에 아기를 앉혔다. 다음으로 인형 한 개를 무대에 올려 아기의 주의를 끌었다. 인형을 무대 가운데에 둔 후 가림막을 올려 아기가 인형을 볼 수 없게 하였다. 이때 가림막이 무대를 전부 가릴 만큼 크지 않다는 것이 중요하다. 따라서, 가운데 놓인 인형은 가림막에 가려 보이지 않지만, 아기는 무대 한쪽을 볼 수 있었다. 아기가 볼 수 있는 이 부분을 통해 가림막 뒤에 가려진 인형과 똑같이 생긴 인형을 잡은 손이 다시 등장했다. 이제 아기는 이 손이 가림막 뒤로 인형을 하나 더 놓는 모습을 보게 된다. 여기에서 이 방법론의 묘수가 등장한다. 바로 가림막 뒤로 아기가 볼 수 없는 쪽에 비밀의 문을 숨겨 둔 것이다. 아기가 똑같은 인형이 하나 더 추가된다고 생각할 때, 이 비밀의 문을 열어 원래 있던 인형을 꺼냈다. 마지막으로, 가림막을 내려 무대 위 인형이 보이게 했다. 이 실험의 '가능한 결과' 조건에서는 아기가 기대한 대로 무대에 인형 두 개를 보여주었다. 반면, '불가능한 결과' 조건에서는 비밀의 문을 통해 원래 있던 인형을 빼내고 추가한 인형 한 개만 보이게 했다.

영아를 비롯한 모든 인간이 예상치 못한 새로운 상황을 더 오래 응시한다는 전제하에, 윈은 이 실험에 참여한 아기들이 불가능한 결과 조건에서 더 오래 응시할 것이라고 가정했다. 즉, 앞서 설명한 실험에서 원래 있던 인형에 다른 인형이 추가된 것으로 기대한 아기들은 가림막을 걷었을 때 인형이 하나밖에 없으면 혼란스러울 수 있다. 반대로, 두 개의 모형이 다 보인다면, 동요하지 않을 것이다. 즉, 이러한 반응을 관찰하면 우리는 5개월 된 영아가 1+1이 1이 아니라 2라는 것을 인지하는지 확인할 수 있다. 이 실험에서 원은 불가능한 조건이 발생하였을 때, 즉 1+1이 2가 아닌 1이 되었을 때, 아기들이 모형을 더 오래 응시할 것이라고 가정하였다. 결과는 예상한 그대로였다. 아기들은 스크린이 걷히고 인형이 한 개만 보였을 때, 통계적으로 유의한 정도로 더 오래 무대를 응시했다.

뺄셈 실험에서도 덧셈 실험과 동일한 무대와 인형이 사용되었으나, 아기에게 보이는 순서는 반대로 진행되었다. 먼저 무대 가운데에 인형 두 개를 놓으며 아기의 주의를 끌었다. 그런 다음 가림막을 올려 인형이 모두 아기에게 보이지 않게 하였다. 실험자는 무대 한쪽에서 손을 뻗었다. 덧셈 실험과 마찬가지로 무대의 이 부분은 가림막으로 가려지지 않으므로, 아기는 손이 등장하는 것을 볼 수 있었다. 그런 다음, 이 손은 아기의 시선을 끌며 가림막 뒤에서 인형 한 개를 빼는 모습을 보여주었다. 불가능한 결과 조건에 따라, 인형 하나를 꺼내는 과정에서 아기가 볼 수 없는 비밀의 문을 통해 똑같이 생긴 인형 하나를 추가하였다. 그 결과, 아기가 볼 때는 분명히 인형이 한 개 빠졌지만, 가림막이 걷혔을 때 무대에는 여전히 인형 두 개가 보였다. 가능한 결과 조건에서는 인형을 뺄 때 비밀 문으로 다른 인형을 추가하지 않았다. 따라서, 가림막이 내려갔을 때 무대에는 한 개의 인형만 있었다. 이 뺄셈 실험의 결과는 덧셈 실험 결과와 상당히 유사했다. 즉, 아기들은 불가능한 결과 조건일 때 더 오래 응시하였다. 아기들은 두 개의 인형 중에서 한 개를 빼는 모습을 보고 인형이 이제 한 개만 남았을 것이라고 예상했다. 즉, 아기들은 2-1=1이라는 등식을 인지한 것으로 나타났다. 요약하자면, 원의 실험 결과는 언어를 배우기 전 단계의 영아들이 한 개와 두 개를 구별할 수 있음을 시사하였다. 원의 이러한 새로운 방법론은 이후에도 다양한 새로운 실험 방법으로 발전되었고, 이를 통해 이와 관련한 연구 주제를 좀 더 체계적으로 진행할 수 있었다. 그 결과, 현재 학자들은 영아들이 사물의 수량을 3개까지 구별할 수 있다는 데 대체로 동의하고 있다.

두 번째로 살펴볼 영아 인지 연구는 원의 연구가 처음 발표된 때로부터 약 8년 뒤에 이루어졌다. 심리학자인 페이 수Fei Xu와 엘리자베스 스펠크 Elizabeth Spelke의 공동 연구였다(하버드 대학교Harvard University의 연구원이자 교수로 재직 중인 스펠크는 세계적으로 저명한 발달심리학자이다). 이들의 연구 결과는 어림 수 감각의 존재를 뒷받침하는 강력한 근거를 제시하였다는 점에서 살펴볼 필요가 있다. 이들의 연구는 언어를 습득하기 전인 영아들도 불완전하긴 하지만 큰 숫자의 수량적 차이를 인지할 수 있다는 것을 명쾌하게 입증하였다.[4]

수와 스펠크의 연구에서 첫 번째 실험의 내용은 다음과 같다. 이 실험은 평균 연령이 6개월인 16명의 아기를 대상으로 진행되었다. 먼저, 검은 점 8개, 또는 16개가 표시된 흰색 화면을 아기가 익숙해질 때까지 보여주었다. 연구자들은 아기가 제시한 화면을 응시하지 않거나, 동일한 개수의 점을 표시한 화면에 14번 연속으로 노출되면 이 자극에 익숙해졌다고 간주하였다. 더 구체적으로, 검은 점 8개를 제시한 조건에서는 아기가 익숙해질 때까지 점의 크기와 배열, 밝기를 바꾸어가며 보여주었다. 검은 점 16개를 제시한 조건에서도 같은 방식으로 아기가 이 자극에 익숙해지게 하였다. 이러한 조건에 익숙해진 아기에게는 다른 개수의 점 화면을 보여주었다. 즉, 8개의 점을 보여준 첫 번째 조건에서 익숙해지기 단계에 이른 아기에게는 16개의 점을 보여주었다. 이제 16개의 점 화면은 아기에게 신기한 자극이 된다. 반대로, 두 번째 조건에서는 16개의 점 화면에 익숙해진 아기에게 새로운 자극으로 8개의 점 화면을 보여주었다. 최소한 숫자에 익숙한 성인들은 8개와 16개가 다르다는 것을 알고 있으므로 새로운 개수의 점이 제시된 것을 금방 알아차릴 것이다. 그러나 한 번도 수 세는 법을 배우거나 그러한 존재조차 알지 못하는 영아기의 아기들이라면 어떨까? 수와 스펠크의 이 실험의 결과는 이 연령의 아기들도 8개와 16개 수량의 차이를 인지할 수 있다는 주장을 뒷받침하는 설득력 높은 근거가 되었다.

첫 번째 실험의 결과는 간단명료했다. 아기는 익숙해진 수량 다음에 새롭게 제시된 수량의 화면을 몇 초 더 응시하는 경향을 보였다. 즉, 8개의 점을 보는 데 익숙해진 아기는 16개의 점을 훨씬 더 오래 응시했다. 반대로, 16개의 점에 익숙해진 아기는 8개의 점에 더 오랜 시간 집중했다. 이 아기들의 시각적인 집중도가 시사하는 바는 명확하다. 점 크기나 배열과 같은 변수에 상관없이 아기들은 점 8개와 16개의 차이를 인지하였다. 다시 말해, 큰 수량이라 하더라도 비교하는 두 집단의 크기가 확연히 다른 경우에는 아기들이 대부분 그 차이는 인지하는 것으로 나타났다.[5] 이러한 실험의 조건은 상당히 중요하다. 수와 스펠크가 진행한 두 번째 실험 결과를 보면 그 의미가 더욱 분명해진다. 이 실험을 위해 연구자들은 한 가지 중대한 조건만 제외하고 본인들의 첫 번째 실험을 그대로 재현했다. 즉, 두 번째 영아 인지능력 실험에서는 아기들에게 8개와 16개의 점 화면을 보여주는 대신, 8개와 12개의 점 화면을 보여주었다. 이처럼 두 가지 수량의 비율이 1:2(8:16)에서 2:3(8:12)으로 작아지자 실험 결과는 크게 달라졌다. 8개 점에 익숙해진 다음 16개 점을 보았을 때 아기들이 보였던 뚜렷한 결과가 12개를 보여주었을 때는 전혀 반영되지 않은 것이었다.

수와 스펠크의 연구를 비롯해 다른 발달심리학자들이 연구한 결과를 종합해보면 비교대상인 두 가지 수량의 비율이 최소 1:2라면 영아는 이 정도의 큰 수량 차이를 인지할 수 있는 것으로 밝혀졌다. 윈의 연구 결과가 어느 정도 절대수 감각에 대한 증거가 될 수 있다면, 수와 스펠크의 실험을 위시한 이러한 연구 결과는 인간이 타고난 어림수 감각을 증명한다고 할 수 있다. 이 두 가지 수 감각 모두 성인의 고등 수리 인지력의 중요한 전신(前身)이 된다. 그러나, 우리가 5장에서 이미 보았듯이, 우리에게 익숙한 성인의 정교한 수량 인지능력에 도달하려면 언어적 개입이 필요하다. 수와 스펠크도 인간이 타고 난 두 가지 수 감각을 논의하면서 다음과 같이 언급하였다. "숫자단어의 의미 와 수를 세는 활동의 목적을 배우는 과정에서 아이들은 이 두 가지 감각을 언 어적으로 결합하여 개별 숫자에 대한 인간 고유의 통합적인 개념을 형성하는 것인지도 모른다."[6] 물론, 인간의 수 체계가 단순하게 획일화된다는 의미는 아니다. 사실, 학자들 사이에서도 우리가 타고난 두 가지의 수 감각이 '결합되 는' 방식에 대해서는 의견이 분분하다.

이러한 실험연구는 영아기에서도 수량의 차이를 어느 정도 인지할 수 있다는 사실을 입증한다. 정확한 수 감각과 어림수 감각만으로 온갖 수학 문 제를 빠르고 정확하게 해결할 수 있는 것은 아니다. 다만, 그러한 능력을 키 울 수 있는 발판이 되는 것만큼은 분명하다. 그러나 지금까지 소개한 연구들 은 인간이 진정한 의미로 추상적인 수 개념을 타고난 것인지의 문제는 증명 하지 못했다. 즉, 영아기의 아기들이 인형이나 화면에 나타난 점의 개수를 구 별하는 능력을 시각적인 수량 차이의 분별 이상으로 해석하기 어려울지 모른 다. 따라서, 혹자는 아기들의 이러한 인지는 시각적 지각에 의존하는 것이지 추상적인 감각을 이용한 것은 아니라고 주장할 수 있다. 영아의 수량 구별 능 력은 교차 감각(cross-sensory), 또는 교차 양상(cross-modality)에 의한 것이 아 닐 수 있다는 것이다. 그러나 두 가지 감각으로 차이를 인식한다는 것이 반드 시, 이를테면 두 번의 신호음과 두 마리의 사자 사이의 연관성을 인지한다는 것을 암시하는 것은 아니다. 오히려 수량의 유사성에 대한 교차 감각적 인지능력은 아기들의 정신에서 일어나는 현상이 추상적으로 작동되는 수적 사고라는 주장에 힘을 더 실어줄 수 있다. 이에 따라, 최근에는 영아기를 대상으로 수량의 감각 통합적 인지능력을 알아보고자 하는 실험이 이루어지고 있다.

그중 비교적 최근에 이루어진 연구들은 영아기의 수 인지능력을 실험한 선행연구에 대해 또 다른 잠재적인 문제를 제기하고 있다. 바로 피험자의 나이였다. 위의 연구에서 실험 대상자들의 나이가 겨우 5개월이었다는 것을 감안하면, 이러한 문제제기는 이상해 보일 수 있다. 하지만, 그처럼 어린 나이에 특정한 인지기술의 존재가 확립되었다고 해서 그러한 능력이 꼭 본능적임을 암시하는 것은 아니다. 그렇게 어린 피험자를 대상으로 한 연구 결과는 수적 본능을 지지하는 주장을 뒷받침할 수 있으나, 생애 중 그처럼 이른 시기에도 수량과 관련한 능력을 사용하는 데 문화적인 요소가 영향을 미치는 것인지는 확실하지 않다. 더욱이, 발달심리학자들의 연구는 대부분 산업화가 진행된 서구문화권에서 자라는 영아들을 대상으로 한다는 점에서, 갓 태어난 후 처음 몇 달간 발현되는 수리적 사고에 통문화적 요소의 영향에 관한 정보는 거의 없는 실정이다.[7]

우리가 이제부터 살펴볼 세 번째 연구 사례는 이러한 두 가지 쟁점을 모두 해결하였다. 심리학자 베로니크 이자드Veronique Izard와 동료들(엘리자베스 스펠크도 참여하였다.)의 연구 결과는 영아가 어느 정도 추상적이고 교차 감각적인 방식으로 수량 간 차이를 인지할 수 있으며, 이러한 인지 활동은 출생 직후부터 가능하다는 것을 보여주었다. 이자드와 동료 학자들은 먼저 갓 태어난 자녀들의 실험 참여를 허락하는 부모들을 모집했다. 사실, 참여를 신청하고 선발된 신생아들이 모두 연구 결과에 의미 있는 기여를 할 수 있는 상황이 아니었기 때문에, 될 수 있는 한 많은 부모를 섭외해야 했다. 결국, 66명의 신생아가 선발되었지만, 이 중 50명은 통제의 어려움이나, 수면과 같은 다른 문제들로 인하여 실험 대상에서 제외되었다. 이렇게 어린 피험자들을 대상으로 하는 연구가 얼마나 어려운 것인지 보여주는 단적인 사례이다. 아마존 밀림이나 뉴기니 고지(高地)처럼 오지와 다름없는 곳에서 다문화 연구를 진행하는 우리 같은 사람들은 현지 연구를 진행할 때 부딪히는 특수한 어려움이 있다. 그러나 적어도 실험 도중에 피험자가 잠이 드는 상황은 거의 없다. 이자드의 연구팀 실험에 끝까지 참여한 신생아들은 평균적으로 태어난 지 불과 49시간(이틀과 1시간)밖에 되지 않았다. 따라서, 생후 몇 개월 동안에라도 미칠 수 있는 외부의 영향력을 최대한 배제하였다고 자신할 수 있었다. 물론 앞서 논의했듯이, 자궁 속의 태아들도 손가락을 통해 특정한 수량을 이미 경험하기도 한다. 게다가, 태아는 어머니의 심장박동과 음성도 들을 수 있으므로 규칙적인 간격으로 일어나는 청각적 자극에 익숙하게 된다. 그렇지만, 자궁 내에서 수 인지능력의 발달과 관련이 있는 경험 및 문화적 요소의 영향을 받을 가능성은 거의 없을 것이다. 이에 대해 이자드의 연구팀은 자궁 속에서는 시각적으로 다양한 사물의 수량에 노출되지 않는데도 인간은 출생 직후 시각적으로 수량을 구별할 수 있다고 지적하였다.[8]

이자드의 연구팀은 신생아들이 교차 양상을 통해 수량을 추상적으로 비교할 때 어림수 체계를 사용한다는 확실한 근거를 제기하였다. 먼저, 아기에게 '투-투-투-투'나 '라-라-라-라'와 같은 음절을 연속으로 들려주었다. 일정한 수로 묶인 음절 한 세트를 들려준 후에는 다음 세트를 들려주기 전에 잠시 시간간격을 두었다. 예를 들면, 아기에게 네 개의 음절 한 세트를 들려주고 잠시 멈춘 뒤에 다시 네 개의 음절 한 세트를 들려주는 방식이었다. 이러한 청각 자극은 2분 동안 제공하여 아기가 해당 음절의 개수에 익숙해지도록 하였다. 2분이 지난 후에는 아기에게 컴퓨터 화면으로 이미지를 보여주었다. 컴퓨터 화면에는 아기의 시선을 끌만한 밝은 색의 모양들이 한 장면씩 등장했다. 일부 장면에 보는 모양의 개수는 아기가 이미 익숙해진 음절의 개수와 같았고, 일부는 그렇지 않았다. 이자드와 동료 연구자들은 만일 이 아기들이 추상적이고 교차 양상적인 이해력을 가지고 있다면, 일정한 개수의 음절을 여러 차례 들려준 후 보여준 이미지에서 모양의 개수에 따라 다른 반응을 보일 것이라고 가정했다. 즉, 먼저 음절의 개수와 일치하는 화면을 더 오래 응시할 것이라고 예상하였다. 그리고 실험 결과는 예상한 대로였다. 예를 들어, 음절 네 개를 여러 차례 들은 아기들은 화면에서 12개의 모양을 보여주었을 때보다 4개의 모양을 보여주었을 때 더 오래 집중하였다. 또한, 8개와 4개 모양의 화면을 보여주었을 때도 아기들은 4개의 모양이 제시된 화면을 더 오래 응시했다. 단, 응시 시간은 4개와 12개를 대비하였을 때 더 길었다. 4개와 8개보다 4개와 12개의 차이가 더 확연하게 크기 때문인 것으로 보인다. 마찬가지로, 6개의 음절을 한 세트로 들려준 실험에서도 아기들은 18개의 모양이 제시된 화면보다 6개의 모양이 제시된 화면을 더 오래 보았다. 일치 조건과 불일치 조건에서 응시 시간의 차이는 10초를 넘기는 경우가 많았는데, 이것은 결코 작은 차이가 아니다. 요약하자면, 아기들의 이러한 응시 패턴은 동일한 수량에 보이는 상대적으로 높은 관심도를 입증하기에 충분하였다. 마치 아기들은 양상별로 새롭게 제시되는 대응 구조를 이해하는 것으로 보인다. 이자드와 동료 연구자들의 실험 결과는 인간이 큰 수량의 사물을 어림잡아 측정하는 능력을 본래 갖고 있다는 주장에 더욱 힘을 실어주었다. 동시에 이들의 실험 결과는 이러한 어림수 능력이 추상적인 사고를 통해 이루어지며, 시각과 같은 단일한 감각에 한정되는 것이 아니라는 것을 보여주었다.

우리가 지금까지 논의한 세 연구는 발달심리학자들이 영아의 수적 사고를 탐구하는 획기적인 방법 중 일부를 보여주었다. 이 연구들의 결과는 예측했던 바와 일치했다. 즉, 인간은 숫자에 관한 추상적인 이해력을 본능적으로 가지고 있고, 이 능력은 출생 직후부터 명백하게 나타난다. 다시 말해, 아기들은 어림수 감각과 정확한 수 감각을 타고났다.[9]

아이들의 수 세기

앞서 살펴본 연구 결과에 따르면, 영아들은 수 감각이 어느 정도 타고난 것으로 보인다. 하지만, 이러한 결과는 인간이 타고난 감각의 존재를 재확인하는 수준으로, 인간 특유의 수적 사고가 발현되는 과정을 이해하기 위한 큰 그림에서 한 조각을 채운 것일 뿐이다. 아직도 풀어야 할 수수께끼가 많이 남아 있다. 우리가 정확한 수와 어림수 감각을 타고난 것은 어느 정도 입증되었지만, 이 두 가지 감각이 산술적 사고로 발전하는 과정은 아직 불분명하다. 이러한 수 감각이 아주 기초적인 수준이라면, 우리는 어떻게 문어의 다리에 달린 수많은 빨판을 막연한 수량이 아니라 정확히 몇 개라고 인식할 수 있는 것일까? 얼핏 우리가 기초적인 것이라 생각하는 수량의 구분도 우리가 타고난 감각만으로 저절로 익혀지는 것은 아니다. 그렇다면 우리는 어떻게 단순하고 선천적인 수량의 인식 수준에서 모든 수량을 정확하게 파악하는 능력까지 도달할 수 있을까? 어떤 과정에서 우리는 자연수의 영역으로 들어갈 수 있는 것일까? 아이들이 커가면서 수량적 추론을 발달시키는 과정을 살펴보면 이러한 질문의 해답을 찾을 수 있을 것이다. 실제로, 많은 심리학자가 이러한 연구를 수행하였고, 지금도 진행하고 있다. 이제 이러한 연구들을 통해 밝혀진 몇 가지 쟁점을 살펴보자. 아동의 수 개념 학습 과정을 깊이 이해하기 위한 목적으로 다양한 방법이 사용되고 있는데, 여기에서 소개할 연구들의 방법론이 대표적이라고 할 수 있다. 하지만, 우리가 살펴볼 몇 가지 사례 이외에도 이 주제와 관련하여 발표된 연구는 수천 건에 이른다는 점을 잊지 말아야 한다. 앞으로 살펴볼 연구들은 이 방대한 주제와 관련하여 자연수 인식의 단계로 나아가는 것이 상당히 많은 공이 필요한 더딘 과정이라는 사실을 입증하는 역할을 하였다. 이 과정은 언어적 자극과 반복적인 연습이 뒤따라야 한다.

20세기 후반까지는 보통 미취학 아동의 수적 능력이 과소평가되었다. 가장 기초적인 수 개념도 만 5세 전에는 학습이 불가능하다고 믿었던 때도 있었다. 이러한 주장을 뒷받침한 것은 4세 아동을 대상으로 한 대화 실험(conversation test) 결과였다. 이 실험에서 연구자는 아이들에게 두 줄로 세운 사물을 보여주었다. 예를 들어, 유리잔과 병을 6개씩 한 줄로 세우는 방식이었다. 한 줄의 사물이 다른 줄의 사물과 일대일대응이 되도록 배열하여, 양쪽 줄의 사물의 수가 같다는 것이 명확하게 드러나도록 하였다. 이렇게 배열된 상태에서 어느 줄의 개수가 더 많은지 물으면, 아이들은 대개 양쪽 줄이 같다고 답했다. 연구자가 한쪽 줄에 있는 사물의 간격을 늘려 다른 쪽 줄보다 길어 보이게 했을 때는 아이들의 응답이 달라졌다. 이렇듯, 수량 보존(quantity conservation) 개념에 관한 초기 실험에서 아이들의 응답은 단순히 사물의 간격을 늘려 줄이 길어 보이게만 하여도 일부 아이들은 물체의 개수가 달라졌다고 생각한다는 것을 보여주었다. 유리잔의 간격을 벌리면, 아이들은 실제로 유리잔이 하나 더 추가되거나 병 하나가 빠진 것이 아닌데도 유리잔이 더 많아졌다고 응답한 것이다. 바꾸어 말하면, 이처럼 간단한 대화 실험에서도 5세 미만의 아이들은 줄의 길이와 상관없이 수량은 그대로라는 사실을 인식하지 못했다. 사물의 배열에 변화를 준 것이 아이들의 수 인식에 혼란을 일으킨 것으로 보였다.

하지만, 아이들이 수량 보존의 개념을 전혀 이해하지 못하는 것일까? 그렇지 않다. 전부는 아니더라도 아이들은 보이는 줄의 길이와는 관계없이 어느 쪽 줄의 사물 개수가 더 많은지 정확히 판단하기도 한다. 일례로, 또 다른 실험에서는 앞서 소개한 실험의 경우 아이들이 연구자가 질문하는 의도에 혼란을 느껴 실제로 아는 것과 다른 답을 한 것일 가능성이 입증되었다. 잠시 이 대화 실험에 참여했던 아이의 관점에서 생각해보자. 아이는 줄의 길이에 변화를 준다고 해서 개수가 달라지지 않는다는 것을 안다. 그런데, 어린 자신보다 훨씬 많은 것을 알 것이라고 믿는 어른이 두 줄로 세운 사물 중에 어느 것이 '더 많은'지 묻는다. 두 줄로 세운 사물의 개수는 같아 보이는데, 어른이 이렇게 질문을 하면, 아이는 무슨 생각을 할까? 아마 아이는 자기의 생각을 말하기 전에 최대한 연구자가 질문한 의도를 이해하려고 할지 모른다. 두 줄의 개수가 같다는 것을 이 어른이 모를 리 없다. 아마 이 어른은 어느 줄의 개수가 더 많은지 묻는 것이 아니라, 어느 줄의 공간이 더 많은지 묻는 것인지 모른다. 여기까지 생각이 미친다면, 아이는 긴 줄이 짧은 줄보다 무엇이든(예를 들어, 공간을) 더 갖고 있다고 답할 수 있을 것이다. 그것도 아니라면, 이 어른의 질문 자체가 일부러 잘못된 질문을 한 것이라고 볼 수밖에 없기 때문이다. 어른이 왜 굳이 그런 일을 할까? 다시 말해, 이 대화 실험에서 우리가 확인할 수 있는 것은 아이들의 수 인지능력이라기보다, 어른과 대화에서 아이들이 진지하게 접근한 사회적 추론이다.

이러한 비판적 해석은 이 주제와 관련한 최신 연구에서도 잘 입증된다. 즉, 일부 아이들은 이와 비슷한 대화 실험에서 어느 쪽 줄의 사물 개수가 더 많은지 정확히 인지하였다. 사실, 이러한 문제를 최초로 증명한 연구는 이미 수십 년 전에 이루어졌다. 이 연구는 흥미롭고 기발한 방법론을 적용하였다. 연구자들은 아이들이 좋아하는 것, 특히 M&M 초콜릿을 실험 재료로 이용했다. 먼저, 미취학 아동들에게 초콜릿이 한 줄에 4개씩, 일대일로 대응하도록 두 줄로 세워 보여주었다. 그런 다음, 한쪽 줄에 초콜릿 2개를 추가하면서 초콜릿 간격을 더 좁혀 다른 쪽 줄보다 짧아 보이게 했다. 즉, 6개의 초콜릿 줄이 4개의 초콜릿 줄보다 짧아졌다. 앞서 소개한 실험 결과대로라면, 초콜릿이 더 많은 줄을 선택하라고 물었을 때 아이들은 초콜릿 4개가 있는 긴 줄을 선택했을 것이다. 하지만, 이 실험에서는 질문의 방식을 다르게 했다. 즉, 아이들에게 어느 쪽 줄을 먹고 싶은지 물었다. 두 개의 줄 중에서 갖고 싶은 M&M 초콜릿을 선택하게 하자, 아이들은 대부분 길이가 더 짧은 줄을 선택했다. 길이는 더 짧지만, 더 많은 초콜릿이 있다는 것을 인식한 것이다. 아이들이 수량과 간격을 별개로 인식하지 않았다면 이러한 선택을 할 수 없다. 아동심리학자들은 그동안 알려진 것보다 아이들이 이러한 실험의 의도를 정확히 이해하고 있다는 것을 발견하였다. 하지만, 이러한 수량 보존의 개념을 실제로 이해할 수 있는 나이에 관한 문제는 여전히 논란의 대상이다.[10]

아동의 수 몰입(numerical immersion) 과정을 좀 더 깊이 이해하기 위해, 아동의 인지발달과 관련한 최근의 한 연구 사례를 살펴보자. 하버드 대학교 심리학자 커스틴 콘드리Kirsten Condry와 엘리자베스 스펠크는 3세 아이들에게 숫자단어가 실제로 어떤 의미인지 분석하는 실험을 진행하였다. 콘드리와 스펠크는 이 실험을 통해 3세 아이들이 숫자단어를 처음 배울 때는 그 의미를 막연하게 이해한다고 밝혔다. 실제로, 이러한 발견은 최근에 다른 연구에서도 충분히 입증되고 있다. 3세 아이들은 숫자단어에 어느 정도 노출되었으면서도 아직 집중적인 수학 수업은 받지 않은 나이이다. 이 시기의 아이들은 보통 숫자 1부터 10까지 외울 수 있다. 그러나 이것은 숫자를 외운 수준으로, 아이들은 숫자단어의 개념을 아주 기초적인 수준에서만 이해하고 있었다. 예를 들어, 3세 아이들은 '8'과 같은 이름을 특정한 수량을 가진 대상물을 지칭하기 위해 사용할 수 있다는 것을 어렴풋이 이해하였다. 또한, '8'이 가리키는 수량은 '2'가 가리키는 수량과 다르다는 것도 인지하였다.

하지만, 이 아이들은 '8'이 구체적으로 몇 개인지 알지 못하고, '8'이 항상 '4'보다 크다는 사실도 아직 완전하게 알지 못했다. 바꾸어 말하면, 3세 아이들은 '1'부터 '10'까지 숫자단어를 외울 수는 있지만, 어른들 만큼 개념의 연관성을 이해하지 못했다. 이 아이들이 앞으로 인지해야 할 것은 숫자단어와 특정한 수량의 정확한 대응 관계였다. 결국, 1부터 3까지 구별할 수 있는 타고난 수 감각은 아이들이 성장하면서 끊임없이 노출되는 숫자단어를 이해하는 데 도움이 될 것이다. 선천적인 이러한 수 감각의 도움으로 '1', '2', '3'의 의미를 정확히 파악한 아이들은 이제 더 큰 숫자단어와 수량의 대응 관계도 빠르게 이해할 수 있다. 하지만, 이러한 자각은 점진적으로 이루어진다. 아이들이 수량을 가리키는 숫자단어를 배우는 과정은 이미 친숙한 개념에 붙인 이름을 외우는 것이 아니다.[11]

아이들은 자신이 속한 사회적 환경 속에서 고유의 숫자단어와 수 세기 관습에 노출된 채 성장한다. 따라서 이러한 연구는, 점점 시간이 지남에 따라 아이들의 정확한 숫자개념이 정신적으로 구조화되는 과정을 보여준다. 발달 심리학자들은 인간이 타고나는 수량 구별 능력은 미미한 수준이고, 이후에 언어 및 문화적 발판을 딛고 발달하는 것이라는 데 의견을 같이한다. 5장에서 확인했듯이, 이러한 발판은 전 세계 모든 문화는 아니지만, 대부분의 문화에 존재한다. 전 세계 모든 문화에서 발견할 수 있는 것은 아니다. 집단에 따라 사람들이 사용하는 진법이나 수학 형식에 대한 의존도는 매우 다양하지만, 일반적으로 수 체계와 관련 셈법을 가지고 있다. 그리고 이러한 언어적 셈 전략은 손가락 셈법이나 다른 기타 셈법 체계로 보완되는 경우가 많다. 이러한 특징은 아이들의 머릿속에서 수리적 개념을 발달시키는 데 매우 중요한 역할을 한다.[12]

아동기의 수 개념 습득 과정은 아직 연구되어야 할 것이 많지만, 성장 과정에서 꾸준하게 숫자 용어나 셈하기와 관련한 기술에 노출되는 아이들이 깨우치는 원리 몇 가지는 분명히 밝혀졌다. 그중에 핵심적인 원리 하나는 보통 4세 정도에 습득하는 따름수(successor)이다. 이 원리를 이해한 아이들은 수를 연속으로 셀 때 다음에 오는 숫자가 바로 앞에 말한 숫자보다 하나씩 커지는 것을 인식하게 된다. 따름수의 원리를 아는 아이들은 숫자가 아무 수량이나 무작위로 가리키는 것이 아니라, 정확히 한 개씩 차이가 나는 앞뒤 수량에 이름을 붙인 것임을 이해한다. 즉, 숫자 배열의 순차적 구조를 안다는 뜻이다.[13]

산술적 사고로 발전하기 위해 필요한 또 하나의 핵심적인 요소는 바로 집합의 기수 원리(cardinal principle)이다. 이 원리를 습득한 아이들은 사물을 셀 때 호명된 마지막 숫자가 지금까지 세고 있던 사물의 전체 수량을 나타낸다는 것을 이해한다. 이 원리를 이해하는 단계에 이른 아이들은 각각의 숫자가 정확히 특정한 크기의 수량을 가리킨다는 사실도 인지한다. 이러한 자각은 점진적으로 이루어지는 것으로, 결코 쉬운 일이 아니다. 또한, 이 단계까지 이르는 데 걸리는 시간도 아이마다 다르다. 하지만 이 단계에 이르기까지 아이들은 예측 가능한 과정을 거친다. 첫 번째 과정은 '하나를 아는 단계'로 '하나'가 어떤 사물 1개를 가리킨다는 것을 인식한다. 이후에 '둘은 아는 단계'와 '셋을 아는 단계'를 거친다. 이 모든 과정을 거친 후에야 집합의 기수 원리를 이해하는 단계에 들어선다. 하나, 둘, 그리고 셋을 아는 단계까지는 비교적 쉽게 도달하는데, 우리가 사물을 셋까지는 쉽고 정확하게 구분하는 능력을 타고났다는 점에서 일부 원인을 찾을 수 있을 것이다.

집합의 기수 원리는 아이들이 동수성(equinumerosity, 동일한 개수의 두 쌍을 일대일대응으로 놓을 수 있다는 개념)을 이해하는 데 도움을 준다. 아이들은 몇 달, 혹은 몇 년 동안 무수히 많은 언어적 자극에 노출된 끝에 이 원리를 깨우치게 된다. 하지만, 5장에서 보았듯이 전 세계의 아이들이 모두 다 이러한 자극에 노출되는 것은 아니다. 이와 관련한 자극이 적은 문화에 사는 아이들은 집합 기수의 원리에 친숙해지기 어려워지고, 동일한 수의 일대일대응 관계를 일관성 있게 인지할 가능성도 낮아진다. 결국, 숫자가 없는 집단을 대상으로 한 연구 결과는 숫자가 있는 문화에 속한 아이들의 수 개념 습득 과정을 밝힌 발달심리학자들의 연구 결과를 통해 짐작해볼 수 있다.[14]

숫자단어와 수를 세는 활동이 집합 기수의 원리와 같은 추상적사고를 낳는 과정의 비밀을 밝히고자 하는 실험은 현재도 진행 중이다. 흥미롭게도, 심리학자 연구팀이 수행한 최근의 한 연구는 손짓이 수 개념과 단어의 결합을 촉진하는 역할을 한다고 분석하였다. 이 연구팀의 시카고 대학교University of Chicago 심리학자 수전 골딘-매도우Susan Goldin-Meadow는 인간의 몸짓과 인지적 사고과정에 관한 연구를 오랫동안 주도해왔다. 155명의 아동을 대상으로 실험을 통해 연구자들은 3세에서 5세 아이들의 수리와 관련한 몸짓을 분석하였다. 이 연구 결과에 따르면, 집합 기수의 원리를 아직 이해하지 못하는 아이들은 동일한 수량을 나타낼 때 사용하는 단어의 범위가 좀 더 좁았다. 소량을 정확히 표현해야 할 때 아이들은 단어를 사용하기보다 손짓으로 표현했다. "아이들은 '둘', '셋' 같은 숫자단어가 가진 집합 기수의 의미를 익히기 전에는 해당 숫자를 나타내는 비언어적 표현을 사용할 수 있고, 몸짓을 이용해 대화할 수 있다."[15] 더욱이 심리학자들은 집합 기수의 원리를 아직 모르는 아이들이 단어를 사용하기보다 손가락을 통해 큰 수량을 대략적으로 더 잘 나타낸다는 사실을 발견하였다. 몸짓을 이용한 일부 수 개념의 표현은 언어적 표현보다 앞서 나타나는 것으로 보인다. 작은 수량을 나타낼 때 단어보다 손가락을 이용하는 것이 더 편리하다는 점을 생각한다면, 이러한 발견은 그렇게 놀라운 것은 아니다. 손가락은 일대일대응을 통해 작은 수량을 상징적으로 나타낼 수 있다. 손가락 한 개와 사물 한 개가 대응하는 것이다. 또한, 한 손이나 두 손을 보이는 것만으로도 더 큰 수량을 쉽게 표현할 수 있다. 반면, 보통 임의적인 성격을 지닌 단어는 의도적으로 각각의 의미를 암기해야 사용할 수 있다. 따라서, 어떤 방법으로든 아이들이 사물의 모든 개수에 대응하는 숫자단어를 정확히 사용한다는 것은 쉽지 않은 일이다.

손가락과 손이 가진 개체발생학적 장점은 3장에서 논의했던 숫자 용어의 언어적 패턴에서도 분명히 드러난다. 어쨌든, 숫자단어는 역사적으로나 개체발생학적으로나 '처음'으로 수량을 나타낼 때 사용하는 손가락과 손에서 이름을 따오는 경우가 일반적이다. 그러나 숫자단어를 습득하고 집합 기수의 개념을 명확히 이해하는 과정에서 아이들은 머릿속에서 수량을 언어적으로 더 쉽게 다룰 수 있게 된다(수량을 가리키는 어휘는 대개 말로 이루어지지만, 농인 아이들은 언어적 신호를 이용하여 명확하고 빠르게 수량을 가리킬 수 있다).

숫자단어와 수 세기 활동에 노출되는 과정에 아이들은 따름수와 집합 기수의 원리를 배우고, 정확한 동수를 알면 큰 수량도 일대일로 대응시킬 수 있다는 것을 깨닫게 된다. 여기에서 중요한 사실은 사람에게는 선천적인 수 감각이 있으나, 앞서 언급한 두 원리 모두 본능적으로 터득하지는 못한다는 점이다. 우리는 이러한 원리를 익히기 위해 아주 어렸을 때부터 몇 년에 걸쳐 노력해야 한다. 그런데 이렇게 애쓰는 것도 우리가 항상 숫자와 수 세기 활동에 자연스럽게 노출되는 환경에 있는 경우에 가능한 일이다(가끔은 문자 그대로 떠먹여 줘야 익힐 수 있다). 수 세기 활동이나 숫자가 (많이) 없는 부족 문화에서는 이러한 도구가 공유되지 않는다.[16]

결론

그렇다면 우리가 수적 추리를 위해 타고난 수 감각을 바탕으로 정확히 어떻게 성장하는 것일까? 인간 고유의 수리적 사고는 어떻게 구축되는 것일까? 하버드 대학교 심리학자 수잔 캐리Susan Carey의 설득력 있는 주장은 이렇다. 첫째, 아이들은 수 세는 데 필요한 단어를 익힌다. 단, 이 단계에서 아이들에게 단어는 암기를 통해 습득된 소리일 뿐이다. 즉, 아이들은 아직 '둘'이라는 단어와 수량을 가리키는 '2' 사이의 관계를 정확하게 이해하지는 못한다. 이때 단어는 나중에 채워질 개념의 자리를 확보하는 자리 표시자의 역할을 한다. 숫자단어에 충분히 노출되는 과정에서 아이들은 수를 셀 때 각 단어에 명확한 뜻이 있으며, 특정한 개념과 연관된다는 것을 알게 된다. 아이들이 본래 타고난 1개, 2개, 3개의 사물을 구별하는 능력은 '하나'와 '둘' 그리고 '셋'이 나타내는 것을 이해하는 기반이 된다. 또한, 단수와 복수 등 언어적 구분도 깨우친다. 이처럼 아이들은 숫자단어에 충분히 노출되면서 각 단어와 특정한 수량의 관계를 인식하고, 점차 모든 숫자단어에 정확한 수량을 입혀 생각할 수 있게 된다. 하나를 알고, 둘을 알고, 그다음에 셋을 알게 된 아이들은 그 뒤를 잇는 다른 숫자단어들과 수량 사이의 대응 관계도 추론할 수 있게 되는 것이다. 이러한 자각은 단어의 수량의 순서와 일치한다는 이해로 이어진다. 즉, '셋'과 '넷'이라는 단어는 '둘'과 '셋'에서 수량이 각각 하나씩 더해진 것임을 이해하게 된다. 이처럼 아이들은 어림수 감각을 통해 '수량이 큰 것도 구별할 수 있다'라는 중요한 사실을 인식한다. 그렇다면, 다른 숫자를 습득하는 과정에서도 어림수 감각이 어떤 역할을 할 가능성이 있다. 아이들은 이렇게 '다섯'이 '넷'보다 크고, '여섯'이 '다섯'보다 크다는 사실을 점진적으로 깨닫고. 충분한 연습을 통해 이러한 개념에 익숙해진 다음에는 결국 따름수, 집합 기수, 더 큰 수량에 대응되는 정확한 숫자의 존재 등으로 이해를 확장한다.[17]

아이들은 이미 이해한 개념을 토대로 더 많은 것을 자각한다. '셋'이 '둘'보다 하나 더 많다는 것을 깨우쳤다면, '여섯'이 '다섯'보다 하나 더 많다는 사실도 이해할 수 있다. 이 과정에서 단어는 이정표 역할을 한다. 아이들은 이 이정표를 따라가며 새롭게 생성해야 할 수 개념이 무수히 존재한다는 것을 알게 된다. 결국, 숫자를 익힌다는 것은 원래 존재하는 개념에 단순히 붙여진 이름을 외우는 것이 아니라, '이름의 개념화' 과정이다.[18] 하지만, 앞서 개념을 이해하는 과정에서 숫자단어의 자리 표시자로서 역할을 언급한 것처럼, 모든 수 개념에 대한 이해가 한 번에 이루어지는 것은 아니다. 기존의 개념에 대한 이해를 바탕으로 새로운 개념을 이해하는 과정은 개념적 부트스트래핑 (conceptual bootstrapping, 부트스트래핑이란 초기 단계의 단순한 요소를 바탕으로 복잡한 체계를 구축하는 과정을 말한다. - 역주)이라고도 한다. 아이들 역시 이미 알고 있는 단순한 수의 개념을 이용하여 다른 개념을 이해하고자 안간힘을 쓴다.

　이러한 설명의 기본적인 토대는 수많은 연구에서 이미 입증되었다. 단, 이러한 연구의 관찰대상은 대개 산업화된 대도시의 아이들이었다. 그렇다면, 좀 더 정확한 표현으로 이렇게 말할 수 있겠다. 숫자단어는 인간이 성장하는 과정에서 타고난 추론 능력의 한계를 넘어 인간 고유의 수량적 추론 능력을 확장시키는 데 필수적인 요소이다. 숫자단어는 우리가 타고난 수 감각의 잠재력을 펼칠 수 있게 하는 열쇠이다. 최소한, 이러한 과정이 한결 수월해지도록 도와주는 도구이다. 우리가 타고난 수 감각만으로는 부정확하게 파악할 수밖에 없는 큰 수량도 숫자단어와 셈법을 익히면서 정확하게 인지할 수 있게 되는 것이다. 이러한 이야기는 설득력이 높은 데다, 실험연구에서도 충분히 입증되고 있다. 여기에서 언어가 얼마나 큰 역할을 하는지 놓치지 않길 바란다. 아이들이 모든 수량을 구별하는 법을 배우는 과정은 놀랍지만, 이러한 성취는 결국 숫자단어와 수를 세는 활동에 크게 의존하는 것이기 때문이다.[19]

　지금까지 우리가 살펴본 논의는 불완전할 수밖에 없다. 여기에서는 아이들이 숫자와 수량을 이해하는 능력을 익히는 방법과 관련한 다양한 연구 결과를 모두 살펴본 것은 아니기 때문이다. 그러나 우리의 논의가 적어도 인류의 역사와 우리의 현재 삶 속에서 숫자의 의미와 역할을 살펴보고자 했던 더 큰 목표에는 어느정도 부합하였을 것이다. 아이들은 숫자를 익히고 수를 세면서 수량에 대한 인식을 발전시킨다. 숫자는 인간의 수리적 사고의 정밀성을 한 차원 높여준다. 이러한 발전은 자연스러운 뇌의 발달로 인한 산물이 아니다. 셈법을 비롯한 기타 관련 기술을 이어온 특정한 문화에서 발전한 결과물이다. 이러한 전통과 기술은 궁극적으로 숫자단어에 의존한다.

VII

동물들이 생각하는 수량

최근에 동물학자들은 다른 종이 가진 지능의 폭을 독특한 방식으로 표현하기 시작했다. 전 세계에서 이루어지고 있는 실험실 연구와 현지조사를 통해 학자들은 영장류를 비롯한 다양한 종의 동물들이 예상외로 아주 똑똑하다는 것을 밝히고 있다. 적어도 동물들은 우리가 과거에 생각했던 것보다는 훨씬 영리하다. 영장류의 지능을 실험한 복합 인지 실험의 예를 하나 들어보자. 바로 독일 라이프치히의 막스 플랑크 진화인류학 연구소(Max Planck Institute for Evolutionary Anthropology)에서 설계한 실험이다. 연구자는 벽에 투명한 아크릴 원통이 부착된 방에 침팬지 한 마리를 넣었다. 이 원통은 폭이 좁고 깊어서(5센티미터 폭, 26센티미터 깊이) 침팬지의 손끝이 원통 바닥에 닿지 못했다. 원통 바닥에는 침팬지가 좋아하는 땅콩을 두었다. 뻔히 눈앞에 보이는 땅콩을 먹지 못한다니 참 답답한 노릇이다. 다행히 침팬지가 사용할 수 있는 해결책은 있었다. 처음에 얼른 눈에 띄지 않을 뿐이었다. 원통에서 약 1미터 떨어진 곳에 침팬지가 물을 마실 수 있는 급수기가 있었다. 급수기도 원통처럼 단단히 고정되어 움직이지 않았다. 배고픈 침팬지는 어떻게 해야 할까? 땅콩이 보이지만 손이 닿지 않는다. 좁은 원통 속의 땅콩을 건드릴 수 있을 만한 가늘고 긴 도구가 있는 것도 아니다(야생 침팬지는 나무로 창을 만들어 갈라고[galago, 여우원숭이의 일종 - 역주]와 같은 동물을 사냥해 단백질을 섭취하는 것으로 유명하다). 침팬지가 활용할 수 있는 것이라고는 급수기와 물밖에 없었다. 이러한 상황에 놓이면 많은 아이들은 해결책을 찾으려 애를 쓴다. 실제로, 4세 아이들에게 동일한 실험을 했을 때, 대부분은 방법을 찾지 못했다. 8세 정도는 되어야 꾸준히 성공하는 모습을 보였다. 답은 급수기의 물을 받아 원통 안에 부어 손에 닿을 수 있을 만큼 땅콩이 떠오르게 하는 것이었다. 실험에 참여한 침팬지 중 상당한 비율(약 5분의 1 정도)이 바로 이 방법을 찾아냈다. 이 침팬지들은 급수기의 물을 입에 머금고 와서 원통 안에 뱉기를 반복했다. 급수기와 원통 사이를 수없이 오가며 이 행동을 반복하자 땅콩은 적당한 높이로 떠올랐고, 침팬지들은 결국 땅콩을 꺼낼 수 있었다. 성공이었다![1]

이 실험은 인간과 유전적으로 가장 유사한 종의 놀라운 인지능력을 증명하고 있다. 이와 유사한 실험 사례는 그밖에도 얼마든지 있다. 침팬지만큼 인간과 유전적으로 가까운 동물은 물론, 그렇지 않은 다른 동물들을 대상으로 하는 이러한 연구는 동물의 인지능력에 관한 우리의 이해를 확장시켜주고 있다. 침팬지에서 뉴칼레도니아 까마귀, 고래에 이르기까지 지난 수십 년 동안 이루어진 연구 결과는 호모사피엔스와 다른 종들 사이에 비교할 수 없는 인지능력의 벽이 있다고 보았던 기존의 믿음을 크게 흔들었다. 앞서 살펴보았던 침팬지의 실험 사례와 같이, 다른 동물들에서도 계획을 세우는 것과 같은 중요한 지적 능력이 관찰된 것이다. 이러한 실험들은 동물들도 계획을 세울 수 있고, 도구를 사용할 줄 안다는 것을 보여주었다. 동물들은 새로운 방식으로 문제를 해결할 방법을 생각해내기도 하였다. 과거에는 우리가 동물들에게 없다고 생각했던 능력이다.

이 장에서는 이러한 동물들의 수량 인지능력을 실험한 사례를 살펴보며, 간혹 산술적인 특징마저 보이는 이들의 능력이 우리에게 어떤 의미를 전해주는지 논의해보고자 한다. 특히, 침팬지를 비롯한 비인간 영장류를 대상으로 한 연구를 자세히 살펴볼 것이다. 이러한 종은 인간의 수량적 사고 진화와 가장 관련이 깊을 것이기 때문이다. 본격적인 시작에 앞서 두 가지 주의할 점을 먼저 짚어보자. 첫째, 동물의 인지능력에 관한 연구는 동물의 수 인지능력을 포함하여 계속해서 확장되고 있다. 이에 따라 동물이 가진 새로운 인지능력은 꾸준하게 밝혀지고 있고, 그때마다 기존 연구를 통해 우리가 알게 된 지식은 수정에 수정을 거듭하다 결국 누더기 신세가 되기도 한다. 앞으로도 이러한 상황은 마찬가지일 것이다. 둘째, 동물실험의 결과를 이해할 때 지나치게 인간 위주로 해석하거나, 동물을 의인화한 관점에서 이해하지 않도록 해야 한다. 이점에 대해서는 좀 더 자세히 설명할 필요가 있겠다. 인류학, 영장류학 등 관련 분야에서 아주 중요한 문제이기 때문이다. 이와 관련한 오류를 최소화하려면 데이터 자체에 귀를 기울여야 한다. 데이터를 인위적으로 해석하려고만 하면 인간으로서 우리의 편견이 개입되게 마련이고, 동물의 생각과 행동을 반영한 데이터는 결국 왜곡될 수 있다. 물론, 천상의 영혼을 지닌 인간은 동물과 다른 정신을 지닌 특별한 존재이므로 이러한 동물의 인지능력은 인간에 관한 연구와 전혀 관계가 없다고 주장하는 목소리도 솔깃하다. 그런데 이러한 주장은 인간 중심적인 관점일 뿐이다. 사람마다 종교적, 혹은 이론적 성향에 따라 인간 중심적 관점에 더 이끌릴 수 있다. 그러나 경험적 관점에서 보면, 동물의 사고에 관한 우리의 이해는 오로지 증거에 의존해온 것이다. 종을 초월한 의사소통에 한계가 있음을 인정한다면, 다른 동물에게서 특정한 인지능력이 얼른 보이지 않는다고 해서 그 동물에게 그러한 능력이 없다고 단정하는 것은 옳지 않다. 그러한 능력의 존재를 배제하기 전에 신중한 관찰이 더 필요하다.

　그런가 하면, 부지불식간에 동물을 지나치게 의인화하는 사람들도 많다. 이 관점에 따르면, 사람도 '그저 하나의 동물에 불과'하다. 그래서 동물들도 인간과 비슷하게 생각하고, 감정을 느낄 것이라고 가정한다. 그러나 이러한 관점의 문제점을 지적할 합리적인 근거는 얼마든지 제시할 수 있다. 따라서, 특히 데이터의 해석이 모호할 때 섣불리 인간의 특징을 동물의 사고와 행동에 투영하지 않도록 주의해야 한다. 대학생들과 자주 이야기를 나누다 보면 이러한 의인화의 관점이 많이 퍼져있다는 생각이 든다. 반려동물이나 다른 동물과 교류하며 친밀한 정서적 유대감을 느낀 경험이 그러한 관점을 키운 원인 중 하나인 듯하다. 페이스북(Facebook)이나 레딧(Reddit)과 같은 소셜미디어(Social Media)에서는 주인에 대한 '사랑'과 '우정'을 표현하는 것 같은 반려동물들의 영상과 이야기를 숱하게 접할 수 있다. 물론 동물과 인간 사이의 애착 관계가 존재한다는 사실에 대해서는 논의 여지가 없지만(일부 인류학자들은 동물과 인간의 관계가 문화의 발달에 필수적인 과정이었다고 주장한다), 우리가 다른 종의 마음속에 실제로 무슨 일이 일어나고 있는지는 알기 어렵다. 예를 들어, 동물이 우리에게 보이는 행동 중 서로에 대한 '감정'으로 인한 것이 얼마나 되고, 자극에 대한 예측 가능한 반작용으로 볼 수 있는 것은 또 얼마나 될까? 동물들도 생각하고 감정을 느끼겠지만, 그것이 과연 더 큰 뇌와 문화, 그리고 언어를 사용하는 우리가 생각하고 느끼는 방식과 비슷한 것일까? 이러한 질문에 대해 사람들은 저마다 인간 중심적이거나 의인화의 관점을 다르게 취하겠지만, 결국 이러한 태도도 각자의 경험에 의존한 것일 가능성이 크다. 이처럼 개인적인 경험에 근거한 해석은 과학적인 결론을 내리는 데 있어서 충분한 근거가 될 수 없다. 왜냐하면, 이러한 주제에 대한 사람들의 직관은 저마다 천차만별이기 때문이다. 달리 말해, 다른 종의 인지능력을 바라보는 우리의 직관은 대개 그 종의 특성보다 우리 자신에 대해 하고 싶은 이야기를 더 많이 투영하는 것인지도 모른다.[2]

동물의 수적 사고와 관련하여 자주 회자되는 중요한 일화가 있다. 바로 영리한 한스(Clever Hans)의 이야기이다. 영리한 한스는 오를로프 트로터(Orlov Trotter) 품종의 아름다운 말이었다. 이 말의 주인은 빌헬름 폰 오스텐 Wilhelm von Osten이라는 독일인이었다. 폰 오스텐은 다양한 분야에 관심이 있었던 것으로 보인다. 그는 자신의 말인 한스에게 수학을 가르치기도 했고, 지금은 거의 자취를 감춘 골상학(骨相學, phrenology)에도 관심이 많았다. 골상학이란 두개골의 형상을 통해 인간의 성격과 심리적 특징을 추정하는 학문이다. 20세기 초, 1910년 무렵까지 그가 관심을 쏟았던 것 중 하나는 한스가 복잡한 인지능력을 요구하는 과제를 해내는 모습을 사람들 앞에서 입증하는 것이었다. 한스가 보인 능력은 독일어 단어 읽기, 철자 맞추기, 달력 이해하기, 수학 문제 풀기 등이었다. 한스는 발굽으로 바닥을 굴러 답을 제시했다. 예를 들어, 폰 오스텐이 한스에게 12에서 8을 뺀 값이 무엇인지 물어보면 한스는 바닥을 네 번 굴렀다. 이보다 훨씬 복잡한 수학 문제도 척척 푸는 한스를 보며 독일 사람들은 이 말의 지능에 감탄했다. 한스는 곧 유명세를 탔고, 《뉴욕 타임즈(New York Times)》처럼 먼 지역에 있는 신문사들도 한스의 이야기를 보도하기 시작했다.[3]

이쯤에서 독자들도 눈치챘겠지만, 한스가 정말로 수학 문제를 풀었다거나, 독일어를 이해했던 것은 아니었다. 그렇다면, 폰 오스텐은 어떻게 사람들 눈을 속여 한스에게 답을 알리는 신호를 보낼 수 있었던 것일까? 여기에 예기치 못한 반전이 숨어 있었다. 바로, 폰 오스텐은 사람들을 속인 적이 없었다(한스의 묘기를 앞세워 작정하고 돈을 벌지도 않았다). 심지어 구경하던 사람들에게도 한스에게 문제를 낼 기회를 주었고, 이때도 한스는 곧잘 정답을 제시했다. 한스와 폰 오스텐 모두 처음 보는 사람들이 문제를 내도 정답을 맞히는 한스는 영락없이 그들의 질문을 이해하는 것처럼 보였다. 하지만, 독일의 심리학자 오스카르 풍스트Oscar Pfungst는 한스의 진기명기에 매료된 관중만큼 넋을 놓지는 않았다. 풍스트는 그 상황에 무언가 한스에게 부지불식간에 정답 신호를 보내는 요인이 있었을 것이라고 굳게 믿었다. 그리고 다양한 실험을 한 끝에 풍스트는 결국 한스가 수학을 잘하는 것이 아니었음을 밝혀냈다. 한스가 질문자를 볼 수 없는 상황에서는 말발굽의 정답률이 무작위 응답 수준으로 떨어졌다. 더군다나, 질문자가 정답을 모르는 경우 한스 역시 제대로 답을 하지 못했다. 한스의 비밀은 바로 여기에 있었다.

영리한 한스의 이야기에서 우리는 최소한 두 가지의 결론을 생각해 볼 수 있다. 첫째, 동물들은 수학 문제를 풀거나 언어를 이해하지는 못하더라도, 인간이 제시하는 시각정보를 구분하는 능력은 우리가 생각하는 것보다 훨씬 더 탁월하다. 질문자가 의식적으로 정답을 흘린 것이 아닌데도, 한스는 정답과 관련이 있는 시각적 암시를 알아차려 정답률을 높일 수 있었다. 관찰 결과, 질문자들은 한스가 발굽을 구르는 횟수가 정답에 가까워질 때 자신들도 모르게 머리를 살짝 움직인 것으로 나타났다. 영리한 한스는 신기하게도 이처럼 사람들이 의도치 않게 흘리는 언어적 신호를 간파했다. 둘째, 동물을 지나치게 의인화하지 않아야 한다. 폰 오스텐의 경우를 보자. 풍스트가 한스를 관찰한 연구 결과를 발표한 후에도, 그는 그 결과를 받아들이지 않았고 한스와 여행을 계속했다. 폰 오스텐은 한스의 능력을 인간의 특성에 대입하는 태도를 포기하지 못했다. 아마도 둘 사이의 강한 유대관계로 인해 중립적인 입장에서 사실을 인정하기 힘들었을지 모른다.

영리한 한스 효과의 이야기는 지금도 사람들 입에 오르내린다. 백 년 전과 마찬가지로 오늘날에도 우리에게 곱씹을만한 교훈을 전하기 때문이다. 이

번에는 고릴라 코코Koko를 만나보자. 이 고릴라는 '고릴라식 수화'를 사용하여 사람과 소통할 수 있다고 알려졌다. 코코의 존재는 곧 세상에 알려졌고, 윌리엄 샤트너William Shatner, 로빈 윌리엄스Robin Williams, 프레드 로저스Fred Rogers와 같은 많은 유명인사도 만났다. 그러나 코코에게 수화를 가르친 동물 심리학자 프랜신 패터슨Francine Patterson의 연구에 대해 많은 비판이 이어졌다. 이러한 비판이 주로 지목한 것은 패터슨과 코코의 끈끈한 유대관계였다. 즉, 독특한 관계를 바탕으로 이루어지는 이들의 교류만 보아서는 코코의 의사소통과 인지능력이 실제로 어느 수준인지 추정하기 어렵다는 것이다. 실험자와 동물 사이에 강력한 유대관계가 형성되고 나면, 실험자는 객관성을 잃고 동물의 반응을 의인화하여 해석하기 쉽다.

영리한 한스 효과의 문제도 그렇게 간단하지 않다. 예를 들어, 어떤 이들은 동물을 직접 훈련한 사람은 실험이 진행되는 장소에 있으면 안 된다거나, 아예 이중맹검법(二重盲檢法, double-blind experiment)만 사용해야 한다고 주장할 수 있다. 하지만, 이러한 주장은 실제로 적용하기 매우 어렵다. 사실 거의 불가능에 가깝다. 실험에 따라 실험실 안팎에서 동물이 믿고 따를 수 있는 사람이 동석해야 할 수도 있다. 이 경우에 깊은 유대관계 속에 동물을 훈련해 온 사람이 실험 현장에서 제외된다면 실험의 진행 자체가 어려워진다.

또한, 동물들에게는 분명히 인간과 다른 비언어적인 특성이 있다는 점도 유념해야 한다. 따라서, 동물을 대상으로 하는 실험에서는 아직 언어를 습득하지 못한 영아들을 대상으로 한 6장의 실험 사례와 같은 방법론적인 문제를 안고 있다. 이러한 한계를 안고 우리가 동물의 수 인지능력을 조금이라도 이해할 수 있다면, 그 자체가 대단한 일이다. 동물의 수 인지능력이 실제로 어느 정도의 수준인지에 대하여 지금도 논란이 계속되고 있다는 사실은 이런 의미에서 어쩌면 당연한 일이다. 그럼에도 불구하고, 그동안의 연구 결과를 바탕으로 인간이 아닌 다른 종의 수리적 능력은 조금씩 윤곽을 보이기 시작했다. 지금까지 밝혀진 사실은 이렇다. 동물들의 수 인지능력은 영리한 한스만큼 수학 문제를 풀 정도는 되지 않더라도, 인간의 선천적인 수 인지 수준과 크게 다르지 않아 보인다는 것이다.

비영장류 동물들의 수 인지능력

전혀 예상 밖의 방식으로 동물의 행동에서 일정한 수량 인지의 증거가 발견되기도 한다. 이와 관련한 사례를 하나 들어보자. 1831년 캐나다 온타리오주의 모피 상인들은 오지브웨족(Ojibwe)이 심각한 모피와 식량 부족을 겪고 있다고 보고하였다. 이 부족민의 주요 사냥감인 눈덧신토끼(snowshoe hare)가 사라지고 있었기 때문이다. 허드슨베이컴퍼니(Hudson Bay Company)의 모피 상인들이 무수지(soft felt)용으로 가치가 높은 스라소니의 수도 줄어들었다고 보고한 것은 우연이 아니었다. 눈덧신토끼의 개체수가 감소하면서 산토끼의 포식자인 스라소니의 개체수도 감소하게 된 것이다. 허드슨베이컴퍼니의 기록을 토대로 1680년대로 거슬러 올라가 살펴보면, 스라소니와 눈덧신토끼의 개체수 감소는 10년 주기로 발생했다는 것을 알 수 있다. 대규모로 이루어진 선행연구 결과를 근거로, 우리는 개체수가 지나치게 많아질 때, 이와 같은 규칙적인 감소 현상이 나타날 수 있음을 짐작할 수 있다. 예를 들어, 토끼의 번식이 통제가 되지 않으면 주변 생태계는 포화되고, 더 이상 토끼의 개체수를 감당할 수 없게 된다. 이렇게 불어난 개체수로 인하여 토끼는 식량을 구하기 힘들어지고, 결국 번식률이 크게 감소하게 된다. 이러한 감소는 스라소니와 같은 다른 종에게도 상당히 큰 영향을 미친다. 이러한 변화는 10년마다 꽤 규칙적으로 반복되고 있었다.[4]

매미의 사례도 살펴보자. 매미는 대표적인 종만 2천여 가지에 달하는 곤충과에 속한다. 주기매미속(屬, genus) 매미들은 나무뿌리에서 영양분을 공급받으며 생애 대부분을 땅속에서 보낸다. 주기매미들은 번식기에만 땅 위로 올라오는데, 한 번에 올라오는 개체수는 어마어마하다. 이후 약 두 달 동안 짝짓기와 번식을 마치고 나면 성충 매미들은 모두 죽는다. 개체수에 따라 성충 주기매미들은 13년이나 17년 뒤에 다시 지상으로 올라온다. 이들의 주기는 놀라울 정도로 길고 또 규칙적이다. 마치 매미의 유충들은 그 오랜 시간 동안 땅속에서 햇수를 세며 기다리는 것처럼 보일 정도이다. 물론 실제로 그러는 것은 아니겠지만 말이다. 이토록 규칙적인 출현 주기는 자연이 선택한 것으로 보인다. 매미를 잡아먹는 동물들의 번식 주기는 2년에서 10년 정도이다. 만일 주기매미들이 12년마다 출현한다고 상상해 보라. 12는 2, 3, 4, 6으로 나뉘므로, 번식 주기가 2년, 3년, 4년, 6년인 온갖 포식자들의 먹이가 되기에 십상이었을 것이다. 그렇다면, 12년마다 규칙적으로 지상으로 올라오는 매미들의 번식은 더 심각한 문제에 봉착할 수밖에 없다. 반면, 13년에서 17년까지 번식 주기가 길어지면, 매미가 지상에서 만나게 될 위험 요소는 적어진다. 어찌 되었든, 소수인 13과 17은 12처럼 여러 숫자로 나누어지지 않는다. 이러한 환경적 압력에 따라 다른 포식자의 번식 주기와 맞물리는 주기를 가진 매미보다 소수의 번식 주기를 가진 매미의 생존률은 높아졌을 것이다.[5]

눈덧신토끼와 주기매미의 사례를 살펴보면, 곤충을 포함해 인간이 아닌 동물들의 행동에서 일정한 수량 개념이 엿보인다. 하지만, 이러한 규칙성을 유지하기 위해 동물들이 수리적 인지능력을 갖출 필요는 없다. 우리는 흔히 곤충의 신경계와 관련한 유전적 한계 등을 이유로, 동물들에게 수 인지능력이 없다고 가정한다. 예를 들면, 어떤 개미는 어느 지점에 도착하기까지 몇 번의 발걸음을 옮겼는지 셀 수 있는 기계적 인지능력이 있다. 그러나 개미의 이러

한 인지능력이 수량을 개념화하는 능력의 존재를 증명하는 것은 아니다.[6]

하지만, 우리 논의의 범위를 도롱뇽이나 물고기같이 더 다양한 생물로 확장하면, 진화계통수(tree of life)에서 멀리 떨어진 가지에 있는 종들도 크고 작은 수량의 차이를 인지할 수 있는 능력이 있음을 볼 수 있다. 그러나 이러한 경우에는 수량 자체가 아니라 더 큰 수량으로 인해 달라지는 규모와 밀도, 움직임 등 시각적인 요인으로 인하여 구분할 수 있는 것인지는 명확하지가 않다. 도롱뇽의 사례를 보자. 한 연구는 도롱뇽이 좋아하는 초파리로 가득 찬 시험관 두 세 개를 도롱뇽에게 보여주고 선택하게 하였다. 도롱뇽은 자연스럽게 초파리가 더 많은 쪽을 택했다. 그러나 그보다 뒤에 이루어진 연구에서는 다른 결과가 관찰되었다. 이 연구에서는 도롱뇽이 좋아하는 또 다른 별미인 귀뚜라미를 개체수를 다르게 하여 선택하게 하였다. 그러자 이번에는 개체수와 상관없이 귀뚜라미의 움직임이 큰 쪽을 선택하였다. 귀뚜라미의 움직임을 통제하자, 도롱뇽의 선택은 귀뚜라미의 개체수 측면에서 무작위로 보였다. 다시 말해, 도롱뇽은 대상(전반적인 움직임)의 연속 수량(continuous quantity)을 구별하여 선택할 수는 있지만, 둘이나 셋 등 각각의 수량을 구별하지 못한다. 야생 환경에서 이루어진 많은 연구는 동물들에게도 큰 수량에 대한 나름의 감을 형성할 수 있다는 사실을 입증해왔다. 그러나 실험실 바깥에서 이루어지는 연구의 문제는 동물들의 수량 이해도를 파악하는 데 결정적인 여러 변수를 통제할 수 없다는 데 있다. 즉, 동물들의 수량 인지라는 것이 실제로 수량을 구별할 줄 안다기보다 많고 적음과 관련하여 어떤 패턴의 변화나 움직임을 인지하는 것인지, 그렇다면 어느 정도까지 그러한 수준으로 이해할 수 있는 것인지 파악하기 어렵다.[7]

쥐의 경우를 생각해보자. 우리는 쥐가 계통적으로 인간과 그다지 가까운 친척이 아니라고 생각하기 쉽지만, 이 작은 동물도 엄연한 포유류로 인간과 상당히 많은 부분을 공유하고 있다. 이러한 쥐도 수량을 구분할 수 있다. 이미 40여 년 전에 밝혀진 사실이다. 1971년에 이루어진 한 연구는 훈련을 통해 쥐가 숫자를 어림짐작할 수 있다는 것을 발견하였다. 이 실험에서 훈련하는 동안 특정한 숫자만큼 손잡이를 밀었을 때 보상을 받은 경험이 있는 쥐들은 훈련이 끝난 후에도 그 숫자에 집착하는 경향을 보였다. 예를 들어, 어떤 쥐는 손잡이를 다섯 번 밀 때마다 보상을 받았다. 훈련과 상관없이 나중에 손잡이를 밀 기회가 생기자, 이 쥐는 다시 다섯 번 정도 밀었다. 여기에서 '정도'라는 말이 중요하다. 이 쥐는 정확하게 손잡이를 다섯 번 밀어야 한다는 사실을 기억하는 것은 아니다. 그러나 다섯 번 '정도' 밀어야 한다는 감은 형성된 것으로 보인다. 이 경우, 이 쥐가 손잡이를 여덟 번 밀 가능성보다 다섯 번 밀 가능성이 더 커진다. 그런데 목표한 수량이 커질수록 쥐가 손잡이를 미는 횟수의 오차 범위 또한 커졌다. 1971년 연구에서 보인 쥐들의 응답은 중구난방이었지만, 그래도 훈련받은 수량 근처에서 정상적으로 분포하는 결과를 보였다. 정답에 해당하는 반응을 제법 자주 보이기도 했다. 이러한 연구의 결과는 인간이 아닌 다른 동물들이나 숫자가 없는 문화에 사는 사람들처럼, 별도로 훈련을 받지 않은 한 쥐 역시 정확하게 수량을 구별하는 능력은 없다는 것을 암시한다. 그러나 쥐들도 분명히 수를 어림짐작할 수 있었다. 인간과 다소 거리가 있는 이러한 포유류도 수량을 짐작할 수 있다는 사실은 인간과 쥐의 포유류 조상에게도 어림수 감각이 존재했을 가능성을 암시한다. 이러한 조상에 해당하는 종이 존재했던 시기는 최소한 6천만 년 전이다.[8]

　　유전적으로 인간과 거리가 먼 또 다른 종들도 수량을 어림짐작하는 능력이 있지만, 이러한 능력이 인간이 오랜 시간 동안 이어온 선천적인 수 감각과 같은 것이라고 단언하기는 어렵다. 바꾸어 말하면, 다른 동물들도 우리와 상사성(相似性, analogy)의 수량 인지능력을 가진 경우가 있지만, 이를 상동성

(相同性, homology)의 능력이라 부르기는 어렵다. 상사성이란 여러 종이 비슷한 환경적 어려움을 극복하기 위해 각자 진화하면서 종을 초월하여 비슷한 특징을 갖게 된 것을 말한다. 반대로 상동성은 수많은 종이 공통적인 조상을 둔 이유로 공유하게 되는 특징이다. 예를 들어, 같은 포유류인 사자와 곰의 다리가 네 개인 것은 상동성이라고 하지만, 나비와 박쥐, 새가 서로 다른 종임에도 모두 날개를 가진 것은 상사성이라고 한다.

일부 조류 종들은 인간과 유전적으로는 멀어도 수량을 어림짐작하는 능력을 갖고 있는데, 인간의 능력에 대하여 이것이 얼마나 상사성에 기인한 것인지, 또는 상동성에 기인한 것인지는 알 수 없다. 전 세계에 전해져 내려오는 전설이나 설화에는 숫자를 정확히 세는 새가 자주 등장하지만, 그러한 묘사가 얼마나 신빙성이 있는 것인지 따져보기는 어렵다. 다만, 실제로 새를 키우는 사람들 중에는 새가 수리 능력을 갖고 있다고 확신하는 경우가 더러 있다(다른 반려동물들도 마찬가지이다). 그러나 이러한 개인적인 경험담은 우리의 논의에서 제외된다. 그러한 경험담에는 영리한 한스 효과와 비슷한 요소도 있는 데다, 반려동물의 정서적 또는 인지적 상태를 지나치게 의인화하는 우리의 성향을 반영하는 것일 수 있기 때문이다. 그러나 이러한 경험담을 차치하더라도 새나 쥐와 같은 비영장류 동물들 역시 수량을 어림할 줄 안다는 사실은 실험적으로 상당히 입증되었다. 문제는 우리가 눈으로 확인되는 동물의 어림짐작이 정말로 수량과 관련이 있는 능력인지 확신할 수 있으려면 모든 변수를 통제해야 하는데, 비교적 지능이 높은 것으로 알려진 동물들(도롱뇽 같은 동물에 비해)을 대상으로 하는 실험에서도 그렇게 완벽한 환경을 만들기는 쉽지 않다.

이제 세렝게티Serengeti의 암사자들을 연구한 사례를 보자. 연구자들이 암사자들에게 암사자 한 마리가 우는 소리를 녹음해 들려주자, 이 암사자들은 소리가 난 쪽을 찾아 침입자를 위협하려는 모습을 보였다. 반면, 같은 암사자들에게 세 마리의 암사자가 우는 소리를 들려주자, 이들은 소리가 나는 쪽으로 접근하려는 움직임을 적게 보였다. 그렇다면 이 암사자들은 소리만 듣고서 몇 마리가 우는 것인지 알았던 것일까? 이 실험 결과만으로는 단언하기 어렵다. 이 암사자들은 연구자들이 들려준 울음소리를 통해 추상적인 수량을 구별했다기보다 소리의 크기, 위험 정도 등 일반적인 느낌을 감지한 것인지도 모르기 때문이다. 다른 사자의 울음소리로부터 무엇을 감지한 것이든, 불필요한 위험 요소를 피해 생존력을 높일 수 있는 이러한 인지능력은 사자들이 울음소리를 듣고 상대방 개체수의 많고 적음을 구별하는 가능성을 암시한다. 이와 유사하게, 훈련을 받은 적 없는 비둘기들도 먹이를 먹을 때 양이 더 많은 쪽을 일관되게 선택하는 것으로 알려져 있다. 이러한 경향 또한 생존과 번식에 큰 도움이 된다. 위험을 피하거나 열량이 더 높은 먹이를 선택하거나 수량을 어림할 수 있는 동물은 다양한 환경에서 그만큼 유리한 위치를 차지할 수 있기 때문이다.[9]

지금까지 살펴본 실험 사례를 비롯해 다양한 연구 결과가 우리에게 분명히 알려주는 것은 수많은 종의 동물들이 수량을 어림하여 구별할 줄 안다는 사실이다. 하지만, 이러한 결과는 동물들의 수량 구별이 때로 연속 변수(continuous variable)의 대략적인 인지에 기초하는 경우가 있음을 암시한다(즉, 실험 또는 비실험 환경에서 일부 선택은 특정한 것의 더 많은 '양'에 대한 선호를 반영한다). 인지과학자 크리스티안 아그릴로Christian Agrillo는 최근 다음과 같이 설명했다. "많다라는 개념은 다른 물리적 특성(즉, 대상물의 누적 표면적 밝기, 밀도, 차지하는 공간의 크기)과 맞물리는 것이고, 동물은 연속 변수의 상대적인 비교를 통해 어느 쪽이 더 크고 작은지 알 수 있다."[10] 밀접하게 서로 연관된 이러한 속성들을 포함한 수량을 구별하는 능력은 종의 생존과 번식에 상당히 유리하다. 그런데 이 능력은 인간이 타고나는 수리 능력을 의미하는 것은 아니다. 여기에서 수리 능력이란, 적은 개수의 대상을 개별적으로 즉각 파악하고, 더 많은 개수의 대상은 어림짐작할 줄 아는 것을 말한다.

　그러나 다양한 실험과 연구 결과를 보면, 비영장류 동물 중에서도 일부는 인간의 수리 능력 중 최소한 한 가지는 공유하는 것으로 보인다. 즉, 어림수 감각이다. 또한, 실험 대상 동물 중에서 개, 또는 뉴질랜드 울새(New Zealand robin)와 같은 동물들은 작은 수량으로 묶인 사물의 개수를 사람만큼 정확하게 구별할 수 있었다. 실제로, 뉴질랜드 울새는 한 개와 두 개, 두 개와 세 개, 세 개와 네 개의 사물을 구별하는 모습을 보여줬다. 그러나 4보다 큰 수량으로 묶은 대상끼리 비교하는 경우에는 한쪽의 개수가 다른 쪽보다 최소한 두 배 정도 더 많은 경우에만 성공했다(예: 4개와 8개 묶음 중에 선택하는 경우). 작은 수량은 정확하게 구별하고, 더 큰 수량은 좀 더 어림짐작으로 구별하는 이러한 성향은 언어를 습득하기 이전 단계인 아기들과 숫자가 없는 문화의 성인들을 통해 우리가 관찰한 내용을 다시 한번 떠올리게 한다.[11]

　놀랍게도, 별도의 종 내부의 수 인지 체계를 확인할 수 있는 가장 확실한 증거는 계통학적으로 인간과 거리가 훨씬 더 먼 종인 물고기의 실험을 통해 밝혀졌다. 최근 연구에 따르면, 구피(guppy, 작은 담수어)는 작은 수량을 구별할 줄 아는 것은 물론, 큰 수량도 어림짐작한다는 증거를 명확히 보여주었다. 이 실험에서 동물 인지 연구자들은 개체수가 다른 두 무리의 구피 떼 중 한쪽을 선택할 수 있는 환경에 구피를 한 마리씩 노출시켰다. 두 무리의 개체수는 모두 다섯 마리 이상이었다. 실험 대상인 구피는 대부분 개체수가 더 많고 안전한 무리를 선택했다. 이때 두 무리 사이의 개체수 차이가 크게 나면 더 큰 무리를 선택하는 비율이 높아졌다. 즉, 두 무리 중 한쪽의 개체수가 두 배, 세 배, 또는 네 배 많을 때, 구피는 개체수가 더 많은 무리를 수월하게 선택했다. 두 무리의 개체수가 각각 네 마리 이하일 때도 구피는 대부분 더 큰 무리를 선택했다. 여기에서 흥미로운 점이 있다. 개체수가 네 마리 이하로 적어지자 구피는 두 무리의 개체수 차이에 상관없이 고르게 더 큰 무리를 쉽게 선택했다. 즉, 두 무리의 개체수가 각각 두 마리와 네 마리인 경우, 3분의 2에 해당하는 구피는 네 마리가 있는 무리에 합류하였는데, 두 무리의 개체수가 각각 네 마리와 세 마리일 때도 더 큰 무리를 선택하는 비율은 낮아지지 않았다. 이러한 구피의 반응은 인간의 반응과 닮은 점이 많았다. 작은 수량끼리 비교할 때는 인간도 구피처럼 더 큰 수량을 훨씬 정확하게 선택한다.[12]

이처럼 지금까지 진행된 연구는 비인간 영장류의 수 인지능력에 대해 많은 사실을 밝혔지만, 아직도 모르는 부분이 많이 남아 있다. 지금까지는 관련 연구를 통해 묘사된 그림은 여전히 형체가 완전하게 드러나지 않았다. 더욱이 우리가 여기에서 살펴본 연구는 그중에서도 극히 일부이다. 많은 종의 사례에서, 수량을 구별하는 능력은 인식되는 움직임 등 연속 변수를 기본적으로 지각해야 가능한 것으로 보인다. 더욱이, 일부 비영장류 동물들이 사용하는 구별 전략은 실험 환경이나 실험에서 제시되는 대상물에 따라 달라질 수 있다. 후속 연구에서 이러한 변수들을 통제하는 방안을 계속 강구해야 한다. 이와 같은 노력은 인간의 수 개념과 관련한 신경생물학적 진화 과정을 이해하는 데 핵심적인 역할을 할 것이다. 예를 들어, 척추동물의 수 인지능력이 어느 정도로 독특한지, 영장류의 선천적인 수리 능력은 새를 비롯하여 영리한 다른 척추동물들에 비해 얼마나 차이가 나는지 등은 여전히 명확하게 알려진 바가 없다. 더군다나 다른 종의 동물들을 대상으로 한 실험연구는 뚜렷한 공백으로 남아 있다. 일례로, 파충류의 수량 인지능력을 체계적으로 연구한 사례는 아직 없다. 이러한 연구 공백을 채우면서 우리는 인간의 수리 능력이 얼마나 오랜 시간 동안 이어져 내려온 것인지, 다른 많은 종의 수리 능력은 인간의 능력에 대해 얼마나 상동적 특징을 갖는지 이해할 수 있을 것이다. 만일 인간과 유사한 능력이 파충류 가운데서도 발견된다면, 4억 년 전에 살았던 포유류와 파충류, 조류, 물고기 등 척추동물의 조상도 어느 정도 상동적인 수 인지능력을 갖고 있었다는 확실한 증거가 될 것이다.

비인간 영장류의 수 인식

비인간 영장류의 수 인지는 특히 숫자와 관련이 있다. 침팬지 같은 유인원을 포함한 다른 영장류는 우리 인간과 가장 유전적으로 가까운 친척이다. 영장류와 우리의 유전체(genome)가 매우 유사하다는 뜻이다. 특히, 한때 침팬지의 아종(亞種)이었던 보노보(bonobo, 1933년 독립된 종으로 분류됨 - 역주)와 인간의 유전자 염기서열은 99% 일치하는 것으로 알려져 있다. 우리의 선천적인 수 감각에 관한 연구에서 인간과 생물학적으로 가장 유사한 비인간 영장류의 연구는 중요한 의미를 갖는다. 인간과 거의 흡사한 유전자 염기서열을 지닌 이들의 정신을 탐구한다면 우리가 타고난 능력의 실체에 대한 이해를 더 높일 수 있을 것으로 기대되기 때문이다. 물론, 이 경우에도 확실한 근거 없이 비인간 영장류의 특징을 의인화하지 않도록 조심해야 한다. 사실 유전적인 유사함만으로 이러한 종의 수 인지에 대해 정확히 알 수 있는 것은 거의 없다.[13]

DNA 분자의 특징인 이중 나선 구조는 네 개의 핵염기(nucleoabse)가 두 개의 염기쌍을 형성하여 사다리형으로 결합한 것이다. 이 핵염기는 A(adenine, 아데닌), C(cytosine, 사이토신), G(guanine, 구아닌), T(thymine, 티민)로 표기한다. 다른 종들의 유전자도 이 네 가지 분자로 구성된다. 또한, 이러한 유전체가 상당 부분 일치하는 종들도 아주 많다. 전혀 다른 종인 인간과 포도의 유전체도 25%나 일치한다(더군다나 포도는 우리보다 더 많은 유전자를 갖고 있다).[14] 따라서 종들 사이의 유전자 염기서열의 일치 자체에 너무 큰 의미를 부여할 필요는 없다. 포도와 유전자 염기서열이 25% 일치한다고 해서, 우리가 이 식물과 4분의 1 정도 비슷하다고 생각하지는 않을 것이다. 그렇다 하더라도, 우리와 함께 포유류에 속하는 다른 동물들은 동일한 조상에서 분화되었으므로 훨씬 더 유사한 유전자 염기서열을 보인다. 예를 들면 갯과와 솟과에 속하는 종들의 유전자 염기서열은 우리와 85% 정도 일치한다. 이 정도면 아주 높은 일치율로 보이는데도, 개와 소, 인간의 행동패턴은 아주 다르다. 따라서, 침팬지와 인간의 유전자 염기서열 일치율이 99%에 달하더라도, 이러한 수치를 두 종 사이의 유사성을 추론하는 것은 매우 신중해야 한다. 침팬지가 우리와 같은 수리적 추론을 할 수 있으리라 섣불리 기대해서도 안 된다. 유전자 구성에서 아주 미미한 차이도 뇌의 용량에서 큰 변화로 이어지기 때문이다. 유전적으로 가까운 종과 인간의 수적 사고의 관계에 대한 해답의 실마리는 실험 데이터에서 찾아볼 수 있을 것이다.

지난 수십 년간, 이러한 주제와 관련하여 과감한 실험에 도전한 연구자들은 침팬지를 비롯한 다양한 비인간 영장류 동물들의 수리 인지력을 면밀하게 관찰하였다. 이들의 노력으로 인하여 인간과 가까운 친척인 비인간 영장류는 수량 인지에 관여하는 선천적인 일부 기관은 물론, 숫자를 갖지 못한 인간이 마주치게 되는 다양한 한계점을 공유한다는 사실이 밝혀졌다. 즉, 이 동물들의 작은 수량에 대한 정확한 인지와 더 큰 수량에 대한 대략적인 인지능력은 인간의 경우와 놀라울 정도로 비슷한 상동성을 보였다.

인간의 아이들을 대상으로 하는 것과 유사한 실험에서, 심리학자들은 붉은털원숭이(rhesus monkey)가 작은 수량을 구별할 줄 안다는 것을 발견하였다. 먼저 붉은털원숭이에게 서로 다른 개수로 담은 두 묶음의 먹이(사과를 얇게 자른 것)를 보여준 후, 먹이를 가려 보이지 않게 했다. 그런 다음 보이지 않은 상태에서 원숭이들에게 먹이를 선택하게 했다. 이 실험에서 한 쌍으로 보여준 먹이의 개수는 한 개와 두 개, 두 개와 세 개, 또는 세 개와 네 개였다. 어느 쌍을 제시하든 원숭이는 일관되게 개수가 더 많은 쪽을 골랐다. 그러나 네 개와 여섯 개처럼 상대적으로 큰 수량을 제시했을 때는 상황이 달라졌다. 개수가 더 많은 쪽을 고른 비율이 무작위 수준으로 떨어진 것이다. 이러한 결과는 이 원숭이의 뇌가 작은 수량만 정확하게 구별하도록 타고났음을 시사한다.[15]

좀 더 추상적인 실험에서, 붉은털원숭이는 역시 큰 수량의 차이를 인지하는 능력을 보였지만, 그 결과는 두 묶음의 수량 차이에 따라 달랐다. 예를 들어, 한 연구에서는 붉은털원숭이가 사물을 개수의 오름차순 배열한 것을 인식하도록 훈련시켰다. 이후 원숭이들은 한 개, 두 개, 세 개, 네 개의 사물을 배열한 것을 차례대로 선택하는 것을 배웠다. 그런 다음 연구자가 훨씬 더 큰 수량의 두 묶음을 보여주자 원숭이들은 일관되게 더 작은 묶음에 손을 댔다. 그러나 원숭이들이 반응하는 속도는 두 수량의 차이에 따라 다양했다. 즉, 두 수량의 차이가 클수록 원숭이들은 더 빠른 시간 내에 반응했다. 이보다 뒤에 이루어진 한 연구에서는 성인 열한 명과 붉은털원숭이 두 마리를 대상으로 비교 실험을 진행하였다. 이때 성인은 입으로 수를 세지 못하게 하였다. 그러자 이 성인들과 원숭이들의 응답은 아주 유사하게 나타났다. 이러한 결과는 아주 오래전부터 인간과 원숭이가 공통적으로 어림수 감각을 이어온 증거일 수 있다.[16]

진화계통수에서 인간과 가까운 종인 침팬지는(그림 상으로도 바로 옆 가지에 위치한다.) 상당히 세련된 방식으로 수량을 구별할 줄 안다. 침팬지의 수량 구별 능력은 아이들을 대상으로 한 실험 결과를 연상시킨다. 유아기 아이들이 사탕이 더 많은 쪽을 선택하는 경향이 있듯이, 침팬지도 서로 다른 개수의 간식이 담긴 접시 두 개를 볼 때 양이 더 많은 쪽을 택했다. 약 30년 전, 동물 연구자들은 침팬지에게 각각 다른 개수로 초콜릿 과자를 담은 접시 두 개 주고 선택하게 했을 때, 침팬지가 상당히 높은 빈도로 과자가 더 많이 담긴 접시를 고른다는 사실을 발견했다. 그런데 과자의 개수가 늘어나고 두 접시의 개수 차이가 크지 않으면 침팬지가 접시를 고르는 패턴은 거의 무작위에 가까웠다. 바꾸어 말하면 침팬지의 선택은 다른 동물들이나 숫자가 없는 문화의 사람들 사이에서 발견되는 양상과 비슷했다. 더욱 놀라운 것은 두 개의 접시에 담은 과자의 개수 차이를 충분히 둘 경우, 침팬지는 단순히 수량의 구별을 넘어서는 능력도 보여주었다는 사실이다. 예를 들어, 한 실험에서 침팬지에게 제시된 두 개의 접시 중 한 접시에는 과자 3개와 2개가, 다른 접시에는 과자 4개와 3개가 따로 쌓여 있었다. 이 경우 침팬지들은 대부분 첫 번째 접시에 있는 과자(3+2=5)의 개수가 두 번째 접시에 있는 것(4+3=7)보다 적다는 사실을 인지했다. 이러한 결과는 침팬지가 작은 수량을 더하고, 합계를 비교할 줄 안다는 것을 의미한다. 다만, 이러한 패턴이 비교적 일관성 있게 관찰되었다는 것일 뿐, 침팬지들이 모두 같은 반응을 보인 것은 아니라는 점을 강조할 필요가 있겠다. 여기에서도 역시 예를 들어, 두 접시에 따로 쌓은 과자들의 합계가 각각 8과 7로 그 차이가 작은 경우에는 정확도가 급격히 떨어졌다. 따라서, 이러한 실험 결과를 토대로 침팬지가 수량을 합산하고 대조하는 능력이 있다고 판단하더라도, 이러한 능력은 특히 대조되는 수량 사이의 차이가 작은 경우에 부정확할 수 있다는 점을 유념해야 한다. 이제 독자들도 이러한 패턴에는 어느 정도 익숙해졌을 것이다. 지금까지 우리가 살펴본 실험은 물론, 기타 유사한 연구 결과를 토대로 우리는 몇 가지 분명한 사실을 확인할 수 있다. 즉, 침팬지들은 수량을 어림짐작하고, 작은 수량의 경우에는 더욱 정확하게 구별하는 능력을 타고났다. 또한, 침팬지 이외에도 많은 동물이 기본적인 수량 구별 능력을 우리와 공유한다.[17]

비인간 영장류를 대상으로 한 실험연구는 이 동물들이 영장류가 숫자를 배울 수 있고, 서수와 기수 관련 정보를 연관시킬 줄 안다는 것 또한 입증하였다. 예를 들어, 숫자 기호를 학습한 원숭이는 간식의 수량에 따라 2, 3, 4, 5와 같은 기호를 순서대로 정렬하였고, 이러한 순서에 따라 간식의 개수가 증가한다는 것도 이해하였다. 실제로, 한 실험에서 숫자를 학습한 붉은털원숭이는 화면에 1에서 9까지 숫자를 보여주자 오름차순으로 짚었고, 이 숫자로 수량을 가리킬 수도 있었다. 이러한 능력은 다람쥐원숭이와 개코원숭이를 대상으로 한 실험에서도 발견되었다. 적절한 훈련을 받은 다람쥐원숭이는 덧셈도 가능한 것으로 보였다. 먹이의 개수를 5+0과 3+3으로 제시했을 때 후자를 선택하는 경향을 보인 것이다. 물론, 이러한 선택이 완전히 일관적인 것은 아니었다. '원숭이 수학'도 틀릴 때가 있는 법이다. 그러나 이러한 실험 결과를 통해 우리는 원숭이들도 분명히 일정한 수량 인지능력을 갖고 있고, 이 능력은 기호의 힘을 통해 더욱 정교해질 수 있다는 것을 확인할 수 있다. 그렇다면, 사람의 학습 수준에 미치지는 못하더라도, 숫자는 원숭이도 배울 수 있는 것이 분명하다.[18]

다른 종과 마찬가지로 비인간 영장류의 수학적 능력에서도 거리 효과(distance effect)와 크기 효과(magnitude effect)의 특징이 명확히 드러난다. 거리 효과란, 숫자가 없는 문화에 속하는 사람들과 마찬가지로 동물들 또한 비교대상인 수량 간 차이가 클 때 훨씬 더 정확하게 인지하는 것을 말한다. 크기 효과란 동물들이 큰 수량보다 작은 수량을 더 효과적으로 인지하는 경향을 의미한다. 종을 막론하고 다양한 동물의 행동에서 발견되는 이러한 거리 효과와 크기 효과의 발견은 그동안 진행되어 온 동물 연구의 중요한 성과이다. 이러한 편재성은 상동적인 어림수 감각은 물론, 정확한 수 감각 또한 아주 오래전부터 존재하였을 것이라는 가설의 증거가 된다. 그러나 다른 동물들의

선천적인 수리 능력을 완전히 이해하기 위해서는 아직도 연구해야 할 부분이 많이 남아 있다.[19]

결론

우리가 타고난 수리 능력은 아주 오래전부터 이어져 내려온 것이고, 다른 종들과도 어느 정도 공유하고 있다. 따라서 많은 종의 동물들이 대강이나마 각자의 방식으로 수량을 구별할 것이라고 쉽게 짐작할 수 있다. 어느 정도 수량을 구별할 줄 아는 능력은 야생에서 생존하는 데 유리하다. 이러한 능력은 성공적인 번식을 통해 유전적인 특성으로 오랫동안 이어져 내려왔을 것이다. 먹이의 양이 더 많은 쪽을 알아보는 것이 쥐나 비둘기에게 더 유리하다거나, 개체수가 더 많은 암사자 무리를 구별할 줄 아는 암사자의 직관적 이해를 예시로 수량 인식 능력이 유전된 이유를 설명하는 사람들도 있겠지만, 어떤 설명이든 생존과 관련하여 수량을 알아보는 능력이 갖는 이점은 분명해 보인다. 이처럼 수량 인지능력이 다양한 종에서 이어져 내려온 사실과 그러한 배경을 직관적으로 이해하는 것은 어렵지 않다. 그렇다면, 왜 인간이 아닌 다른 종에서는 이 능력이 더 높은 수준으로 발달하지 않은 것일까? 이 질문에 대한 답은 명확히 알 수 없다.

어떤 면에서 다른 동물들, 특히 인간과 계통적으로 가까우며 큰 뇌를 가진 비인간 영장류의 인지능력을 조명하면서 우리는 더 많은 궁금증을 갖게 된다. 우리는 이제 훈련을 받은 침팬지들은 더 정확하게 수량을 인지할 수 있다는 것을 안다. 그 정도로 정교하게 수리적 사고를 발달시킬 수 있는 침팬지가 수백만 년 동안 진화계통수에서 차지한 가지로부터 그 능력을 활용하지 못한 이유는 무엇일까? 침팬지는 수리와 관련한 기본적인 사고력이 있으면서도, 그러한 기초 위에 별다른 능력을 발전시키지 않았다. 침팬지의 사고는 물론, 발달 과정에서 숫자를 습득하기 전에 우리 인간의 사고에도 분명히 존재하는 그러한 기초는 상당히 미숙한 수준으로 보인다. 동물 인지 전문가인 엘리자베스 브래넌Elizabeth Brannon과 박준구Joonkoo Park는 최근 연구에서 다음과 같이 지적하였다. "큰 숫자를 정확히 나타내는 것조차 못할 정도로 원시적인 체계를 통해 어떻게 인간 고유의 수학이 탄생하게 되었는지 이해하기 어렵다."[20] 우리 인간과 다른 종들이 타고난 수량적 사고는 대부분의 인간이 학습을 통해 최종적으로 갖는 종류의 수량적 사고를 제거한 크기 정도(orders of magnitude)를 가늠하는 수준이다. 즉, 수량적 사고의 생물학적 근거는 본질적으로 한계가 있다. 우리의 수리 인지능력 중 대부분은 인간의 신경생물학적 기반과는 크게 상관이 없다. 그보다 우리가 그러한 기반을 사용하는 방식에 훨씬 더 많이 의존한다. 신경생물학적인 기반을 활용하려면 우리가 타고난 수 감각과 외부의 도구가 상호작용하는 과정을 거쳐야 한다. 여기에서 외부의 도구란 숫자를 말한다. 숫자는 구체화된 언어와 문화적 상징으로 수량을 나타내는 기호이다. 즉, 숫자는 우리가 현실에서 활용하는 다양한 수리적 사고와 인간이 본래 타고난 수 개념 사이의 틈을 메우는 존재이다.

숫자의 위력과 관련한 또 다른 증거는 인간의 사육하에 강도 높은 기호 훈련을 받은 동물의 사례에서 찾아볼 수 있다. 아마 가장 좋은 사례 중 하나는 알렉스(Alex)일 것이다. 알렉스는 심리학자 아이린 페퍼버그Irene Pepperberg가 수십 년 동안 훈련한 아프리카산 회색앵무이다. 알렉스는 2007년에 사망했으나, 이 앵무새를 대상으로 진행한 수학 실험의 결과는 2012년도가 되어서야 발표되었다. 실험 결과는 놀라웠다. 알렉스가 달성한 학습 수준은 가히 업적이라 할만한 것으로, 호모사피엔스Homo sapiens 이외 다른 종에서는 볼 수가 없는 수준이었다. 먼저 여러 실험을 통해 알렉스는 꾸준히 소리내어 숫자를 말하고 순서를 세는 모습을 보여주었다. 더욱 대단한 점은 8개 정도의 많은 사물을 보여주었을 때도 그 수량에 해당하는 숫자를 말했다는 것이다. 그러나 가장 놀라운 결과는 따로 있었다. 알렉스는 0개부터 6개까지의 물체를 더할 수 있었고, 대부분 정답을 말했다. 동료 검토(peer review)를 마친 또 다른 동물 연구 사례인 셰바(Sheba)라는 이름의 침팬지 역시 꾸준히 두 개의 수량을 더할 수 있었다. 알렉스와 셰바처럼 잘 훈련된 '천재' 동물들은 아주 정확한 수학적 능력을 갖고 있는 것으로 보인다. 이 능력을 통해 알렉스와 셰바는 3보다 큰 수량도 정확하게 구별할 수 있었다. 동물 종과 뇌의 크기에 상관없이 훈련받지 않은 동물에게서 이러한 능력을 찾아볼 수 없다는 점에서 이러한 결과는 충격적이다. 기억해야 할 것은 앞서 소개한 알렉스와 셰바는 '천재'로 불리기 전에 모두 엄청난 양의 훈련을 소화했다는 사실이다. 연구자들은 이 동물들이 수량 기호에 익숙해지게 하는 데 수년에서 수십 년의 시간을 투입해야 했다. 이 동물들은 숫자도 배웠다. 알렉스의 사례에서 알 수 있듯이, 일부 동물들은 꾸준한 훈련을 받으면 숫자를 익힐 수 있다. 인간의 아이들이 학습을 통해 3보다 큰 수량을 상징적으로 익히는 것과 마찬가지이다.[21]

이러한 연구를 통해 밝혀진 놀라운 사실은 다른 동물 중에서 최소한 몇 개의 종은 인간이 발명한 숫자를 익힐 수 있다는 것이다. 이와 관련하여 페퍼버그는 알렉스와 셰바를 거론하며 이렇게 언급하였다. "수량을 아라비아 숫자나 언어적 숫자를 이용하여 상징적으로 표현하도록 훈련받은 이러한 동물들은 숫자들을 주어진 수량의 기수 값에 정확하게 대응시키는 것으로 보인다."[22] 따라서 침팬지와 앵무새가 훈련을 통해 더 큰 수량의 추상적 개념을 형성할 수 있다면, 그러한 개념의 형성을 가능하게 해주는 것이 바로 인간이 발명한 숫자이다.

5, 6, 7장에서 우리는 숫자가 없는 문화에 속한 성인들, 아직 언어를 습

득하지 못한 아기들, 그리고 다양한 동물 종들이 모두 수량을 어림할 줄 안다는 것을 확인하였다. 또한, 작은 수량은 정확하게 인지하는 것도 관찰할 수 있었다. 이와 같은 어림수와 정확한 수를 다루는 능력은 더 정교한 수준의 수량적 사고를 구축하는 데 중요한 토대가 된다. 하지만, 아직 미숙한 상태인 이러한 토대를 근간으로 수량적 사고를 구축하려면 상징적인 도구, 즉 숫자(수량을 말 또는 글로 나타내는 상징적 기호)를 사용할 줄 알아야 한다. 이 책의 3부에서는 숫자가 발명되었을 법한 경로를 조사하고, 숫자가 인간의 경험에 어떻게 큰 영향을 미쳤는지 알아본다.

3부

숫자와 우리 삶의 형성

VIII

숫자와 연산의 발명

언어의 패턴은 사고의 패턴을 낳는다. 다양한 연구를 통해 학자들은 언어의 차이가 언어 사용자의 인지 습관에 미묘한 차이를 만들어 낼 수 있다는 점을 밝혔다. 일반적으로 언어적 상대성(linguistic relativity)이라고 하는 이러한 발견은 공간 인식, 시간 인식 및 색상 분류와 같은 수많은 관련 주제의 연구를 뒷받침했다. 예를 들어, 1장에서 살펴본 바와 같이, '어디'에 미래와 과거가 '존재'하는가에 대한 우리의 인식은 우리가 사용하는 언어에 따라 달라진다. 마찬가지로, 색상을 기억하고 구별하는 방식 또한 색상을 모국어의 기본적인 어휘에 따라 조금씩 달라진다. 전 세계의 다양한 사례를 살펴본 결과, 우리는 숫자 언어 또한 우리의 사고방식을 다르게 변화시킬 수 있다는 사실을 확인하였다. 전 세계 언어에 대부분(전부는 아니다.) 존재하는 숫자단어는 수량의 인식에 확실히 영향을 미친다. 숫자단어와 계산에 익숙한 사람들만이 대부분 수량을 정확하게 구별할 수 있다. 물론 언어에 존재하는 숫자가 수량과 관련한 사고에만 영향을 주는 것은 아니다. 연산과 수학의 세계를 향한 문도 열어준다. 그러한 문을 통과하는 첫 단계는 어떤 수량이든 크기와 관계없이

정확하게 구별할 수 있다는 사실을 깨닫는 것이다.[1]

그런데 숫자는 이 문을 처음에 어떻게 여는 것일까? 우리가 그 문을 통과한 다음에는 어떤 일이 벌어질까? 3부에서는 이 궁금증에 대한 답을 찾아본다. 이 장에서 먼저 생각해 볼 문제는 이것이다. 수를 세는 단어와 기본적인 연산은 '어떻게' 존재하게 되었을까? 이에 대한 답으로, 여기에서는 인간이 기본적인 숫자단어를 어떻게 발명하였고(그리고 여전히 발명하고 있고), 기본적인 연산 과정의 요소로서 숫자단어를 어떻게 사용하고 있는지 살펴보고자 한다.

자연적 산물이 아닌 숫자

수많은 연구 결과가 우리에게 분명히 말하고 있는 것은 바로 독창적인 인간의 방식으로 수량을 '이해'하기 위해서는 먼저 숫자가 필요하다는 점이다. 그러나 1장에서 먼저 언급하였듯이, 이것은 역설적이다. 수량을 정확하게 판단하기 위해 숫자가 필요한 것이라면, 애초에 그러한 숫자는 어떻게 생긴 것일까? 수량을 인식할 수 없다면, 특정한 품목의 수량을 어떻게 지칭할 수 있을까? 예를 들어, '7개의 사과'가 가리키는 것이 '6개의 사과'도, '8개의 사과'도 아니라면, 우리는 어떻게 처음에 '6', '7', '8'과 같은 숫자를 사용하게 된 것일까?

이 역설에 대해 어떤 사람들은 인간은 선천적으로 숫자의 개념을 구하고자 하는 성향을 갖고 있다고 결론지었다. 이러한 관점에 따르면, 우리는 자연적인 인지발달 과정에서 5, 6, 7 등 숫자를 구별할 수 있어야 한다. 그러나 조금만 더 생각해보면, 이러한 접근도 문제를 안고 있다. 우리가 서로 다른 크기의 대상을 별도의 추상적인 독립체로 인식하는 경향이 있다면, 이러한 성향의 한계는 어디까지일까? 예를 들어 1,023이 1,024가 아니라는 사실을 우리는 자연스럽게 인식할 수 있다는 말일까? 이것은 상당히 믿기 어려운 일이다. 아예 모든 숫자의 개념을 타고 난 것이라는 주장도 이러한 역설에서 자유롭지 않다.

언어학자 제임스 허포드James Hurford는 언어와 숫자를 다룬 그의 최고의 역작에서 숫자단어는 "숫자로 표시되는 비언어적 실체를 위한 명칭"이라고 지적했다.[2] 즉, 숫자단어는 개념적 실체에 이름을 붙인다. 이와 관련한 맥락에서, 고고학자 카렌리 오버만 또한 최근에 이렇게 언급하였다. "수량의 개념이 반드시 특정한 어휘보다 선행되어야 한다. 그렇지 않으면, 이름을 붙일 대상이 존재하지 않게 된다. 발명의 방법은 그것이 발명한 것을 전제할 수 없다."[3] 오버만의 주장은 이해할 만하지만, 이렇게 되면 우리가 5부터 7장까지 검토했던 광범위한 증거가 힘을 잃을 수 있다. 우리가 살펴본 증거에 따르면, 3보다 큰 수량을 가리키는 단어는 단순히 기존 개념에 이름을 붙이는 것이 아니다. 대부분의 사람들에게 이러한 개념은 실제로 숫자를 학습한 후에야 존재하는 것이기 때문이다.

바로 이 문제가 이러한 역설을 해결할 수 있는 열쇠이다. 3보다 큰 수량을 일컫는 단어들은 정확한 수적 추상화를 구체화하는데, 이러한 과정을 모든 사람이 항상 거치는 것은 아니다. 일관적이지도 않다. 그중에 어떤 이들은 결국 숫자를 발명하였을 것이다. 그렇지 않으면 일시적으로 형성된 추상적 개념을 다른 이들에게 전달할 방법이 없다. 이처럼 쉽게 지나칠 수 있는 자각에 숫자라는 이름을 붙이게 되면서, 사람들은 마침내 수량의 차이를 일관성 있게 인식하게 된다. 나는 이러한 일관성이 숫자를 이해하는 데 중요한 요소라고 본다. 한 집단으로서 인간은 일관성은 없더라도 단순하지만 강력한 자각을 보여준다. 이러한 자각을 통해 인간은 3보다 큰 수량도 정밀하게 구별할 수 있게 된다. 우리가 기록으로 확인할 수 있는 경우보다 훨씬 더 많은 사례에서 이러한 자각은 더 큰 수량을 표시하기 위한 상징의 발명으로 이어져 왔다. 이러한 상징은 자연스럽게 어휘로 표현된다. 많은 문화가 전통적으로 문자화된 숫자나 정교한 계산 체계를 갖고 있지 못한데도, 전 세계 문화 중 압도적으로 많은 사례에서 수량과 관련한 단어를 갖고 있다는 사실이 이를 증명한다. 어떤 사람들은 확실히 더 많은 수량의 존재에 대한 일시적인 인식을 구체화하기 위하여 숫자를 발명하였다.

그렇다면 숫자단어는 단순히 개념에 이름을 붙이는 역할을 한다는 것일까? 그렇지는 않다. 진실은 이러한 역설에 따라 가정할 수 있는 억지스러운 이분법적인 선택보다 좀 더 미묘해 보인다. 숫자단어는 단순히 이름을 붙이는 것이 아니라, 어떤 사람들이 어떤 시간을 만들어 내는 개념적 자극을 묘사한다. 여기에서 이름이란 우리가 모두 생각하는 어떤 것의 추상적인 개념을 명시하는 것을 의미한다. 즉, 문화적 환경에 상관없이 모든 인간은 (적어도 결국에는) 인식할 준비가 되어 있는 존재라는 말이다. 그러나 성인이라 하더라도 모든 인간이 그러한 개념을 갖고 있는 것은 아니며, 더욱이 사람들은 대부분 그러한 개념을 숫자로 표시할 수 있다는 자각에 도달하지 못한다. 하지만, 어떤 사람들은 일관성은 떨어지더라도 아주 분명하게 그러한 자각을 구체화할 수 있다. 사람들이 그러한 자각을 결국 단어로 표현하게 된 시점에 숫자가 발명되었다. 사람들이 이름 붙인 개념은 그와 관련한 단어들을 통해 그들 문화의 다른 구성원들에게 무의식적으로 인식되었다. 즉, 숫자단어는 추상적인 개념을 쉽게 전달하거나 차용할 수 있는 도구인 셈이다.

여기에서 제시하고 있는 전반적인 설명은 절대 급진적인 것이 아니다. 사실, 그것은 새로운 단어로 묘사되는 수많은 인간의 자각에도 비슷하게 적용될 수 있다. 단어는 선천적인 개념이 아니라 새로 발견된 개념과 자각을 지칭하기 위해 개발되거나 발명된 것인 경우가 많다. '전구'의 예를 들어보자.

19세기 후반에 많은 발명가들은 전기가 금속 필라멘트를 통과하면 백열이 발생한다는 사실을 알게 되었고, 이 짧은 수명의 전구와 관련한 다양한 특허를 출원하였다. 토마스 에디슨Thomas Edison과 그의 직원들은 필라멘트를 진공 유리 전구에 넣는 기술을 개선하여 전구의 수명을 훨씬 더 오래 연장할 수 있었다. 어떤 의미에서, 이러한 광원(光源)의 발명은 간단한 자각, 즉, 전선을 주변 공기와 접촉하지 않게 하면 훨씬 더 오래 밝힐 수 있다는 깨달음에서 시작된 것이었다. 이 간단한 자각은 다른 사람들에게도 쉽게 이해되었고, 의심할 바 없이 그 결과 탄생한 기기에 쉽게 이름을 붙일 수 있었다. '전구light bulb'라는 복합어의 의미 또한 쉽게 받아들여졌다. 단순함의 미덕이란 원래 이런 것이다. 이 명확한 개념과 '전구'라는 용어는 그렇게 대부분 사람에게 통할 수 있었다. 아마 이를 두고 모든 사람이 선천적으로 전구를 이해하고자 하는 성향을 갖고 있기 때문이라고 주장할 사람은 아무도 없을 것이다. '전구'는 이해하기 어려운 특정한 개념을 가리키는 용어이지, 자연적으로 존재하는 개념이 아니기 때문이다. 이와 마찬가지로, 숫자단어도 단순한 자각에 붙여진 이름이다. 인간이 이러한 자각을 할 수 있도록 타고난 것은 아닐 수 있지만, 다른 이들에 비해 새로운 것을 인지하는 능력이 뛰어난 사람들이나, 언어적 수단을 통해 깨닫는 사람들도 존재할 수 있다. 프롤로그에서 언급한 바와 같이, 우리 인류를 특별하게 만드는 것은 인류의 발명 자체보다, 언어적 특성으로 인하여 발명한 것을 후대로 전해주고 이를 공유하는 능력이 탁월하다는 점이다 ("나는 발명가라기보다 스폰지에 더 가까웠다."라고 언젠가 에디슨도 이렇게 언급했다).

　　따라서 우리는 머릿속을 맴돌며 이름이 붙여지길 기다리는 '전구'와 같은 개념을 본래 갖고 있는 것은 아니다. 6, 7, 8과 같은 개념 또한 마찬가지이다. 숫자를 발명하기 전에 우리는 우연한 경험을 통해 이름을 붙일 수 있는 정확한 수량(3보다 큰)이 존재한다는 사실을 인식해야 한다.

연구 결과에 따르면, 문법적인 숫자(예를 들어, 복수와 단수의 차이)는 '여섯', '일곱'과 같은 어휘와 기원이 다르다. 4장에서 살펴본 바와 같이, 전 세계의 언어에서 문법적인 숫자의 구별은 1, 2(그렇게 흔하지 않다.), 3(이 경우는 드물게 발견된다.)을 서로 차별화하거나, 더 큰 모든 수량으로부터 다르게 취급한다. 우리의 뇌가 선천적으로 그러한 수량을 구별할 수 있는 능력이 있다고 가정한다면, 그러한 구별은 이미 존재하는 개념에서 비롯된 것처럼 보인다. 자연적인 개념에 붙인 이름인 '하나', '둘', '셋'과 같은 작은 숫자에 대해서도 같은 설명을 할 수 있을 것이다. 이렇게 작은 수량을 가리키는 개념은 명확한 신경생물학적 기반을 갖고 있으며, 여기에 이름을 붙인 단어들은 전 세계 언어에서 대부분 발견한다. 같은 언어 안에서도 이러한 단어들은 더 큰 수량의 단어들과 다른 역사적 근원을 갖는다. 이와 관련하여 심리학자 스타니슬라스 데아헨은 다음과 같이 지적한 바 있다. "하나, 둘, 셋과 같은 수량은 굳이 세어보지 않아도 우리의 뇌가 자연스럽게 셈을 하는 자각적 특징을 지니고 있다."[4] 즉, 더 큰 수량을 가리키는 다른 숫자단어들은 신경생물학적 기초를 공유하지 않고, 별 노력 없이 자연스럽게 계산되는 것도 아니다. 호모사피엔스가 숫자를 발명할 수 있었던 여지는 신경생물학적인 기초보다 언어, 그리고 문화의 상징적 측면에서 비롯된 것으로 보인다. 단, 문화마다 지극히 다양한 더 큰 숫자단어들의 복잡성과 발명의 배경을 고려할 때, 이러한 가능성을 탐구하는 작업은 그리 간단한 문제가 아니다. 그러나 3장에서 이미 살펴본 바와 같이, 이러한 교차언어적 변이가 마냥 무작위로 일어나는 것은 아니다. 다양성 뒤에 숨겨진 근본적인 경향은 분명히 존재한다. 즉, 인간이 불현듯 자각하는 수량을 표시할 기호는 다양한 경로로 발명될 수 있겠지만, 일반적으로 인간이 사용하는 숫자와 관련한 기호는 손을 바탕으로 만들어졌다. 손에서 착안한 기호의 발명은 특히 4보다 큰 숫자에서 결정적인 역할을 한다.

호주의 단어 숫자에 관한 최근의 한 연구에서, 언어학자 케빈 조우Kevin Zhou와 클레어 보원Claire Bowern은 우리가 살펴본 숫자단어의 특징을 더욱 일관성 있게 설명할 수 있는 흥미로운 패턴을 발견하였다. 즉, 1에서 3까지 수량에 해당하는 숫자단어는 더 큰 수량의 숫자단어보다 더 기초적인 위치에 있다는 것이다. 조우와 보원은 자신들이 분석한 언어들에서 4에 해당하는 숫자단어가 더 작은 숫자에 기초하여 형성되는 경우가 많다는 것을 발견하였다. 3장에서 우리는 아마존의 자라와라어에서도 이와 같은 패턴을 이미 확인했다. 자라와라어로 4는 'famafama'이다. 'fama'가 2를 뜻하므로, 4는 2를 두 번 쓴 것이 된다. 이와 유사한 패턴은 아마존, 호주는 물론, 그밖에 다른 지역의 많은 언어에서도 발견된다. 즉, '4'에 해당하는 숫자단어의 형성에서 발견되는 공통적인 원칙은 이것이 1에서 3까지 숫자단어에 비해 이름을 붙이기 어려운 개념임을 암시한다. 그렇다면 사람들은 다소 어려운 이 개념을 쉽게 사용하기 위해 더 단순화한 이름을 붙이고자 했을 것이다. 그러나 더 작은 숫자를 조합하여 '4'의 이름을 만들 수 있다 하더라도, 이것은 변칙적인 숫자이다. '4'보다 큰 수량의 숫자단어는 2와 같이 더 기본적인 수량을 간단히 조합하는 방식이 아니라, 어떻게든 손을 이용하여 이름을 붙이는 것이 일반적이다. 시간이 흐르면서 숫자단어가 상실되거나 더 추가될 수 있지만, 호주 지역의 언어들을 조사한 조우와 보원은 '5'의 숫자단어가 일단 도입된 후에는 5보다 큰 숫자단어들이 상대적으로 빠르게 습득되는 경향이 있다고 결론 내렸다. 호주에서 가장 광범위하게 분포된 어족에서 '5'에 해당하는 숫자단어의 어원은 '손'과 관련이 있다. 전 세계의 수 체계 중 대다수가 5진법 및 10진법에 기반을 두고 있다는 점과 관련하여, 이러한 발견은 손에 근거를 둔 숫자 '5'가 더욱 생산적인 수량 인식의 기초로서 역할을 한다는 것을 암시한다. 이러한 단어는 새로운 형태의 수적 사고로 진입하는 관문이 되는 경우가 많다.[5]

우리의 신체는 '4'보다 큰 숫자단어 중 많은 단어의 기초가 된다. 사람들은 작은 수량을 셀 때는 손가락마다 개수를 하나씩 대응하여 셀 수 있다는 것은 알게 된다. 이처럼 손가락으로 수를 세는 관습을 통해, 많은 사례에서 손과 관련한 단어는 숫자단어와 밑의 역사적 기원으로 작용하게 되었다. 그런데, 더 큰 숫자에 대한 이러한 설명은 몇 가지 중요한 문제를 간과할 수 있다. 이를테면 다음과 같은 질문들이다. 애초에 손가락의 수와 대응하는 수량 사이의 관계는 어떻게 성립된 것일까? 언어를 아직 습득하기 전 단계는 어린 아이들이나 니카라과의 가정 수화자들, 또는 문두루쿠족과 같이 숫자를 모르는 사람들이 더 큰 수량의 인지를 어려워한다면, '숫자를 발명한 사람들'은 특히 5개나 10개 단위로 셀 수 있는 대상과 손가락의 정확한 대응 관계를 어떻게 인지하게 된 것일까? 정교한 수적 사고로 나아가는 과정에서 손가락은 정말 그렇게 특별한 의미를 갖는 것일까?[6]

여기에서 우리는 적어도 두 가지 이유를 생각해볼 수 있다. 첫째, 손가락은 우리가 일상에서 경험적으로 가장 흔하게 접할 수 있으면서도 가장 기본적으로 구분 가능한 단위이다. 6장에서 언급했듯이, 우리는 자궁 속에 있을 때부터 손가락을 인식한다. 세상에 태어난 뒤에도 갓난아기들은 손에 집착을 보이며 손가락을 빨고, 스스로 통제하에 조작하거나 움직일 수 있다는 것을 자각하면서 더욱 손에 집중하게 된다. 이처럼 손가락은 우리 삶의 모든 단계에서 놀라운 존재이다. 무엇보다, 우리와 유사한 수 인식 능력을 선천적으로 공유하는 다른 동물들은 우리와 같은 수준으로 기능하는 손가락을 거의 갖고 있지 않다. 그나마 인간과 가장 유사한 고릴라, 긴팔원숭이, 침팬지를 비롯한 다른 유인원을 떠올려 보자. 우리처럼 완벽한 이족 보행을 하지 않은 이 동물들은 빠르게 이동할 때 앞발로 땅을 짚을 때가 많다. 반면, 우리는 주로 도구를 만들거나 사용하기 위한 목적으로 손을 사용한다. 더 정교한 손놀림이 필요한 특수한 목적까지 포함하면 우리의 손가락의 사용범위는 더욱 넓어진다. 우리는 다른 어떤 종보다 손가락에 집중한다. 이러한 특징은 우리의 손과 숫자가 애초에 어떻게 관련성을 갖게 되었는지에 대한 답이 될 수 있다.

우리의 일상적인 삶에서 손가락의 중요성이 이처럼 크지만, 단순히 경험적으로 자주 접할 수 있는 편재성이 숫자를 발명한 사람들이 다른 대상물의 특정한 수량과 손가락 개수 사이의 대응 관계를 인지하게 하는 유일한 동기라고는 볼 수 없다. 이 점에서 손가락이 그처럼 중요한 역할을 하는 두 번째 이유를 생각해 볼 수 있다. 즉, 손가락은 자연발생적으로 대칭적인 대응 관계를 보여준다는 것이다. 이 점은 아직 이 책에서 우리가 논의하지 않았다. 우리는 끊임없이 우리의 손에 집중하며 손가락과 상호작용할 뿐 아니라, 시각 및 촉각적 경험을 통해 다른 사물과 일대일대응 관계를 갖는 손가락의 잠재적 기능에 지속적으로 노출된다. 짝을 이루는 우리의 두 손만 보아도 모양이나 양손의 손가락 개수가 서로 대칭을 이루기 때문이다. 우리의 손과 손가락의 대칭, 그리고 우리가 손에 집중하는 만큼 자주 노출되는 이러한 대칭성의 경험을 통해 많은 사람들은 양손이 각각 5개의 수량과 가질 수 있는 잠재적인 대응 관계를 인식하게 되었을 것이다.

어떤 사람들은 다섯 손가락과 같은 수량의 신체 외적 사물의 대응 관계를 자각했을지 모른다. 이 단계에서 각 손의 손가락의 동수성에 따라 최초의 이름이 붙여졌을 수도 있고, 그렇지 않을 수도 있다. 이러한 물체와 손가락의 일대일대응은 작은 사물을 손바닥에 올려놓고 손가락과 하나씩 정렬해 보며 이해했을 가능성이 크다. 숫자 발명자가 어떤 경로로 이러한 관계를 자각한 것이든, 정교한 수 체계의 발명은 일반적으로 다섯 손가락과 특정한 대상물의 수량적 등가성에 의존한다. 양손 손가락 개수의 등가성도 여기에 포함된다. 오랜 역사를 거치며 사람들은 수량 사이에 규칙적인 대응 관계가 있다는 것을 인지하였고, 그러한 수량은 서로 일치한다는 것을 깨닫게 되었다. 이러한 자각에 따라 특정한 수량에 붙여진 이름은 각자의 언어에서 '손'에 해당하는 단어를 따른 경우가 많았다. 이를 계기로 사람들은 다른 수량들도 인식하고 이를 표시하기 위한 기호를 발명하였다. 이러한 기호를 이용하여 이제 사람들은 다른 사람들의 정신에도 필요한 정보를 전달할 수 있게 되었다.

새로운 숫자단어를 채택한 사람은 이제 더 큰 숫자단어를 생성할 수 있다. '2'를 뜻하는 '둘'과 '5'를 뜻하는 '손'을 합하여 '둘손'이라는 단어를 만들 수도 있을 것이다. 물론, 이때 '둘손'은 '7'을 의미한다. 시간이 지나면서 이러한 단어의 연습은 더 큰 생산성으로 이어지고, 다양한 맥락에서 이 단어들은 다른 숫자와 짝을 이뤄 더 많은 수량에 이름을 붙일 수 있게 된다. 같은 언어를 사용하는 사람들은 이러한 혁신을 새로운 방향으로 확대할 수도 있을 것이다. 예를 들어, 누군가는 우리 몸에서 출발한 숫자단어에 기초하여 '열', '스물'과 같은 단어도 만들지 모른다. 사람들은 다양한 경로로 숫자단어들을 조합, 변형, 차용, 또는 확장한다. 숫자의 유용성과 다양한 탄생의 경로를 감안할 때, 대부분 상황에서 숫자단어는 인구집단 전체에 확산되었을 것이다. 이러한 단어는 차용어, 또는 어의 차용어(calque, 다른 언어에서 사용되는 어구의 의미를 차용하여 만든 어구 - 역주)로서 새로운 언어에 등장할 수 있다. 즉, 통문화적으로 채택되는 개념을 사용하려면 이를 가리키는 새로운 단어가 필요하게 된다.

우리는 양손의 열 손가락이 서로 대칭적이고, 이러한 손가락의 개수와 같은 수량을 가진 사물의 대응 관계를 자각함으로써 선천적인 수 감각 능력을 넘어설 수 있었다. 하지만, 우리가 살펴보았듯이 일부 언어에는 견고한 수체계가 없다. 손이나 손가락을 기준으로 만들어진 숫자가 존재하지 않는 언어도 존재한다. 그럼에도 불구하고, 이러한 자각은 4보다 큰 수량과 관련하여 언어적으로 흔히 나타나는 요소이다(어떤 의미에서는, 우리가 한 손에 있는 다섯 손가락과 다른 한 손의 다섯 손가락을 동일시하는 것과 관련한 해부학적 집착을 고려할 때, 모든 집단의 사람들이 손을 참조하여 더 많은 수량의 이름을 짓지 않는다는 것은 주목할 만한 일이다). 궁극적으로, 정확한 큰 수량이 존재한다는 사실의 발견, 그리고 그에 따른 대부분 숫자의 발명은 우리의 직립보행(bipedalism)의 우연한 산물이다. 즉, 직립보행으로 인해 자유로워진 두 손에 더욱 집중할 수 있게 된 인류는 양손의 손가락 개수가 서로 대칭된다는 사실은 물론, 손가락과 다른 셀 수 있는 사물의 일대일대응 관계까지 인식하게 된 것이다. 이처럼 우리의 손은 숫자의 기원을 추적하는 우리의 여정에서 이 새로운 개념을 가장 자연스럽게 떠올릴 수 있는 방향을 제공한다.[7]

뇌를 제외한 우리의 신체 특징으로 인하여 발현한 수량에 대한 우리의 감각은 '체화된 인지'로 알려진 더 큰 맥락의 현상을 살펴볼 수 있는 한 예이다. 지난 수십 년 동안 철학자, 심리학자, 언어학자를 비롯한 많은 학자들은 수많은 인간의 인지과정이 인간의 신체 경험적인 특징에 기반을 두고 있거나, 적어도 그러한 특징으로 인하여 촉진된다고 지적했다. 최근에 급성장하고 있는 체화된 인지에 관한 연구는 우리 신체의 해부학적 특징과 기능에 따라 다양한 사고 과정이 제한되거나 강화된다는 것을 입증하고 있다. 이 책에서 이러한 과정을 길게 소개할 수는 없지만, 1장에서 우리가 이미 논의했던 시간적 인지 사례를 잠시 되짚어 보자. 영어를 사용하는 사람들은 미래가 앞에 존재한다고 생각한다. 즉, 우리가 걸을 때 과거의 순간은 물리적으로 금방 지나친 우리 뒤의 공간에 남고, 미래의 순간은 우리 몸이 지금 향하고 있는 공간에 존재하는 것으로 본다. '미래가 다가온다'라는 은유적 표현도 이와 같은 물리적, 신체적 관점에서 시간의 존재를 생각한 결과이다. 한 문화에서 공유하는 시간에 관한 이러한 관점은 체화된 사고의 좋은 사례이다. 시간의 진행에 대한 우리의 해석은 우리 몸이 작동하는 방식에 의해 영향을 받기 때문이다. 비슷한 맥락에서, 과거 사람들이 '다섯 개의 사물은 마치 한 손과 같다'라는 자각을 바탕으로 숫자를 발명하는 과정에서, 신체는 이러한 인지적 과정을 가능하게 하는 매개체가 되었다. 이제 그들의 수 인지는 손을 통해 환유적으로 체화된다. 오랫동안 언어학자들은 수 체계가 5진법이나 10진법, 20진법(또는 이러한 진법을 혼합한 형태)에 기초한 경향이 있음을 인정하였지만, 수량을 인지하는 체화된 사고가 숫자의 발명에 미친 영향은 과소평가하는 경향이 있었다.[8]

단순한 셈을 넘어

손과 관련한 수 개념에 대해 살펴보았지만, 사실 지금 우리가 알고 있는 다양한 숫자 기반 개념은 손으로부터 영감을 받지 않은 경우가 많다. 손가락과 기본적인 숫자단어는 전 세계 어디에서나 보편적으로 관찰되지만, 정교한 수학적 지식은 비교적 소수의 문화에서 독립적으로 발전해왔기 때문이다. 손에 기반을 둔 기본적인 숫자들이 아주 큰 숫자의 발명으로 반드시 이어지는 것은 아니다. 어떤 언어에 '다섯'이나 '열'과 같은 단어가 있다고 해서, 이 언어에 '천'이나 '백만'과 같은 단어가 있다고 단정할 수는 없다. 기본적인 숫자단어는 더 크고 복잡한 숫자의 정교화를 위한 필요조건일 뿐이지, 충분조건은 아니다.

다른 많은 종류의 숫자들 또한 한 언어에서 기본적인 단어의 도입을 반드시 전제하는 것은 아니다. 해부학적 경로는 '5', '6', '10', '20'과 같은 '원형적인 세는 수'라고[9] 하는 간단한 정수를 낳지만, '0'과 같은 숫자를 동반하는 것은 아니다(0에 대해서는 9장에서 논의한다). 분수나 음수, 무리수, 피보나치 수열(Fibonacci Sequence)과 같은 경우도 마찬가지이다. 기본적인 숫자단어가 존재하는 모든 문화에서 이처럼 복잡한 수학적 개념이 뒤따르는 것은 아니다. 그렇다면, 우리는 다시 자연스럽게 또 다른 의문을 갖게 된다. 우리는 원형적인 정수에서 출발하여 어떻게 다른 모든 종류의 숫자나 수학적 개념까지 도달할 수 있었을까? 산술적 진화는 이 책의 범위를 벗어나므로 자세하게 살펴보지는 않을 것이다. 그러나 인간이 원형적인 정수를 통해 덧셈, 뺄셈, 곱셈과 같은 핵심적인 수학적 개념을 발명한 과정에서 관찰되는 몇 가지 주요 요소는 언급할 가치가 있다. 결국, 이러한 수학적 개념이 이후 인간의 다양한 기술 발전에서 중추적인 역할을 하였기 때문이다.

이와 같은 수적 개념의 확장에 대한 논의는 우리에게 다시 한번 이 책의 주제를 상기시킨다. 즉, 인간은 삶에서 쉽게 관찰할 수 있는 물리적이고 구체적인 근거를 통해 추상적인 개념을 이해한다. 시간에 대한 은유적 표현과 손에서 출발한 숫자의 여정은 결국 우리 몸의 구조와 작동 방법에 근거하는 것으로, 기본적인 산술적 인지능력이 우리의 신체적 경험에 바탕을 두고 있음을 설득력 있게 보여준다. 즉, 원형적인 정수에서 출발한 복합적인 수학 개념의 진화는 많은 면에서 우리의 신체적 특징에서 비롯된 은유적 사고에 대한 인간의 깊은 관심으로 이어진다.[10]

이제 신체적 근거에서 출발한 두 가지 핵심적인 은유적 사고에 대해 이야기해보자. 첫 번째는 바로 단순하게 개념적인 은유이다. 이러한 은유적 사고의 사례는 어떤 언어에서든 다양하게 발견할 수 있다. 영어에서 두 가지 예를 생각해보자면, 감정적인 분위기를 온도와 관련한 용어로 표현한다거나, 부정적인 상황을 묘사할 때 '아래로, 낮게'라는 의미인 'down'을 사용하는 경우를 들 수 있다. 감정적 분위기를 표현하는 경우, 우리는 어떤 사람의 성품을 설명할 때 그 사람이 '따뜻하다(warm)'거나 '차갑다(cold)'라고 표현할 수 있다. 이때 '따뜻하다'는 말은 그 사람이 친절하고 누구나 반갑게 맞이한다는 의미를 암시한다. 부정적 상황을 묘사할 때 'down'을 사용한 은유적 표현은 어딘가 아래에 짓눌리거나 파묻힌 듯한'우울한(down in the dumps)' 느낌을 말할 때 확실히 효과적이다(물리적으로 '아래'에 있는 것과 슬픈 감정 사이의 은유적 연결은 죽음이나 매장과 지하로 내려가는 이미지 사이의 경험적 연상에서 비롯된 것이다).

두 번째 종류의 은유적 사고는 언어학자들이 허구적 이동(fictive motion)이라고 하는 것이다. 우리는 정신적으로 어떤 사물을 그릴 때 그것이 움직인다고 여긴다. 이를테면, 다음과 같이 말하는 식이다. "마이애미의 고층건물들이 비스켄인 만을 따라 줄지어 있다." 고층건물이 실제로 동작을 취할 수 있는 것은 아니지만, 이 문장에서는 마치 건물들이 자발적으로 움직이는 것처럼 묘사된다. "페루와 브라질의 국경이 아마존을 가로지른다."라고 말하는 것도 마찬가지이다. 이와 같은 신체적 근거에 따른 단순한 은유와 허구적 이동은 모두 수학적추론 구성의 중심이 된다.

캘리포니아 대학교 샌디에이고의 저명한 인지과학자 라파엘 누네즈를 비롯한 이 분야의 연구자들은 단순한 은유와 허구적 이동이 산술적 개념을 구조화하는 데 도움이 된다는 증거를 제시하였다. 이들에 따르면, 덧셈과 뺄셈식의 형성과정에서 숫자 사이의 관계를 구성하는 핵심적인 구심점은 바로 '연산은 대상물의 모음(object collection)'이라는 은유적 표현으로 이해할 수 있다.[11] 다시 말해, 사람들은 대상물의 관점에서 숫자를 생각하고, 이 추상적 개념을 더 구체적이고 실재하는 대상으로 전환한다. 이러한 은유적 방향과 관련한 일부 증거는 덧셈/뺄셈과 우리 주변에 실재하는 대상물을 묘사할 때 등장하는 중복적 표현이다. 우리는 '2와 5를 더하기(adding)', '버거에 치즈를 더하기', '샐러드에 소금을 더하기', 또는 '방에 또 다른 가구를 더하기'와 같이 말할 수 있다. 그런가 하면, '3에 3을 추가(addition)하면 6'이라고 하거나, '새로 산 페라리는 그의 자동차 컬렉션에 훌륭한 추가 수집품'이라고 말할 수 있다. '3과 5를 합하기(combining)'와 같은 표현은 '설탕, 달걀, 버터를 합하기'와 같은 표현과 중복된다. 이처럼 우리는 뇌의 바깥 세계에서 대상물을 모으듯이, 머릿속에서 숫자를 모을 수 있다. 반대로, 우리가 현실에서 대상물을 분리하는 것처럼, 숫자도 분리한다. 그래서 '기둥을 빼면(take away) 구조가 무너진다.'라거나, '쓰레기를 치워줘서(take away)' 고맙다고 말한다. 이 표현을 연산에 대입하면 '7에서 5를 뺀다.', 또는 '12에서 6을 빼면 6이다.'라고 말할 수도 있다. 또한, '15에서 2를 빼면 13'이라고 말하는 것처럼 '그 의상에서 벨트를 빼면 이상할 것 같다.'라고 말한다. 이러한 예는 얼마든지 계속 들 수 있다. 그러나 이쯤에서 요점은 분명해졌으리라 생각한다. 즉, 대상물을 더하거나 뺄 때 사용되는 많은 언어가 숫자를 더하거나 뺄 때도 공통으로 사용되고 있다.

그러나 대상물과 숫자를 묘사하는 언어적 유사점은 여기에서 끝나지 않는다. 대상물의 크기를 묘사할 수 있듯이, 숫자에 대해서도 '크기'를 말할 수 있다. 우리는 1조 달러가 '아주 큰' 숫자라고 하거나, '7은 15보다 작다.'라고 말한다. '하는 일에 비해 그가 받는 급여는 터무니없이 작다.'라고 말할 수도 있다. 우리는 숫자가 다양한 크기를 가진 조작 가능한 대상물이거나, 서로 비교할 수 있는 대상인 것처럼 말할 때가 많다. 또는, 숫자끼리 결합할 수 있거나, 모을 수 있는 것처럼 말하기도 한다. 이러한 은유적 사고는 너무나 자연스러운 것이어서, 우리는 일상적으로 이러한 표현이 사용되고 있다는 것조차 인식하지 못할 때도 있다. 산술적 언어가 이처럼 자연스럽게 느껴지는 것은 그만큼 숫자의 발명이 우리의 신체에 크게 의존하고 있기 때문일 수 있다. 또 다른 이유로는 많은 인지적 영역에서 우리가 추상적 개념이 마치 물리적 세계의 요소인 것처럼 생각하고 말할 때가 많기 때문일 것이다. 이러한 은유적 전이(metaphorical transfer)를 통해 우리가 추상적인 개념을 더 능수능란하게 다룰 수 있게 된다. 물리적 대상물로서 숫자를 생각하면 개념을 추상화하는 것보다 더 명확하게 시각화할 수 있다. 이렇게 인식된 개념은 쉽게 기억, 재현 및 조작될 수 있다.

허구적 이동은 또한 산술적 전략의 발전에도 상대적으로 작은 역할을 한다. 이러한 역할에서 뚜렷한 은유는 '산술의 경로를 따라가는 이동'이라고 표현될 수 있다.[12] 기본적인 아이디어는 이렇다. 많은 사람들(특히 영어 사용자들)은 일직선에서 숫자를 표현하고, 움직임 또한 이러한 선을 따라 묘사한다. 이러한 은유의 언어적 사례는 얼마든지 찾아볼 수 있다. 예를 들어 '101과 102는 아주 가깝다.'라고 말할 수 있다. 만약에 누군가 '10+10'이 무엇인지 물었을 때, '30'이라고 답한다면, 질문한 사람은 '답과 거리가 멀다.'라고 말할 것이다. 교실에 학생들이 제법 많이 모여 있는 것으로 보이면, 우리는 '20명 언저리'의 학생들이 있다고 말할 수 있다. 그보다 적은 수의 학생들이 있는 것 같다면, '20명에 가까운' 학생들이 있다고 말할 것이다. 아이들에게 1부터 100까지 숫자를 빼지 않고 모두 세라고 할 때는 '어떤 숫자도 건너뛰지 말라.'고 할 수 있다. 아이들은 숫자를 거꾸로 세는 '뒤로 세기'를 배우기도 하는데, 이것 역시 숫자들이 선을 따라 앞뒤로 늘어서 있다고 상상하기 때문에 가능한 일이다. 이처럼 자연스러운 언어적 표현은 우리가 그것을 사용할 때 일어나는 일을 모호하게 한다. 그래서 우리는 추상적인 숫자나 수량이 특정한 방향으로 정말 움직이거나, 따라갈 수 있는 선 위에 존재하는 것처럼 여기게 된다. 숫자가 일직선에 존재하거나 조작 가능한 대상물인 것처럼 이해하는 접근은 어디에나 존재하며, 아이들이 다양한 산술적 개념을 더 쉽게 습득하는 데 도움이 된다. 이러한 은유는 교육적 맥락에도 의도적으로 이용된다. 학생들이 수학 교과서에서 물리적 사물과 숫자를 연계하거나 수직선을 접하게 되는 것도 이러한 이유에서이다.[13]

말의 패턴 외에, 말을 할 때 동반되는 몸짓의 패턴은 우리가 숫자를 은유적으로 어떻게 개념화하는지 보여준다. 사람들이 말할 때 하는 몸짓의 분석은 인지과학 분야에서 활발하게 다루어지는 주제이다. 이와 관련한 많은 연구에 따르면, 몸짓은 인간의 인지과정을 들여다볼 수 있는 창의 역할을 한다. 예를 들어, 영어 사용자들이 미래가 앞에 있다고 생각하는 경향은 이들이 미래의 사건에 대해 말할 때 앞을 가리키는 몸짓에 반영된다. 반대로, 이들은 과거에 대해 말할 때는 뒤를 가리킬 때가 많다. 대학생들의 몸짓을 녹화한 영상을 분석한 최근 연구에서는 숫자에 대해 말할 때도 일정한 몸짓이 관찰되었다. 이 학생들은 숫자를 더하는 것에 대해 말할 때는 '모으기' 또는 '경로'를 의미하는 몸짓을 보였다. '경로'를 나타내는 몸짓의 경우, 학생들은 손가락이나 손을 몸의 한쪽에서부터 다른 쪽으로 움직였다. 마치 어떤 선을 따라 숫자가 지나가는 모습을 표현하는 것처럼 보였다. '모으기' 동작을 할 때는 손을 안으로 모으는 모습을 보였다. 이때 학생들은 마치 무엇을 쥐거나 잡는 것 같은 손 모양을 했다. 학생들은 숫자를 더하는 것에 대해 말할 때, 동시에 그리고 무의식적으로 손을 모으거나 허구적인 선을 따라 손을 움직이면서 상상속의 어떤 사물을 모으는 것 같은 동작을 취했다. 은유는 이처럼 숫자로 수학을 구성하는 데 분명한 역할을 하는 것으로 보이지만, 이러한 역할의 범위에 대해서는 더 많은 연구가 필요하다.[14]

인간이 물리적 공간의 관점에서 숫자를 생각하는 경우가 많다는 결론은 숫자와 관련한 다른 가설들도 뒷받침한다. 예를 들어, 사람들은 공간과 숫자 정보가 일치하는 경우 더 빠르게 수학적 판단을 내릴 수 있다. 다음 두 숫자를 보자. 어느 숫자의 값이 더 클까?

7 또는 9

다음 두 숫자 중에서는 어느 쪽의 값이 더 클까?

6   또는   **8**

첫 번째 쌍 중에서 고를 때 시간이 더 걸렸다면, 다른 사람들의 일반적인 사례와 비슷한 반응을 보인 것이다. 아무래도 공간과 숫자 정보는 완전히 분리되기가 까다롭기 때문이다. 실제로, 이러한 혼란은 뇌 영상 연구에서도 나타난다. 사람들에게 어떤 숫자에 집중하거나 숫자를 추론하는 과제를 내면, 이를 수행하는 사람들의 뇌 중에서 특정 부분이 활성화된다. 물리적 크기나 위치를 판단하는 과제를 수행할 때에도, 뇌의 동일한 부분이 활성화되었다.[15]

공간과 숫자의 중복은 반응 부호화와 관련한 공간적인 수적 판단에서도 명확히 드러난다. 이것은 일반적으로 스나크(SNARC) 효과라고 한다(수 인식과 관련한 다른 많은 개념과 마찬가지로 이 용어 역시 프랑스 심리학자 스타니슬라스 데아헨이 처음 사용하였다). 스나크 효과는 피실험자들에게 화면에서 특정한 숫자를 보는 즉시 버튼을 누르게 할 때 관찰된다. 더 큰 숫자의 경우, 피실험자들은 오른손으로 버튼을 누를 때 더 빨리 반응하였다. 더 작은 숫자의 경우에는 왼쪽 손으로 누를 때 더 빨리 반응했다. 이러한 결과는 숫자가 선을 따라 공간적으로 존재하는 것으로 여겨진다는 것을 암시한다. 이 가상의 선에서 더 작은 숫자는 왼쪽에 더 큰 숫자는 오른쪽에 존재한다. 하지만, 오른쪽에서 왼쪽 방향으로 글을 쓰는 일부 문화권에서는 수직선의 방향이 반대가 되고, 이 경우에는 큰 숫자가 왼손 쪽에 있을 때 더 빨리 반응한다. 앞서 언급한 공간적으로 영향을 받는 수적 판단과 같이 공통적으로 드러나는 스나크 효과를 통해 우리는 공간과 숫자가 인지적으로 서로 얽혀있다는 것을 알 수 있다.[16]

산술적 사고의 은유적, 공간적 근거는 이러한 증거를 통해서도 상당한 설득력을 보인다. 그렇다고 해서 은유적 추론이 그러한 사고의 유일한 근거라는 의미는 아니다. 사실, 기본적인 산술을 통한 숫자의 진화나 조작 과정을 한 가지 요소만으로 설명할 수는 없다. 예를 들어, 은유는 문화가 공간의 관점에서 숫자를 어떻게 이해하느냐에 따라 다양하게 나타날 수 있다. 더욱이, 어떤 문화에서는 사람들이 수직선에 숫자를 거의 배열하지 않거나 그러한 이해가 전혀 없다(5장에서 소개한 유프노족의 사례를 보라). 좀 더 기본적인 수준에서, 우리는 이미 일부 언어에 정확한 숫자단어가 없거나 극히 제한적인 범위의 단어만 존재한다는 것을 살펴보았다. 또한, 손에 기반을 둔 숫자의 발명 경로는 흔하게 관찰되지만, 그것만이 유일한 경로인 것은 아니다. 수 체계의 밑수가 항상 이러한 경로에 바탕이 되는 것도 아니다. 예를 들어, 어떤 언어는 6진법에 기초하고 있어서 처음에 숫자 이름을 만들 때 손이나 손가락과 관련한 단어를 이용할 수 없었다(3장을 보라). 언어학자들 사이에서 되풀이되는 명제는 많은 언어에서 어떤 패턴이 발견된다고 해서 그러한 패턴을 섣불리 일반화해서는 안 되며, 이것이 모든 언어에 존재한다고 가정해서는 안 된다는 것이다. 그럼에도 모든 사람이 기본적으로 동일한 구조의 뇌와 신체를 공유한다는 점을 생각할 때, 일반적인 산술 개념과 비슷한 경로가 발견된다는 것은 그리 놀라운 일은 아니다. 그리고 이러한 경로에서 은유적 방식이 포함되는 경우를 자주 볼 수 있다.

수적 사고의 확장을 위한 또 다른 근거는 보다 분명하게 언어학적이다. 언어학자 하이케 비제는 문장구조를 구성하는 구문이 수 개념의 생성을 촉진한다고 주장하였다. 언어 구조를 이용해 우리는 '5', '6'과 같은 숫자 용어를 더욱 생산적인 수 체계로 전환할 수 있다. 결국, 우리는 6이 5보다 하나 크고, 7보다 하나 작다는 것을 이해하게 된다. 바로 따름수 원리를 깨우치는 것이다. 우리가 이러한 자각을 하게 되는 것은 최소한 부분적으로 언어가 우리에게 순서에 따라 다양한 의미를 나타낼 수 있는 기호라는 수단을 제공해주기 때문이다. 다음과 같이 타동사를 포함한 영어 문장의 예를 들어보자. "The crocodile ate a snake(악어가 뱀을 먹었다)." 이 문장에서 개별적인 단어의 의미를 모두 알더라도, 구문적 관습을 알지 못한다면 정확한 뜻을 이해하기 어렵다(우리말은 주로 명사 뒤에 조사가 붙어 다른 말과의 관계를 표시한다. 예시한 문장에서 '가'와 '을'이 조사에 해당한다. 그러나 영어는 조사 없이 단어들이 나열된 형태이므로 영어의 구문을 이해하지 못하면 단어의 의미를 알더라도 문장에서 각 단어가 어떤 역할을 하는지 정확히 알 수 없다는 의미이다 - 역주). 실제로 아나콘다 같은 뱀들은 악어를 잡아먹는다. 그렇다면 우리는 누가 누구를 먹고 있는 것인지 어떻게 알 수 있을까? 결국, 어떤 뱀(아나콘다)은 악어를 먹는다. 그렇다면 단어들이 나열된 것만 보고 우리가 누가 누구를 먹는지 어떻게 알 수 있을까? 이처럼 모호한 해석의 가능성을 안고 있는 문장을 쉽게 이해할 수 있는 것은 바로 영어의 구문론 덕분이다. 즉, 주어는 일반적으로 동사보다 먼저 나오고, 동사는 목적어보다 우선하기 때문에, 앞에서 예시한 문장을 보고 우리는 뱀이 먹혔다는 것을 알 수 있다. 이처럼 순서에 의존한 의미를 숫자단어로 확장하여 생각해보면, 구문론이 우리가 세는 숫자들의 관계를 파악하는 데 어떤 도움을 주는지 이해할 수 있다. 우리가 숫자를 세는 순서를 생성 및 해독하고, 숫자단어에 예측 가능한 의미가 있다고 생각하는 것은 언어학적 구조가 그러한 순서를 이해할 수 있는 근거를 제시해주기 때문인지도 모른다. 이러한 관점에서, 구문론은 문장 안에서 단어가 오는 위치에 따라 의미가 달라질 수 있다는 자각의 기초를 제공해준다.[17]

은유와 구문 등의 요소를 통해 우리 종은 기본적인 숫자를 이용하는 것을 넘어 새로운 방식으로 숫자를 조작하는 방법을 터득할 수 있었다. 이러한 요소들은 원형적인 셈법으로부터 산술적 과정이 어떻게 진화하였는지 설명하는 데 도움이 된다. 그러나 이러한 요소들이 모든 문화에서 반드시 발생하거나, 숫자단어의 발명이 모두 이러한 경로를 따르는 것은 아니라는 점을 다시 한번 분명히 해야겠다. 우리가 타고난 수 개념을 천편일률적으로 "우리가 숫자를 발명한 것은 손가락이 있기 때문이고, 우리는 은유적 표현과 언어를 갖고 있으며, 이러저러해서 결국 미적분학의 기본 정리에 도달하게 된다."라고 말하는 것은 아무래도 맞지 않는다. 문화가 기본적인 산술과 더 복잡한 수학을 발전시키는 정도는 아주 다양하다. 즉, 사회적으로 엮인 많은 요소가 이 과정에서 작용하게 된다. 그럼에도 불구하고, 우리가 논의한 요소들은 수학적 사고의 발전에서 분명히 공통적인 핵심 요소인 것만은 분명하다.

인간의 뇌와 숫자

다른 비인간 영장류에서 보이는 뇌와 신체 크기의 전형적인 비율을 고려할 때, 인간의 뇌는 원래 필요한 정도의 용량보다 예닐곱 배 더 크다. 우리의 뇌 질량 중 약 80%는 대뇌피질에서 발견된다. 약 2~4 밀리미터 두께의 회백질 층이 접혀 있는 피질은 좌우 2개의 반구와 4개의 뇌엽(腦葉)으로 나뉜다. 추정에 따르면, 피질에는 인간의 모든 독창적인 사고를 가능하게 하는 210~260억 개의 뉴런이 존재한다. 지난 수십 년 동안 이처럼 복잡한 우리의 뇌를 탐구한 학자들은 수 인식이 신경생리학적으로 발생하는 과정을 광범위하게 연구하였다. 그 결과, 뇌 영상 연구를 통해 대부분의 수적 사고가 이루어지는 피질의 위치가 파악되었다. 그 위치는 다른 동물들에 비해 특히 발달한 전두엽 피질 영역 아니었다. 대신, 우리의 기본적인 수적 추론은 대부분 4장에서 처음 언급했던 두정엽 내구 영역이었다.[18]

인간의 선천적 숫자 감각이 다른 영장류의 감각과 다르지 않다는 점을 감안할 때, 우리와 유전학적으로 가까운 종의 뇌에도 존재하는 영역에서 우리의 수적 사고가 대부분 이루어진다는 사실은 놀라운 일은 아니다. 실제로, 뇌 영상 실험 결과에 따르면, 원숭이들에게 두 세트의 점들을 보여주고 이 세트들의 수량이 같은지 묻는 과제에 답을 하는 동안 이 원숭이들의 두정엽 내구도 활성화되는 모습을 보였다. 또한, 두정엽 내구의 특정한 뉴런 세트는 일정한 수량에 중점을 둔 특수한 과제를 할 때 활성화되었다. 원숭이가 어떤 사물을 감지하면, 예측 가능한 뉴런 그룹이 활성화된다. 두 개의 사물을 감지한 경우에는, 다르지만 여전히 예측 가능한 다른 그룹이 활성화된다.[19]

우리의 뇌에 관한 연구에서는 많은 숫자 관련 과제 중에 양쪽 뇌반구의 두정엽 내구가 활성화된다는 사실이 거듭 확인되었다. 뇌 영상 연구에는 종종 기능적 자기 공명 영상(fMRI:functional magnetic resonance imaging)이 사용된다. 이러한 연구에서 피험자들이 수적 추론 과제를 수행하는 동안 이들의 뇌 활동은 fMRI를 통해 모니터링된다. 일부 신경 과학자들이 지적한 바와 같이, 이 활동은 두정엽 내구의 특정 부분, 즉 수평적 두정엽 내구(hIPS: horizontal IPS)라고하는 대뇌 고랑(cerebral groove)의 수평적 피질에 대부분 국한되어 있다. 다양한 뇌 영상 실험을 통해 연구자들은 인간이 수량을 인식하고 구별할 때 수평적 두정엽 내구가 반응하는 모습을 확인하였다. 예를 들어, 점들의 배열을 보여주거나, 두 가지의 점 배열을 보고 수량을 대조하는 과제를 주면 이 수평적 두정엽 내구가 활성화되었다. 흥미롭게도, 수평적 두정엽 내구는 많은 수량의 점이 인식되거나, 숫자가 보이거나, 음성이 들릴 때 반응하였다. 다시 말해, 숫자와 관련한 다양한 형식의 과제 수행은 바로 이곳에서 일어난다. 수평적 두정엽 내구는 단순히 대상물에 대한 시각적 인식이 아니라 추상적인 수적 사고와 관련이 있다. 또한, 활성화되는 정도는 특정 작업에 필요한 숫자 사고의 강도에 따라 달라진다. 예를 들어, 점 20개와 5개를 보여주고 어느 쪽의 수량이 큰 것인지 물으면, 수평적 두정엽 내구가 약하게 활성화된다. 반면, 점 20개와 17개를 보여주고 구별하게 하면 더욱 강한 활성화를 보인다.[20]

신경영상 데이터는 우리가 살펴본 다른 데이터에서 묘사된 것과 유사한 그림을 보여준다. 즉, 인간은 수많은 종의 동물들이 공유하는 기본적인 원시적 신경생물학적 요소를 갖고 있다. 그러나 우리는 또한 작은 수량을 구별하고 더 큰 수량을 어림짐작할 수 있는 범위를 넘어 이러한 요소의 기능을 확장할 수 있다. 이 기능 확장을 위해서는 인간 피질의 다른 부분이 사용되어야 한다. 보다 구체적으로, 우리는 언어 처리와 관련된 뇌의 좌반구 중 일부를 사용하여 수적 사고를 정확한 구별과 덧셈, 뺄셈 등의 영역으로 확장한다. 이러한 확장이 이루어지려면, 수량의 차이를 언어적으로 표현할 수 있는 수단을 갖고 있어야 한다. 이러한 언어에 기반을 둔 확장은 분명히 언어적 구문과 은유적 방법으로 인하여 촉진된다. 또한, 뇌 영상 데이터는 일부 수량과 관련한 과제를 수행하는 중에 피질의 언어 관련 영역이 활성화된다는 증거를 뚜렷하게 보여주었다. 결국, 우리는 다시 익숙한 결론으로 되돌아간다. 타고난 수학적 사고 위에 더욱 진화된 사고를 구축하려면, 우리는 수량을 나타내는 언어적 기호를 갖춰야 한다. 즉, 우리에게 필요한 것은 바로 숫자이다.[21]

결론

숫자의 발명이 이루어지는 가장 일반적인 방법은 이렇게 요약해볼 수 있다. 사람들은 간혹 '5'와 같은 정확한 수량의 존재를 자각하였다. 이러한 자각을 통해 어떤 사람들은 그 수량을 나타내는 단어를 만들어 냈다. 이러한 단어들은 보통 정확한 수량이 존재한다는 상대적인 자각을 가능하게 하거나 촉진한 신체 부위와 관련하여 이미 존재하는 이름을 따라 만들어졌다. 그 결과로 탄생한 숫자단어는 수량을 정확하게 나타내며, 이러한 정확한 표현은 부분적으로 기본적인 수량 인식과 관련하여 우리가 타고난 능력에서 비롯된다. 그러나 더 큰 수량의 인지에서 손가락과 손의 중추적인 역할 또한 결코 간과되어서는 안 된다. 이러한 역할은 인간의 인지 및 자각 경험에서 손가락의 편재성, 그리고 양손에서 쉽게 발견되는 고유한 대칭성으로 인하여 발생하는 것이기 때문이다. 간접적으로는 직립보행 또한 이러한 인지능력에 영향을 미친다. 또한, 이것은 인간이 체화된 사고를 통하여 인지적 경험을 이해하는 여러 가지 핵심적 방법 중에서 하나를 나타낸다.

기본적인 숫자, 즉 원형적인 정수의 발명은 이야기의 시작일뿐이다. 이러한 단어의 사용은 결국 수량 추론과 관련이 있는 신경생리학적 활동의 기능적 확장으로 이어진다. 우리는 이러한 확장을 완전히 이해할 수 없지만, 이것이 언어적 숫자의 존재에 크게 의존한다는 것을 알고 있다. 은유법과 규칙적인 구문론적 순서를 포함한 다른 언어적 현상은 산술의 구성에 도움이 되지만 이러한 체계는 언어적인 숫자들에 기초한다.

숫자는 인류의 이야기에 지대한 영향을 미친 인간의 정신을 담고 있다. 숫자는 수량에 대한 우리의 이해를 변화시켰다. 그러나 숫자는 단지 우리의 인지능력뿐만 아니라, 다양한 방법으로 우리의 경험을 형성해왔다. 다음 장에서는 숫자가 우리의 일상생활에서 어떻게 형성되었고, 현재도 형성하고 있는지 살펴본다.

IX

숫자와 문화: 생계와 기호

 기자Giza 고원에서 가장 큰 피라미드인 쿠푸Khufu왕 피라미드의 정상에
서보면 고대 이집트인들의 수학 마법이 고스란히 모습을 드러낸다. 거석 위
에 있는 수백만 톤의 석회석은 오랜 세월의 흔적을 간직한 채 피라미드의 사
방에서 가파른 경사를 이루며 정상까지 쌓여 있다. 그 정점에는 어른 한 명
이 간신히 쉴 수 있을 만한 네모난 공간만이 남는다(그래도 정상에 여기저기 흩어
져 있는 담배꽁초들을 보면 꽤 많은 사람이 여기에서 한숨 돌리고 갔나 보다). 꼭대기에
서 피라미드의 측면을 내려다보면 고소공포증을 느낄 새도 없이 바닥을 향
한 사각형의 기하학적인 규칙성에 놀라게 된다. 137미터(원래는 높이 147m로 지
어진 것으로 추정되지만 꼭대기 부분이 10m 가량 파손되어 현재 높이는 137m이다. - 역주)
높이에서부터 지면으로 향하면서 차곡차곡 쌓인 정사각형은 점차 커진다. 한
사람이 겨우 머물만한 피라미드 꼭대기의 작은 네모난 공간이 바닥 면까지
내려가면 밑면의 평균 길이가 230미터에 달할 정도로 거대해진다. 흥미롭게
도 이 피라미드의 원래 높이의 2배에 π(원주율, 약 3.14)의 값을 곱하면 밑변의
둘레가 된다.[1] 이러한 관련성이 의도적인 결과인지, 혹은 피라미드의 전체적

인 대칭과 구조적 정확성에 따른 우연한 발견인지에 대해서는 의견이 분분하다. 그러나 한 가지 분명한 것은 이 피라미드는 고대 건축가와 일꾼들이 빚어낸 길이 남을 놀라운 성과라는 사실이다. 이 피라미드는 1311년에 영국의 링컨 대성당(Lincoln Cathedral)이 완공되기 전까지 거의 4천 년 동안 인간이 세운 가장 높은 건축물이었다. 기원전 2580년~2560년경에 완공된 이 피라미드는 파라오 쿠푸의 무덤으로 사용되었다. 수천 년의 시간을 이겨낸 이 놀라운 건축물은 이제 세계적으로 유명한 관광명소가 되었다. 여느 위대한 기념물이나 묘지, 건축물이 그렇듯, 이 피라미드 역시 수많은 사람의 희생과 헌신이 있었기에 완성될 수 있었으며, 신화와 다양한 영적 가치를 다지며 고대 이집트인 문화의 중심이 되었다. 쿠푸왕의 무덤을 비롯한 많은 피라미드의 건설은 그렇게 이집트인들의 삶을 축조해갔다. 심지어 완공 이후 4500년이라는 긴 시간이 흐른 지금에도 피라미드는 관광 수익으로 이집트인들의 삶에 아주 중요한 역할을 하고 있다.

지난 수천 년 동안 수많은 인류가 쌓아온 다른 업적과 마찬가지로 피라미드 역시 숫자와 수학적인 이해가 없었다면 불가능했을 것이라는 점은 쉽게 상상할 수 있다. 피라미드와 같은 대규모의 업적은 협동적인 문화를 통해 이루어지며 이것은 다시 물질과 사회의 피드백이 순환하는 가운데 이러한 문화의 형성에 기여한다. 그리고 이러한 업적은 일반적으로 수학에 기초한다. 숫자로 인하여 쿠푸왕 피라미드를 비롯한 거대한 구조물과 같은 독특한 물질문화의 특징이 꽃피울 수 있었다는 점은 누구나 수긍할 것이다. 이 장에서는 대부분의 문화에서 숫자가 인간의 일상적인 경험에 어떤 변화를 가져왔는지 살펴보고자 한다. 여기에 쿠푸왕 피라미드만큼 명확하지는 않더라도 숫자의 존재로 인해 발현될 수 있었던 물질적, 상징적 문화의 요소는 어디에서나 찾아볼 수 있다. 우리는 수학이 지금까지 건축, 산업화, 의학, 과학 등 다양한 영역에서 중요한 성과를 이끌어왔음을 인정한다. 하지만, 이 정도의 인정은 역사적인 근시안을 반영하는 것일 뿐이다. 공학과 과학의 진보를 가져온 서양 수학이라는 틀은 역사적 관점에서도 협소할뿐더러 최근의 발전에만 초점을 둔 것이기 때문이다. 이 장에서는 우리가 흔히 떠올리는 고급 수학의 틀을 벗어나 훨씬 더 먼 과거로부터 인간의 경험과 문화적관습을 구축하는 과정에서 숫자의 근본적인 역할에 주목한다. 무엇보다 숫자는 저마다 다른 시기에 전 세계 여러 지역의 농업혁명과 문자의 혁신과정에서 중요한 밑거름이 되었다. 농업혁명 이후에 메소포타미아, 중국 및 메소아메리카에서 발전한 정교한 수학은 잉여 식량의 관리를 가능하게 하였는데, 이러한 일은 각 지역에서 수학적으로 훈련을 받은 계급이 할 수 있었다. 고대 농경과 문자가 수 체계의 도래 이후에 등장한 것은 우연이 아니다. 실제로, 그러한 수 체계는 쿠푸왕 피라미드를 세운 문명을 포함하여 거대한 문명이 등장할 수 있었던 기초가 되었다. 이 말은 방대한 규모의 농업국가나 문자 체계가 반드시 정교한 수 체계를 통해 등장한다는 의미가 아니다. 다만, 그러한 체계의 사용이 고대문명을 시작하는 데 필요한 기준이었다는 것이다. 이제 이러한 관점을 뒷받침하는 몇 가지 증거를 살펴보자.

숫자와 생계

우리는 주변 사람들과 학습하고 공유한 믿음, 가치, 그리고 그들로부터 이어받은 도구를 통해 우리의 경험을 재구성하는데, 이러한 과정은 보통 무의식적으로 이루어진다. 즉, 우리는 각자의 문화를 통해 우리의 경험을 걸러낸다. 우리 삶의 거의 모든 요소가 이러한 여과과정을 거치며 어떤 식으로든 문화의 영향을 받는다. 결혼한다는 것은 어떤 상태를 말하는 것일까? 이 질문에 대한 답도 문화마다 다를 수 있다. 어떤 문화에서 결혼이란 여러 배우자를 두는 것이지만, 또 어떤 문화에서는 단 한 명의 배우자를 두는 것이기도 하다. 이러한 관계는 평생을 약속하는 것일 수도 있고, 그렇지 않을 수도 있다. 신랑 신부가 모두 12살인 경우도 있고, 11살 신부와 41살 신랑이 짝이 되는 결혼도 있다. 한 명의 남자가 여러 명의 여자와 결혼하기도 하고, 50대인 두 여자가 부부의 연을 맺기도 한다. 이처럼 다양한 문화에서 내가 직접 목격한 것만 하더라도 결혼의 모습은 각양각색이다. 내가 참석한 결혼식에서 다양한 신랑 신부들의 모습은 다들 자연스러워 보였지만, 외부의 눈으로 볼 때는 굉장히 부적절하다고 여길만한 상황도 있을 것이다. 이러한 제도는 문화마다 유년기를 바라보는 관점의 다양성을 반영하는 것이기도 하다. 문화가 우리의 사회적 삶을 구성하는 방식을 여기에서 장황하게 설명할 자리는 아니지만, 유년기와 결혼에 대한 정의는 우리의 삶을 구성하는 다양한 측면의 극히 일부라는 것 정도는 말할 수 있겠다. 앞서 언급했듯이, 문화의 언어적 요소는 공간과 시간에 대한 이해에서부터 색의 구별에 이르기까지 모든 것에 영향을 줄 수 있다. 인지 및 행동과 관련한 우리의 모든 경험은 문화적 산물이라고 할 수 있다. 특정한 사람들이 사용한 숫자 또한 마찬가지이다.

우리가 이미 살펴보았듯이, 숫자 용어는 우리의 수적 사고에 영향을 미쳐 기본적인 수량 인식을 가능하게 한다. 이와 더불어, 기본적인 수량 인식과 산술 능력은 문화적 변화를 일으키거나 최소한 촉진한다. 자급 유형과 관련한 변화가 그러한 예일 것이다. 이러한 변화는 다시 특정한 문화의 구성원들로 하여금 더 많은 숫자단어를 만들도록 자극하여 산술적 전략을 정교하게 할 수 있다. 다시 말해, 숫자와 문화의 비언어적인 측면은 여러 세대를 거쳐 상호작용하며 공생적 관계를 보인다. 이러한 공생관계를 입증하는 일부 증거는 문화의 행동 요소와 숫자 언어의 관련성을 검토한 연구를 통해 드러났다.

통문화적 관점에서 숫자와 관련하여 가장 흥미로운 것 중 하나는 숫자의 다양한 범위이다. 이 책에서 살펴본 연구 결과만 보더라도 그 다양성은 분명히 짐작할 수 있다. 다만, 전 세계 언어의 표현과 관련하여 의미의 대부분 측면은 그렇게 다르지 않다는 점에 주목할 필요가 있다. 예를 들어, 색상 용어의 경우 전 세계의 언어들이 색조를 사실상 표현하는 방식에 있어서 다양성이 존재한다. 그러나 이러한 변수는 기본적인 색상 용어의 수 안에서 이루어진다. 언어는 일반적으로 3개에서 11개의 기본 색상 용어를 갖고 있다. 마찬가지로, 기본적인 감정이나 냄새를 묘사하는 단어도 유사한 패턴의 다양성을 보여준다. 그러나 수량 개념과 관련하여 언어는 사용하는 단어 수에 따라 기하급수적으로 더 큰 변화를 보인다. 물론 이러한 변화가 숫자표현이 구조화되는 방식에 일정한 규칙성이 없다거나, 숫자 용어의 의미가 제약되지 않는다는 것은 아니다. 언어마다 숫자단어의 양은 다양할 수 있다. 이름을 붙일 수 있는 수량이 무한대로 존재하기 때문이다. 그리고 이러한 단어는 어떤 언어로든 비교적 분명하게 옮겨 이해할 수 있다. 정의에 따르면, 모든 언어에서 6에 해당하는 단어는 정확히 6의 대상물을 의미한다. 이러한 대상물이 불연속적인 수량으로 분리되어 집단을 이룬다는 점에서는 이 정의가 옳다. 하지만, 가시광선 스펙트럼에서 색상은 서로 섞인다. 이와 같은 특징이나 그 밖에 요인들로 인하여, 색상을 나타내는 용어의 물리적 참조는 언어마다 달라지는 경우가 많다(1장을 보라). 이러한 언어들이 공통으로 묘사하는 대상은 가시적 빛으로 제한되지만, 이질적인 방법으로 보이는 것을 구별하기 때문이다. 이와 반대로, 언어에서 '5'에 해당하는 단어의 의미는 대개 일관성을 보인다.

그럼에도 불구하고, 구어로 표현되는 숫자의 범위가 통문화적으로 견줄 수 없을 정도로 다양하다는 점을 고려하면, 수 체계와 다른 문화적 요소들 사이의 관계를 탐구하는 작업은 특히 중요한 과제가 된다. 문화와 숫자의 관계는 오랫동안 많은 연구자들이 수행해왔다. 이 장에서는 그러한 연구 중에서 가장 중요한 결과 중 하나, 즉 수 체계의 유형과 생계 전략의 관계를 살펴보고자 한다. 최근의 연구는 단순한 수 체계(때로는 거의 존재하지 않다시피 한)와 수렵채집 방식의 생계 사이에 존재하는 상관관계를 분명히 입증하였다. 한편, 농업에 기반을 둔 생활방식은 더 정교한 숫자 유형과 관련이 있는 것으로 밝혀졌다.[2]

텍사스 대학교 페이션스 엡스의 언어학 연구팀은 최근에 전 세계 언어에서 관찰되는 수 체계의 복잡성을 정리하였다. 특히 연구자들은 각 언어의 수적 한계, 즉 특정한 이름이 부여된 가장 큰 수량에 주목하였다. 그런데 일부 언어에서는 이러한 한계를 설정하기가 쉽지 않다. 바르디어(Bardi)도 그러한 예이다. 이 호주 언어에는 1에서 3까지 수량을 나타내는 단어가 있지만, 4에 해당하는 단어는 2와 중복해서 사용하는 경향을 보이므로 상대적으로 명확하지 않다(8장에서 언급한 것처럼, 호주 지역의 언어에서 '넷'에 해당하는 숫자는 더 작은 숫자들로 구성되는 경우가 많다). 또한 '손'을 뜻하는 'ni-marla'라는 단어는 5를 나타낼 수 있지만, 일부 바르디어 사용자들만 이용한다. 이처럼 특이한 숫자는 특정 수 체계에서 수적 한계를 설정하는 작업에서 이따금 마주치게 되는 어려움을 예시한다. 그러나 대부분의 경우에 보다 직접적인 난관은 한 언어에서 표현되는 가장 큰 숫자의 존재를 확인하는 것이다. 이와 관련하여 엡스의 연구팀은 호주, 아마존 지역, 아프리카, 북미의 수렵채집민 문화 중 193개 언어에서 보이는 수적 한계를 분석했다. 또한, 이 연구팀은 이들 지역의 농민과 목축민들이 사용하는 204개 언어의 수적 한계를 조사했다. 그 결과, 수렵채집민들의 언어가 일반적으로 이들의 언어보다 수적 한계가 낮다는 것을 발견했다. 이러한 지역의 언어에서 공통으로 보이는 한정적인 숫자단어의 문

제는 3장에서 이미 언급했지만, 여기에서는 이러한 한계를 문화적요인과 관련하여 살펴보고자 한다.[3]

호주 원주민 언어 중 80% 이상이 숫자 면에서 제한되어 있으며, 그러한 언어에서 표현 가능한 가장 큰 수량은 3 또는 4 정도에 그친다.[4] 호주 지역에서는 가밀라라이어(Gamilaraay)만 10을 초과하는 수량에 대한 단어를 갖고 있는 것으로 밝혀졌다. 이 언어의 수적 한계는 20이었다. 호주의 모든 원주민 집단이 전통적으로 수렵채집에 의존한다는 점을 감안할 때, 제한적인 숫자 용어와 생계 방식 사이의 연관성은 충분히 예측할만하다. 이러한 연관성은 남미와 아마존 지역에서 더욱 구체적이고 견고한 형태로 관찰된다. 이 지역 수렵채집민들의 언어는 10개 이하의 수적 한계를 보인다. 남미에서 조사된 수렵채집민들의 언어 중 오직 후아오라니어(Huaorani)만이 20보다 큰 숫자를 갖고 있었다. 반면에 조사 대상 언어 중 약 3분의 2는 5 이하의 숫자를 포함하고 있었다. 마찬가지로, 아프리카의 수렵채집민 언어 중 약 3분의 2의 최대 숫자는 10이거나 그보다 작은 숫자였다. 이처럼 제한적인 수 체계의 비율은 우리가 문화의 무작위 표본에서 기대할 수 있는 것보다 훨씬 더 뚜렷하다. 즉, 기본적인 생계 전략과 숫자의 복잡성 사이의 상관관계는 이 지역에서 광범위하게 관찰된다.

모든 유용성 면에서, 이러한 발견의 한가지 문제점은 문화의 유형을 수렵채집민 대 비수렵채집민 구도로 단순하게 구분하고 있다는 것이다. 이러한 분류는 조사과정에는 필요할 수 있지만, 인간의 생존 전략에 이름을 붙이는 것은 근본적으로 다른 문제라는 것을 명심해야 한다. 예를 들어, 이른바 수렵채집민이라 하더라도 집단에 따라 사냥을 통해 획득하는 열량이나 사냥 방법은 아주 다양하다. 결국, 호주와 아마존 지역을 비롯한 다양한 지역의 수렵채집민들은 서로 다른 동물을 사냥하며 뚜렷하게 구별되는 생태적 환경에서 생존한다. 생태학적 다양성은 담수원에 대한 접근성도 포함한다. 따라서, 열량 공급원이 되는 물고기나 다른 수생 동물에 대한 의존도 또한 집단마다 다르게 나타난다. 게다가, 많은 수렵채집민 집단은 한 곳에 정착하여 농사를 짓는 정주농법(sedentary agriculture)은 아니더라도 적어도 화전 농법에 어느 정도 의존하고 있다. 결국, 수렵채집민 집단의 사회적연결망은 서로 아주 다른 모습을 보인다. 아마존 지역의 일부 수렵채집민은 외부에 거의 노출되지 않는 환경에 살고 있다. 실제로 새로운 위성영상기술로 촬영한 자료에서도 이 지역에 고립된 채 살아가고 있는 여러 원주민 집단이 확인된다. 이와는 대조적으로, 미국 남서부의 그레이트베이슨Great Basin 지역(엡스와 동료 연구자들이 주목한 지역)에 거주하는 수렵채집민 집단들은 대부분 오랫동안 집단 간에, 혹은 더 큰 외부 지역사회와 더 밀접한 관계를 맺어왔다. 이와 같은 상호 연계하에 거래와 물품의 가치평가가 더욱 일반화되었다. 이러한 거래의 확산은 숫자단어의 효용성을 높일 뿐 아니라, 사회적 상호연결성의 확대 또한 숫자단어의 채택 가능성을 키운다. 요컨대, 다른 수렵채집 문화들은 숫자 사용의 증가에 대해 현저하게 다양한 사회문화적 압력에 직면하고 있다. '수렵채집민'과 같은 균질적인 용어를 사용하는 편의성은 이해할 수 있지만, 이러한 용어는 다양한 문화유형의 중요한 차이점을 모호하게 할 수 있다. 그러한 점에서, 북미 지역의 수렵채집민들이 일반적으로 아마존 지역의 수렵채집민들보다 더 정교한 수의 체계를 가지고 있다는 사실은 그렇게 놀랄 일은 아니다.[5]

인구를 분류하는 데 사용되는 용어의 한계에도 불구하고, 생계 전략 유형과 수 체계의 복잡성 사이에는 여전히 분명한 상관관계가 있다. 즉, 특별히 복잡한 농법을 거의 사용하지 않으며 수렵채집에 의존하는 인구는 적당한 수준의 숫자에 의존할 가능성이 크다. 여기에서 '가능성'을 언급한 것은 농사를 짓지 않으면서도 수적 한계가 높은 사회 또한 예외적으로 존재하기 때문이다. 반대로, 기본적 형태의 농업에 의존하면서도 수적 한계가 낮은 사회도 있다(5장에서 살펴본 문두루쿠족이 그러한 예이다). 한 가지 분명한 것은 현재이든 역사적 기록에서든 대규모 농업국가는 예외 없이 모두 정교한 수 체계를 갖고 있다는 사실이다. 그러나 수적 한계가 높은 수 체계 중 어떤 것이 불가피하게 농업으로 이어지는가에 따라 이러한 설명 또한 단정할 수 없다는 점을 유념해야 한다. 대신, 강력한 수 체계가 농법을 구축하는 데 도움이 되는 중요한 요소라고 말할 수 있겠다(과거에도 그랬고 지금도 마찬가지이다). 그러나 특정 유형의 생계 방식(정주농법과 같은)이 더 정교한 숫자의 개발을 촉진한다는 점에서 이러한 설명은 궁극적으로 수 체계와 생계 유형의 공진화(coevolution)에 해당한다.

이러한 결론은 현대인에 대한 우리의 인식뿐만 아니라 역사 전반에 걸친 인간에 대한 이해에도 영향을 미치는 것이다. 결국, 우리 종의 존재를 위해, 인류는 정교한 농법이나 복잡한 거래망이 존재하지 않은 아프리카에서 수렵채집민으로 살았다. 따라서 문화와 수 체계 유형의 분포에 대한 합리적인 해석은 인류 역사는 대부분 복잡한 수 체계에 의존하지 않았다는 것이다. 우리는 또한 더 크고, 더 안정적이며, 더 많은 경제적 거래 기회에 기반을 둔 문화로의 전환을 통해 수적 개발의 압력을 더욱 강화하였다는 합리적인 결론을 내릴 수 있다. 이러한 전환은 문자의 기원을 살펴본 2장에서도 분명히 확인할 수 있었다. 표기 숫자를 포함한 더 일반적인 의미의 문자는 농업혁명이 시작된 후 비옥한 초승달지대에서 먼저 발전하였다. 이 지역의 사람들이 대규모의 농장을 개발했고, 이들의 삶이 농업에 더 많이 의존하게 되면서, 많은 수량을 정확하게 기록해야 할 필요성이 더해졌다. 예를 들어, 그들은 밀, 보리, 수수 등의 저장량을 인지하고, 농산품이나 농업 의존적인 도심에서 농업 또는 제조업을 통해 생산되는 이러한 농산품이나 기타 상품의 숫자를 기록해야 했다. 이러한 압력은 결국 숫자, 또는 2장에서 살펴보았던 점토로 만든 숫자와 같은 다양한 표기 기호의 발명으로 이어졌다. 이러한 숫자는 수량을 정확하게 구별하여 표시할 필요가 있는 새로운 형태의 농업과 상업적 거래를 가능하게 했다. 고대 메소포타미아의 사례를 통해 우리는 생계 전략과 숫자의 관계가 성립되는 동기를 엿볼 수 있다. 즉, 농업과 상거래 규모가 커질수록 숫자 또한 더욱 정교하게 기능해야 했다. 표기 숫자와 마찬가지로, 더 높은 수적 제한은 농업과 상거래에서 유용하게 사용되었다. 사람들은 이러한 도구를 통해 경제활동과 관련한 모든 수량을 정확하게 구별할 수 있었다.

　　수 체계가 먼저 정교화되지 않으면 단순한 농법이라도 불가능하다고 보는 이들도 있다. 하지만, 우리가 살펴본 모든 증거에 비추어 볼 때, 사람들이 많은 숫자를 갖고 있지 않았다면 농업혁명은 일어나지 못했을 것이라고 말하는 편이 더 정확할 것이다. 수량을 정확하게 구별하려면 대부분 숫자가 필요하다. 즉, 음력주기, 천문 주기, 그밖에 더 많은 농법의 발전을 위해 꼭 필요한 기본적인 환경적인 특징을 추적하려면 숫자단어, 또는 숫자와 관련한 도구가 필요했다. 메소아메리카와 메소포타미아와 같이 서로 다른 지역에서 천문 주기와 계절을 추적한 기록이 공통으로 발견되는 것도 바로 이런 이유에서이다. 숫자를 기반으로 한 정교한 달력 없이 연중 태양의 위치와 같은 미묘한 천체의 주기를 확인하기는 어렵다. 인간이 발명한 숫자 도구는 미처 예상치 못한 방식으로 사용되어 또 다른 필요를 충족하도록 개선될 수 있다. 예를 들어, 숫자를 사용하면서 사람들은 춘분과 동지가 돌아오는 시기를 특정할 수 있게 되었고, 이러한 발견은 농업 발달에 중추적인 역할을 하였다. 수메르인의 경우에는 높은 한계를 지닌 수 체계를 사용하여 더욱 정확한 방법으로 보리 줄을 세거나, 겨울철 곡물 저장량을 정확하게 측정할 수 있었다. 숫자가 없다면, 그러한 작업은 어려운 것은 당연하고, 아예 불가능하다고 말할 수 있다. 이 책에서 살펴본 최근의 연구 결과를 토대로, 우리는 이제 자신 있게 말할 수 있다. 숫자는 좀 더 체계적인 농업을 가능하게 했고, 이러한 농업의 발전은 더 안정적이며 더 큰 규모의 사회가 출현할 수 있는 토대를 마련했다. 그리고 이러한 대규모의 사회는 같은 언어를 공유하는 구성원들의 정신적 연결망을 통해 숫자라는 새로운 도구를 빠르게 확산시킬 수 있었다.

수적 도구의 이러한 확산은 과거 비옥한 초승달지대에서 일어난 농업 혁명 시기에만 존재한 특징은 아니다. 실제로, 수 체계의 확산은 인간의 이야기가 존재하는 곳이라면 어디에서든 계속해서 우리의 생활방식을 변화시켜 왔다. 지금도 어떤 사람들은 다양한 사회문화적 압박 속에 다른 문화의 수 체계를 채택하고 새롭게 적응해야 하는 상황에 내몰리고 있다. 카리티아나족인 나의 친구의 사례를 들어보자. 그의 이름을 가명으로 파울로라 하겠다. 카리티아나족은 아마존 남서부 지역의 원주민으로 인구는 약 350명 정도이다. 이 중 대부분은 브라질의 신흥 도시인 포르투벨료Porto Velho에서 약 90킬로미터 떨어진 곳에서 생활하는데, 포르투벨료에 자리를 잡는 경우도 점점 늘고 있다. 파울로는 1980년대와 1990년대에 카리티아나족 보호구역 중 가장 큰 마을에서 유년시절을 대부분 보냈다. 브라질 도로와 농장으로 둘러싸인 밀림의 섬에서 성장한 셈이다. 이곳에서 자라는 동안 파울로는 카리티아나어의 숫자를 배웠지만(3장 참조), 포르투갈어 숫자와 표기 숫자도 접할 수 있었다. 파울로와 같은 세대인 다른 카리티아나족 사람들의 상황도 비슷했다. 어떤 사람들은 포르투벨료 인근에서 일자리를 찾았지만, 전통적인 생활방식을 고수하려는 사람들도 많았다. 당시에는 이처럼 전통적인 수렵채집과 원예로도 생계를 이어갈 수 있었다. 그러나 전통적인 방식만으로 생계를 유지하는 사람들은 갈수록 줄어들었다. 지금은 마을 근처에 커다란 수력발전댐이 들어섰다. 이 댐은 부족민의 어업에 영향을 끼쳤다. 카리티아나족의 삶의 터전이었던 땅도 점차 브라질 사람들에 의해 잠식당하고 있었다. 결국, 카리티아나족 보호구역의 사냥감이나 어획량도 감소하기 시작했다. 상황이 이렇게 되자 이 밀림의 아름다움과 유용성을 지키기 위해서라도 많은 카리티아나족 사람들은 브라질 경제에서 일자리를 구하는 것 말고는 살길이 거의 없다고 느끼게 되었다. 파울로도 마찬가지였다. 그는 얼마 동안 브라질 학교에 다니며 고등교육을 받고, 지금은 정부기관에서 일하고 있다. 당연히 파울로는 포르투갈어의 문법과 문자도 배웠다. 여기에는 숫자와 수학도 물론 포함되었다. 이처럼 파울로가 다른 문화의 숫자를 습득할 수밖에 없었던 사회경제적 압박은 강렬한 것이었다.

파울로의 이야기는 다른 언어의 숫자를 습득해야 하는 비슷한 압력에 직면한 수억 명의 사멸 위기의 언어 사용자들의 사례 중 하나일 뿐이다. 일부 추산에 따르면, 현존하는 약 7,000개의 언어 중 90% 이상이 사멸 위기에 있다고 한다. 이 언어들이 사라질 운명에 놓인 근본적인 이유는 파울로와 같은 사람들이 더 경제적으로 실효성이 있는 언어를 배우며 더 큰 국가체계로 흡수되고 있기 때문이다. 계보상 일반적으로 유럽 언어인 이러한 언어들은 특히 수렵채집이나 원예 활동에 의존하는 소규모 부족 집단의 언어와 달리 정교한 수학적 체계를 가지고 있다. 뉴기니에서 호주, 아마존 지역에 이르기까지, 사람들의 수식화(mathematization)가 일어나고 있다. 생존을 위해, 또는 더 나은 삶을 위해, 원주민들은 계속해서 외부의 패권국가와 더 많은 접촉을 해야 할 상황으로 내몰리고 있다. 이러한 국가의 문화와 지속적인 상호작용을 위해서는 일반적으로 복잡한 수 체계가 필요하다. 이 점은 더 지역적인 차원에서 수천 년 동안 존재해온 패턴에서도 확인할 수 있다. 즉, 문화는 숫자와 다른 수적 기술을 받아들이도록 강한 압력을 가한다. 숫자가 농업의존도의 증가와 같은 문화적 변동을 가능하게 한 것처럼, 문화적 변동 또한 새로운 숫자의 습득을 유도한다. 행동 문화 및 수 체계는 시너지효과와 피드백 고리(feedback loop)에서 작동하는 것이다. 문화적관습을 변화시키기 위해서는 새로운 수적 도구를 습득해야 하는 경우가 많다. 이렇게 습득된 수적 도구는 더 정교한 수적 도구에 바탕을 둔 새로운 문화적 관심을 더 쉽게 받아들일 수 있게 한다. 이러한 과정은 계속 반복된다.

일부 수 체계의 간과된 이점

강력한 수 체계를 통해 기대할 수 있는 잠재적인 이점(농업과 같은)에 관하여 나는 우선 그러한 체계의 채택을 문화 또는 언어의 '진화'와 동일시하지 않는다는 점을 분명히 해두어야겠다. 19세기와 20세기 초에 많은 언어학자와 인류학자들은 유럽 언어와 문화의 특징을 인간 사회의 후기 진화 단계와 동일시하는 우를 범했다. 서구문화를 인간 사회 적응의 정점이라고 인식했던 유럽 식민지 개척자들도 그렇게 생각하기는 마찬가지였을 것이다. 하지만, 이러한 관점은 광범위한 현지조사를 아무런 쓸모가 없는 것처럼 여기게 한다는 점에서 이미 외면받은 지 오래다. 예를 들어, 유럽을 떠나 북미에 정착한 사람들은 한때 북미 원주민들의 언어를 원시적이라고 생각했다. 현대적인 언어나 유럽의 고전적인 언어의 문법에서 보이는 정교함이 보이지 않는다는 이유에서였다. 언어학 이외의 학문을 하는 학자 중에서도 그처럼 구시대적인 관점을 여전히 유지하는 이들이 있을지 모르겠다. 그러나 적어도 프란츠 보아스Franz Boas와 에드워드 사피어Edward Sapir와 같은 20세기 초 언어 인류학자들은 이미 오래전에 그러한 주장을 배척했다. 이들은 소위 원시 토착 언어들이 인도·유럽어족의 언어들에 비해 정교한 문법은 부족하더라도, 대신 문법적 복잡성으로 그러한 공백을 채우고 있다는 것을 증명하였다. 이러한 복잡성은 인도·유럽어족에서는 분명히 드러나지 않는 것이다. 그렇다고 해서 원주민들의 언어가 더 복잡하다는 말은 아니다. 오래전부터 언어학자들은 언어 고유의 복잡성을 객관화하여 순위를 매길 방법은 없다는 데 의견을 같이 해왔다. 더욱이, 모든 언어가 어떤 식으로든 아프리카에 기원을 두고 있다는 점에 대해서는 일반적으로 동의하고 있다는 점에서도 어떤 언어가 다른 언어보다 더 진화되었다고 단언할 근거는 없다.

이러한 점을 감안할 때 다시 한번 함정에 빠지지 않는 것이 중요하다. 일부 언어는 숫자단어를 더 많이 포함하고 있다는 점에서 수적으로 더 정교하다고 말할 수 있을 것이다. 그러나 이러한 언어가 다른 언어에 비해 전반적으로 더 복잡하다거나, 그러한 언어의 사용자들이 사회문화적으로 더 진화되었음을 의미하지는 않는다. 단, 그러한 언어의 사용자들은 특정한 과제를 더 쉽게 처리할 수 있는 도구를 가지고 있다는 것을 암시한다. 이 정도 해석에 대해서는 논란의 여지가 없다. 그렇다고 해서 모든 문화가 궁극적으로 현대화를 향한 길목 어딘가에 위치한다든지, 모든 사람이 그러한 경로에 관심을 가져야 한다는 의미는 아니다. 카리티아나어의 사례는 수 체계의 채택이 많은 이들에게 얼마나 비자발적인 것일 수 있는지 보여준다. 놀랍게도, 외부 세계와 접촉하는 과정에서 자신들의 언어에 없는 수 체계를 채택하는 것이 편리한 상황이 대두되더라도, 그러한 숫자의 활용에 전혀 관심을 보이지 않는 집단이 많다. 브라질 문화의 유입을 전반적으로 꺼리는 피라항족이 대표적인 예이다. 이러한 태도가 피라항족의 발전을 저해했을까? 유럽 중심적인 관점으로 진보의 의미를 떠올린다면, 분명히 그렇게 보일 것이다. 그러나 피라항족은 자신들의 문화를 유지하기로 한 선택에 대체로 만족하는 것처럼 보인다. 이러한 피라항족의 민족중심주의는 이들이 유럽인들보다 스스로 열등하다거나 원시적이라 느낄 것이라고 보는 섣부른 외부의 판단과 모순된다. 피

라항족의 자랑스러운 문화적 계보는 아마존 환경에 수천 년의 시간을 견디며 적응하고 생존한 결과이다.[6]

기본적으로 토착 언어를 원시적인 것으로 보는 언어적 복잡성을 향한 전통적인 유럽 중심적인 관점은 다른 언어의 문법을 지나치게 단순화하는 데에만 그치지 않았다. 그러한 관점은 또한 일부 언어의 수적 복잡성을 모호하게 하는 결과를 낳았다. 예를 들어, 유럽 중심적인 관점은 10진법이 아니거나 문자 체계가 없는 문화에서 사용되는 수 체계는 당연히 복잡성이 떨어진다고 보는 경우가 많았다. 그러나 이제 학자들은 일부 원주민들의 수 체계가 특정한 수학적 과제에서 유럽의 숫자를 이용할 때 기대하기 힘든 이점을 갖고 있다는 사실을 깨닫기 시작했다. 소수집단이 사용하는 숫자의 심오한 특징과 관련한 연구는 인지과학자 안드레아 벤더Andrea Bender와 지그하르트 벨라Sieghard Beller가 주도하였다. 지난 10년 동안 이들은 일부 태평양 섬에서 발전한 수 인지능력의 이점과 관련하여 흥미로운 연구 결과를 발표해 왔다. 그들의 연구는 일부 토착적인 수 체계의 복잡성과 아름다움이 때때로 간과될 수 있다는 사실을 보여준다.[7]

제3장에서는 언어로 표현되는 수 체계가 대부분 우리의 신체적 특징을 기반으로 하는 반면, 예외도 존재한다고 언급하였다. 예를 들어, 뉴기니의 일부 6진법 숫자는 참마 저장에 사용되는 배열의 공통적인 패턴으로부터 발생한 것으로 보인다. 이와 같은 숫자의 유형은 외부인의 눈으로 볼 때 단순해 보이는 경우가 많다. 왜냐하면, 이러한 숫자는 특정한 맥락에서 가장 효과적이며, 모든 계산 가능한 항목으로 쉽게 추상화될 수 없기 때문이다. 실제로, 일부 언어에서는 숫자나 숫자처럼 사용되는 단어의 사용이 특정한 문맥에 제한될 수 있다. 예를 들어, 발리어Balinese와 사우스오스트레일리아주를 포함한 일부 지역의 언어에서는 출생 순서를 나타내는 이름을 사용한다. 이러한 이름

은 숫자는 아니지만, 형제가 태어난 순서에 따라 붙여진 개인의 이름이다. 만약에 어떤 발리 사람의 이름이 'Ketut'라면, 우리는 그 이름만 듣고도 그가 형제 중 네 번째로 태어났다는 것을 알 수 있다. 호주의 카우르나어(Kaurna)에서는 첫째부터 여덟째까지 이름이 끝나는 방식에 따라 구별할 수 있다.[8] 이렇게 숫자 같은 단어는 이름에만 사용되므로 본격적인 숫자라고 여길 만큼 추상적이지는 않다. 그러나 특정 대상을 세는 용어를 가진 수 체계가 추상성이나 생산성이 부족하다는 결론은 근거가 약하다. 사실, 폴리네시아어군에 관한 벤더와 벨라의 연구는 특정 대상을 세는 용어를 포함한 일부 수 체계가 인지적인 면에서 분명한 장점을 갖고 있음을 보여준다.

프랑스령 폴리네시아 망아레바Mangareva 섬에서 사용되었던 언어의 사례를 살펴보자. 이 언어의 사용자들은 빵나무 열매(breadfruit), 판다누스(pandanus, 야자수 종류), 문어의 수량을 인지할 때 다른 셈법을 이용했다. 외부인의 시선에 이러한 관습은 원시이거나 진화가 덜 된 단계로 보일 수 있다. 모든 대상물의 수를 일관성 있게 셀 수 있는 추상적인 숫자가 없는 것으로 보이기 때문이다. 하지만, 흥미롭게도 망아레바어는 분명히 일관성 있는 10진법을 포함한 오세아니아조어(Proto-Oceanic)에서 파생된 언어이다. 따라서, 폴리네시아의 다른 관련 셈법과 마찬가지로 망아레바어의 셈법은 이 언어보다 더 진화되었다고 생각할 수 있는 10진법에서 발전했다. 이러한 발전은 망아레바어 숫자가 복잡한 숫자 발달의 초기 단계라는 가정을 뒤집는다. 이처럼 우리의 직관적인 이해에 반하는 수 체계의 이러한 역사적 궤적은 특정 대상을 겨냥한 수 체계가 어떤 맥락에서는 정신적인 산술 속도를 높이는 한편, 문자가 존재하지 않은 시기에 일부 수학적 과제와 관련한 인지적 노력을 줄여준다는 점을 반영하는 것일 수 있다.

망아레바어는 기본적으로 10진법을 갖고 있지만, 특정한 대상물의 개수를 더 효과적으로 셀 수 있는 다른 셈법도 포함하고 있었다. 예를 들어, '타우가(tauga)'라는 단어는 대상물의 종류에 따라 1, 2, 4, 또는 8을 의미했다. '타우가'의 셈법은 2×2=4, 4×2=8의 패턴에서 알 수 있듯이 분명히 2씩 건너뛰어 세는 방식을 취하고 있다. 그러나 오세아니아조어의 10진법 특징이 망아레바어에 남아 있다고 보는 이유는 '타우가'가 10개씩 모아 세는 것을 의미할 때도 있기 때문이다. 즉, 망아레바 사람들은 타우가로 셀 때 10진법을 이용했다. 예를 들어, '파우아(paua)'는 수를 세는 대상물에 따라 20, 40 또는 80을 나타냈다. 다시 말해, '파우아'는 10을 가리키는 말이었지만, 특정한 대상물에 대해서는 '타우가'의 10배를 의미했다. 그렇다면, 이 경우는 2진법의 변형으로도 볼 수 있다. 따라서, '파우아'는 실제로 수를 세는 대상에 따라 10×2, 10×4, 또는 10×8을 의미했다.

본질적으로, 망아레바 사람들은 주로 그들의 문화와 거래에 중요한 대상을 2개, 4개, 8개씩 묶어 세고 있었다. 벤더와 벨라가 지적하였듯이, 물고기 12 타우가가 있다는 말은, 물고기 24마리가 있다는 것을 의미했다. 반면, 코코넛 12 타우가는 코코넛 48개를 뜻했다.[9] 망아레바 사람들은 대상물을 개별적으로 세는 것이 아니라 쉽게 구별할 수 있는 묶음을 만들어 세고 있었다. 이렇게 일정한 수량으로 묶어서 세는 전략은 대상물이 2, 4, 8 등 예측 가능한 수량을 제공하는 경우에 편리할 것이다. 우리도 역시 일정한 수량으로 자연스럽게 발생하는 대상물을 셀 때 같은 전략을 사용한다. 예를 들어, 가게에서 어떤 수량으로 포장되는지 익히 알고 있는 맥주를 산다면, '맥주 24병'이라고 하기보다 '4개들이 6팩'을 달라고 할 것이다. 망아레바어의 셈법은 이처럼 이 지역의 생태계에서 일반적으로 접할 수 있는 수량에 특화된 전략이었다.

또한, 망아레바의 체계는 타우가가 2의 제곱에 기초하여 수량을 센다는 점에서 수를 빠르게 셀 때 2진법이 갖는 이점을 암시한다. 라이프니츠

Leibniz는 18세기 전반에 2진법을 이용한 연산의 장점을 입증한 것으로 유명하다. 벤더와 벨라의 연구는 망아레바 사람들이 라이프니츠의 연구보다 훨씬 오래전에 이러한 방법의 이점을 이미 이해하고 있었음을 보여준다. 일부 태평양 섬에서 발달한 것으로 보이는 원주민들의 이러한 셈법은 결국 그렇게 원시적이지는 않은 것이었다. 이러한 발견은 우리에게 이렇게 경고한다. 어떤 수 체계가 '진화하지 않은 것'처럼 보이고 복잡해 보이더라도, 그것은 사용하는 사람들의 필요에 맞게 효과적인 방식을 찾아 그렇게 기능하고 있는 것일 뿐이다.

최근의 연구는 또한 일부 비언어적인 수 체계의 복잡성이 과소평가되었다는 것을 보여준다. 역사적으로 세계 여러 문화에서는 셈판과 주판이 사용되었다. 지금도 일부 문화에서는 여전히 사용되고 있다. 이러한 도구를 이용한 셈법은 분명한 이점을 갖고 있다. 예를 들어, 일본의 소로반(算盤, 수 세기 전에 중국에서 들어온 수판[數板]을 개량한 주판의 형태)의 사용을 관찰해보면 이 점에 대해서는 수긍하지 않을 수 없다. 서구 산업화사회의 아이들은 일반적으로 주판에 익숙하지 않으며, 세계의 많은 곳에서 교실에 흔히 있는 계산기에 비해 원시적으로 보일 수도 있다. 그러나 계산기와 달리 주판은 인지적인 면에서 몇 가지 장점을 갖고 있다. 주판을 사용하는 아이들은 성장하면서 '정신적인 주판'도 발전시킬 수 있기 때문이다. 즉, 이러한 아이들은 주판의 구조를 내면화한 이미지를 통해 상상의 구슬을 조작하여 계산한다. 최근의 통문화적 연구 결과에 따르면, 주판에 기반을 둔 수학적 전략을 구사하는 사람들은 적어도 일부 수학적 과제에서 그러한 전략에 익숙하지 않은 사람들을 능가했다. 소로반이 현재 아시아 지역의 많은 학교에서 사용되고 있는 것은 우연이 아니다. 비서구권 숫자 기호의 장점을 보여주는 정신적 주판의 효과는 수적 기술을 통해 우리가 정신적으로 수량을 조작할 수 있는 또 다른 방법을 예시한다는 점에서 중요한 의미를 갖는다. 수를 세는 단어이든, 주판이든, 아니면 수량을 나타낼 수 있는 또 다른 형태의 기호이든, 수적 기술은 이처럼 정신적인 수량 조작의 도구를 제공한다는 점에서 유사하다.[10]

결정적인 영향력을 미친 숫자 0의 느긋한 여정

하늘 높이 솟은 캄보이아 밀림을 뚫고, 거대한 사암 석조 얼굴이 방대한 규모의 바욘 사원(Temple of Bayon)을 응시하고 있다. 이 유적지는 앙코르 톰Angkor Thom으로 알려진 고대 크메르 수도에 있다. 사원 주변에 위치한 수십 미터 높이의 얼굴상들은 불교적 연민을 구현한 것으로 전해지는 관세음보살과 크메르 왕 자야바르만 7세Jayavarman VII의 인상을 함께 담고 있다(그림 9.1 참조). 이 정교한 사원은 약 900년 전 이 밀림을 지배했던 자야바르만 7세의 명령으로 건축되었다. 역사 속에 자야바르만 7세는 자상한 왕으로 기록되어 있다. 그가 100개 이상의 병원을 세워 제국의 시민들을 돌보았던 것 때문이기도 하다. 앙코르톰에서 불과 몇 킬로미터 떨어진 곳에 자야바르만 7세의 부왕이 지은 세계 최대의 종교 건축물인 앙코르 와트가 있다. 기자의 피라미드나 메소아메리카의 피라미드처럼, 크메르 제국의 사원들은 우리의 집단적 상상력에 특별한 자리를 차지하고 있다. 서양 문명과 다른 시공간에 존재하는 듯한 앙코르 제국의 시민들은 세계에서 가장 눈부신 건축물을 건설했다. 그들은 또한 병원과 도로의 네트워크를 만들었고, 유례를 찾아보기 힘든 관개 시스템을 구축했다. 앙코르 전역에 세워진 이 놀라운 시설에서 엿보이는 고대의 대칭성과 예술성은 지금도 경외심을 불러일으킨다.

그림 9.1 캄보디아 바욘 사원의 얼굴상, 저자가 촬영한 사진.

크메르 제국의 모든 건축물의 웅장함에 압도된 우리는 이 매혹적인 인류의 성취 중심에 자리잡은 핵심적인 기술을 자칫 지나치기 쉽다. 바욘의 석조물과 뜰을 거닐다 보면 마주치는 이러한 구조물의 존재 자체가 사실 그러한 기술의 흔적이다. 아마 독자는 이쯤에서 내가 말하고 있는 기술이란 것이 어떤 것인지 짐작할 수 있을 것이다. 바로 구어 숫자와 표기 숫자이다. 게다가, 특히 주목해야 할 혁신적인 숫자 하나가 바욘의 석조 얼굴상이 조성되기 몇 세기 전에 인도의 아대륙(亞大陸)으로부터 이곳으로 넘어와 크메르 제국의 건설에 활력을 불어넣은 것으로 보인다. 그 숫자는 바로 '0'이다. '없음(無)'을 나타내는 이 원형의 기호는 캄보디아의 현대문화에 지금도 분명한 자취를 남기고 있다. 캄보디아의 화폐가 그러한 예이다. 캄보디아에서 0을 표시하는 원형 기호가 서구사회의 0에서 파생된 것이라고 보고 싶겠지만, 그 반대 방향으로 파생하였다고 보는 편이 더 정확하다. 실제로 2015년 캄보디아에서 세계에서 가장 오래된 것으로 알려진 원형의 0이 재발견되었다. 문제의 0, 즉 아주 큰 점의 형태를 띤 이 기호는 605년의 고대 크메르 숫자에서 자리 표시 자의 역할을 했다. 서기(CE, Common Era) 683년으로 거슬러 올라가는 석판에 서도 이 기호를 찾을 수 있다. 이 석판은 바욘의 얼굴상과 앙코르 와트, 앙코 르톰의 다른 유적으로부터 불과 몇 킬로미터 떨어진 곳에서 발견되었다. 제 2장에서 언급한 바와 같이 마야는 0에 해당하는 표기 형식을 만들었고, 잉카 에서는 키푸를 통해 이 개념을 암호화하였다. 이와 비슷하게, 바빌로니아 비 문에도 이 개념의 흔적을 엿볼 수 있다. 그러나 우리 모두 알고 있고 사랑해 마지않는 0, 너무나 다양한 수학적 연산을 편리하게 하는 '없음'을 나타내는 원형의 이 기호는 그리스, 로마, 또는 대부분의 고대문명에서는 활용되지 않 았다. 5세기경 인도에서 0이 발명되기 전에는 전혀 사용된 적이 없다. 이 기 호는 인도에서 비교적 빠르게 동쪽 캄보디아로 전파되었고(그리고 나중에 중국 으로), 당시 힌두교 등 인도 문화의 영향을 많이 받은 크메르인을 비롯한 다른 집단이 새로운 방식으로 수식화하는 데 도움을 주었다.[11]

서쪽 세계의 여정은 더 느긋했다. 우리가 자리 표시자(즉, 수학으로 '없음' 의 편의적 표시)로 사용하는 0의 기호는 13세기 전에는 유럽에 존재하지 않았 다. 페르시아의 수학자 무함마드 알-크와리즈미Muhammad Al-Kwarizmi, 알고리즘 (algorithm)이라는 용어는 이 수학자의 이름에서 딴 것이다.는 9세기에 남긴 그의 영향력 있 는 연구를 통해 힌두에서 0을 포함한 표시 숫자체계가 사용되었다고 주장하 였다. 몇 세기 후에 그의 저서는 유럽 언어로 번역되었다. 1202년에 이탈리아 피사에는 레오나르도Lenardo라는 수학자가 있었다. 피보나치라는 이름으로 더 알려져 있는 그는 『산술교본(Book of Calculation[Liber Abaci])』이라는 유명 한 저서를 남겼다. 이 저서에서 그는 0(그리고 더 일반적으로 힌두교 숫자)의 사용으로 인한 장점을 극찬하는데, 여기에서 우리는 이 숫자가 당시 다양한 수식의 발달을 촉진하는 역할을 하였음을 짐작할 수 있다. 당시 많은 유럽인들이 동쪽 세계에서 넘어온 이 새로운 체계를 흔쾌히 받아들이지 않았지만, 결국 0과 10진수에 기초한 숫자는 서구문화에 깊숙이 침투하여 수학의 상징적 관습을 주도하였다. 이후 0의 채택은 유럽의 과학과 기술을 발전시킨 원동력이 되었다. 확실히 발명된 표기 숫자인 이 단순한 인지적 도구는 크메르와 중국인, 유럽인은 물론 오늘날 우리 대부분의 삶에 강력한 영향을 미치게 되었다. 결국 수학적인 문제 해결의 촉진은 건축과 과학 분야의 발전을 앞당겼고, 일반적으로 기술발전에서 분명한 혜택을 가져왔다. 유럽이 채택한 0의 숫자를 이용한 10진법은 문화적으로 중립적인 의미에서 더 '진화'되지 않을 수도 있지만, 중세 후반과 르네상스 기간에 유럽 문화에서 안고 있던 일부 수학적 과제의 해결을 촉진한 것으로 보인다. 고대 로마인과 그리스인을 포함한 유럽인들 역시 정교한 수학을 갖고 있었지만, 그들에게 0은 존재하지 않았다. 또, 0의 존재가 당시 그들의 문명 발전에 꼭 필요한 것도 아니었다. 그러나 10진법이 없었다면 유럽에서 이후 발생한 산업 또는 기술혁명을 상상하기 어렵다.

0과 같은 정교한 표기를 포함한 수적 언어의 개조는 언어 외적인 문화적 변화를 가능하게 하거나 최소한 가속화한다. 서구의 수학이 어떻게 개선되었는지 생각해보라. 0이 없었다면 음수, 데카르트평면, 함수 그래프, 미분학의 한계 등을 기호로 표현하기 쉽지 않았을 것이다. 또한, 이러한 상징적인 도구들은 다른 수학적 전략의 플랫폼 구실을 했다. 0을 표기하기 시작한 이후 유럽에서 일종의 수학 혁명이 일어난 것은 우연이 아닐 것이다. 또한, 0과 10진법에 기초한 수학적인 문자 도입이 크메르 제국의 초기 기술혁신보다 앞선다는 것은 우연의 일치가 아닌 것 같다. 그렇다면 바욘의 얼굴은 우리가 강조하고 있는 더 큰 현상의 축소판인 셈이다. 즉, 문화 특히 정교한 물질문화는

특정한 문화적 전통의 산물로 발명된 수적 도구에 의해 다양한 방식으로 영향을 받게 된다.[12]

기호 혁신의 중심에 존재한 숫자: 문자의 기원

문자가 인류 역사에서 독자적으로 발전한 곳은 메소포타미아, 메소아메리카, 중국, 이집트(이 발상지에 대해서는 논란의 여지가 있다.) 등 몇 군데에 불과하다.[13] 이 네 곳의 발상지에서 발견된 유물 중 가장 최초의 것으로 알려진 문자의 표본은 대체로 숫자 중심이다. 이 점은 인류 역사상 가장 오래된 메소포타미아의 문자 체계를 다룬 2장에서도 강조한 바 있다. 가장 오래된 설형문자판(cuneiform tablet) 중에는 수량 기록을 포함한 사례가 많았다. 완성된 형태의 설형문자는 숫자를 기록한 장부 체계를 개발한 시점 또는 그 이후에 나타난다.

그러나 놀랍게도 가장 이른 표본의 연대가 상왕조까지 거슬러 올라가는 3천 년 이상 된 중국의 문자에서도 마찬가지일 것이다. 이러한 표본 중 가장 오래된 것은 점치는 뼈(oracle bone)이다. 이 뼈에는 적군의 포로, 사냥한 새와 다른 동물들, 제물로 바친 동물 등을 수량화한 숫자가 새겨져 있었다. 메소아메리카의 경우에는 이 지역에서 가장 오래된 사본에서 공통으로 발견된 핵심적인 요소는 바로 선과 점으로 이루어진 숫자의 표현이었다(그림 2.4). 이 지역에서 가장 오래된 표기 형식은 일반적으로 달력과 숫자의 기록이다. 이집트에서 가장 오래된 상형문자의 형태는 상품의 수량 정보를 전달하기 위한 것이 많다. 결국, 메소포타미아를 비롯한 다양한 지역에서 발견되는 가장 오래된 형식의 문자는 공통으로 숫자와 관련이 있는 것이 분명해 보인다. 전 세계에서 발견되는 고대의 문자는 고대 구석기시대의 유사 기호 조각과 마찬가지로 숫자에 초점을 맞추고 있으며, 그림 또한 수량을 주로 표현하는 사례가 자주 발견된다. 2장에서 살펴보았던 리틀솔트스프링에서 발견된 1만 년 전 사슴뿔도 그러한 예였다. 그러한 상징적 형태는 문자만큼 추상적이거나 관습화된 것은 아니었지만, 생각을 2차원적으로 전달하는 기능은 분명히 갖고 있었다.

그래서 숫자들은 모든 문자 체계의 시작부터 존재해왔다. 이 사실에 대한 한 가지 합리적인 해석은 표기 숫자가 더 완전한 문자 체계를 갖추기 위한 전구체의 역할을 한다는 것이다. 그렇다면, 숫자가 문자의 출현에 그처럼 중추적인 역할을 하는 이유는 무엇일까? 2장에서 논의한 고대 셈법과 관련하여 한 가지 가능한 설명을 해보자. III과 같은 로마숫자를 떠올려 보라. 이 숫자는 상징적인 것으로, 각 선은 일대일 배열에서 하나의 요소를 직접 나타낸다. 이와는 대조적으로 라틴어 et('그리고')는 단순한 개념을 나타내지만, 상징적인 것은 아니다. 왜냐하면, 이 단어를 이루는 두 개의 글자 즉, 기호는 이 단어가 나타내고자 하는 의미와 실제적인 물리적 관계가 없기 때문이다. 따라서 이러한 기호는 III을 이루는 각 기호와 같이 기호를 통해 나타내고자 하는 대상과 일치하지 않는다(예를 들어, 슈퍼볼 III라고 말하면 각각의 선형 표시는 하나의 게임을 나타낸다). 결국, 숫자는 무엇보다 상징성이 강하다. 예를 들어, 7이라는 숫자의 상징적인 기원은 이제 더이상 명백하지 않다. 수 표기 기호는 일대일로 대응하는 개념이라는 점에서 다른 개념과 소리에 대한 기호와 대조하여 처음에 개발하기는 더 쉬웠을 것이다. 이를테면, 단일한 수량은 단일한 선들로 표시될 수 있고, 다음으로 더 큰 수량은 이러한 선들을 조합하여 나타낼 수 있다. 이와 같은 방식이라면 더 큰 수량일수록 더 많은 선이 필요하다(점이나 꺽쇠 표시일 수도 있다). 그렇다면, 많은 숫자의 본질적인 상징성은 일대일대응 관계를 인식할 수 있는 우리의 능력에 기초하는 것이다. 이전 장에서 강조했듯이, 이러한 능력은 작은 수량의 경우에는 선천적인 감으로 발현될 수 있지만, 더 큰 수량의 경우에는 언어를 통해 습득된다. 이 책에서는 또한 우리가 일생에서 처음으로 수량을 선형적으로 표현할 때 주목하는 것이 우리 손가락의 모양이라는 점을 지적하며, 수적 사고 발달에 있어서 손가락의 역할을 강조하였다. 돌, 종이, 또는 나무에 새겨진 선형 표시는 우리의 손을 통해 수량의 선형 표현에 자연스럽게 노출되어왔으므로 더 쉽게 수량을 표현한 것으로 인식할 수 있다. 그 결과, 수량은 2차원 형태의 조합을 통해 직접적이고 상징적으로 표현될 수 있으며, 다른 개념에는 적용되기 어려운 인지적 편의성을 갖게 된다.[14]

따라서, 수량 기호는 적어도 세 가지의 상호관련성 때문에 비교적 쉽게 문자로 사용될 수 있다. 첫째, 인간은 선천적으로 일부 수량의 대응 관계를 추상화하는 데 취약하다. 우리는 단순한 추상적인 대응 패턴에 따라 사물을 서로 짝지을 수 있다는 것을 자연스럽게 인식한다. 둘째, 이러한 추상적인 연관성은 비언어적 기호로 비교적 쉽게 나타낼 수 있다. 결국, 수량 기호는 정교하게 그리거나 새기지 않아도 된다. 수량이 아닌 개념들의 경우는 상형문자로 표현되었기 때문에, 숫자를 기록할 때보다 더 정교한 솜씨가 필요했다. 예를 들어, '매머드'나 '사냥'은 I, II, III처럼 기호화하여 기록하기 어려운 개념이다. 셋째, 우리의 손가락은 우리가 처음으로 수량을 소통할 때 최초로 사용한 자연스러운 선형 기호의 역할을 한다. 손가락을 숫자 아이콘으로 사용한 후에는 다른 숫자에 대한 선형 기호도 더 쉽게 생각해낼 수 있었다. 시간이 지나면서 이러한 기호들은 관습화되고, 더욱 추상화됨에 따라 이제 진정한 숫자들이 셈법의 표지로부터 발전하게 된다.

요컨대, 선과 다른 표시로 수량을 표현하는 내재적 용이성은 더욱 완전하고 추상적인 수량의 2차원적 표현을 위한 자연스러운 토대가 될 수 있다.

이러한 방식은 다른 개념들도 추상적인 형태를 통해 2차원적으로 표현될 수 있다는 깨달음을 가속화할 수 있다. 적어도 본격적인 문자가 점진적으로 발명된 몇 안 되는 지역에서, 표기 숫자는 문자 체계의 발생 시기에 이미 존재했다는 사실에 주목할 필요가 있다. 그렇다면, 숫자가 농업의 발전과 보급에서처럼 문자의 발명과 보급에도 필수적이었던 것으로 보인다.[15]

　　마지막으로, 문자의 기원에서 숫자의 중요한 역할은 또 다른 명확한 사실로도 짐작해볼 수 있다. 즉, 숫자는 놀라울 정도로 실용적이다. 숫자는 경제적 거래와 같은 인간의 상호작용에서 필수적인 기능을 한다. 최초의 문자기록 중 많은 사례는 둘 이상의 당사자들 사이에 이루어진 거래와 관련한 장부 관리자들이 남긴 것이다. 그러한 장부 기록을 통해 과거 사람들은 거래망의 유지와 물품보관을 좀 더 쉽게 할 수 있었다. 이와 관련하여, 숫자는 계절과 수확량의 세심한 예측을 가능하게 하는 달력의 이용 또한 가능하게 했다. 숫자는 인구가 밀집한 사회에서 이처럼 다양한 활동을 하는 데 필수적인 요소이다(사회의 기원을 추적해보면 숫자로 인해 촉진된 농업 관련 관습을 확인해볼 수 있다).

　　이러한 이유로, 숫자는 전 세계적으로 문자의 출현을 이끈 바탕이 되었다. 일반적으로 과학혁명, 산업화, 현대 의학의 발전이 특정한 수학적 관습에 의존한 것이라고 인식되고 있다. 그러나 정교한 수학이 출현하기 이전에도 수천 년 동안 언어적 숫자는 인간이 생존하고 생각을 전달하는 방식에 깊은 변화를 가져오는 데 도움이 되었다.

결론

　　고대 이집트인의 피라미드에서 앙코르의 석조 도시, 고대 메소포타미아와 메소아메리카의 유적에는 공통점이 있다. 이 거대한 기념물을 축조되던 시기의 농경 전문가들은 숫자, 더 정확히 말하자면 기수에 크게 의존했다는 점이다. 가장 초기의 문자 체계는 뚜렷하게 숫자 중심이었다. 그 후, 숫자는 문화가 발전하는 환경을 변화시킨 새로운 형태의 공학과 건축을 가능하게 했다. 0과 같은 숫자는 수량의 조작을 더욱 쉽게 했다. 이러한 발전을 거친 후에 새로운 유형의 문화적관습이 출현하였고, 이러한 관습은 다시 표기 수 체계의 혁신을 요구했다. 이 모든 것에 앞서, 정교한 언어적 숫자는 분명히 특정한 농법의 발전에 결정적인 역할을 하였다. 증거를 통해 알 수 있는 바와 같이 대부분의 현대 수렵채집민 인구는 낮은 한계와 제한적 기능을 지닌 수 체계를 사용하고 있다. 간단히 말해, 구어 숫자와 표기 숫자는 수천 년 전에 다양한 문화에서 급진적인 변혁을 이끄는 중추적인 역할을 했다. 오늘날 사멸 위기에 있는 많은 문화에서도 이와 비슷한 변형은 여전히 작동되고 있다.

X

변형 가능한 도구

백미러를 액자 삼아 보이던 테이블산Table Mountain, 남아프리카 공화국 남부 지역에 있는 산 - 역주은 시야에서 사라진 지 오래다. 목적지에 다가갈수록 아프리카 대륙의 최남단을 굽이치는 계곡을 따라 세워진 도로 표지판과 라디오 광고판에는 아프리칸스어(Afrikaans, 네덜란드어에서 17세기 식민 지배 때 남아프리카공화국으로 들어와 독자적으로 발전 언어 - 역주)와 영어의 콜라주처럼 보인다. 내가 향하는 곳은 대서양과 인도양의 갈라진 곳 바로 동쪽의 푸른 바다를 끼고 있는 평온한 마을, 스틸바이Stilbaai였다. 숫자가 어디에서 처음 유래했는지 모르지만, 내가 가고 있는 그곳일 수도 있다. 숫자의 이야기는 스틸바이에서 바라보이는 이 험준한 바위투성이의 해안선을 따라 시작되었는지도 모른다. 인간의 내러티브에서 이 해안선은 점차 중요한 배경으로 인식되고 있다.

지난 20년 동안, 다양한 분야의 전문 고고학자들은 이 지역을 샅샅이 조사했다. 이 해안선 근처에 위치한 스틸바이 바로 서쪽의 블롬보스 동굴과 동쪽으로 수십 킬로미터 떨어진 곳에 있는 피너클 포인트Pinnacle Point 동굴도 그중 이들의 발굴 대상이었다. 이 지역에 대한 고고학적 연구는 눈길을 끄는 결과를 낳았다. 초기 호모사피엔스에 관한 다른 연구와 더불어, 이들의 연구는 사피엔스의 아프리카 탈출에 앞서 수천 년 동안 우리 조상들의 생존 방식과 특징을 새롭게 조명하였다. 이 지역의 동굴에서 발견된 것은 일반적으로 아프리카 구석기 고고학 연구에서 일반적으로 발견되는 것이 아니다. 그곳에는 오스트랄로피테신류의 뼈도, 호모사피엔스의 다른 잠재적인 조상들의 유골도 없다(이러한 뼈는 남아프리카 공화국의 다른 지역이나 올두바이 협곡Olduvai Gorge과 그레이트 리프트 계곡Great Rift Valley과 같이 더 멀리 있는 아프리카 지역에서 발견되었다). 블롬보스와 피너클 포인트 동굴에서는 이렇다 할 호미닌의 유골은 출토되지 않았다. 다른 고대 인간의 치아와 뼛조각들만 발견되었을 뿐이다. 그러나 이곳에서 발견된 것은 아마도 생김새나 행동이 우리와 비슷한 종의 직접적인 조상들의 삶과 관련하여 유골이 전해주는 것보다 더 많은 이야기를 들려준다. 이러한 동굴에서 밝혀진 증거로 미루어 볼 때, 현재 우리 인간의 행동 중 많은 부분의 기원은 바로 이 해안선을 따라 발생한 것인지도 모른다. 여기에는 수적 기술의 사용과 관련이 있는 행동도 포함된다.

약 19만 년부터 13만 5천 년 전까지, 지구의 기후는 변동했다. 더 오래전에 발생한 기후 변동과 마찬가지로, 당시의 환경변화는 인간의 단계를 극적으로 휘청이게 하였다. 예를 들어, 약 190만 년 전의 기후 변화 이후 우리의 조상들은 숲속이 아닌 초원 지대에서 살아남아야 했다. 이러한 환경 변화는 우리 종의 기원에 중추적인 역할을 했는지도 모른다. 그러나 우리가 지금 주목하고 있는 더 최근의 기후 변동은 아프리카 지역 서식지의 급격한 감소를 통해 호모사피엔스의 생존 자체에 큰 영향을 미쳤다. 이러한 기후 변화 이후 아프리카 대륙은 더욱 건조해졌고, 식량 또한 구하기 어려워졌다. 더욱이, 약 75,000년 전에 수마트라 토바Toba 화산의 대폭발로 인해 거대한 화산재 구름과 화산 겨울이 발생함에 따라 인류의 개체수가 크게 감소하였다. 고고학적 증거에 따르면, 당시 인류는 이 어려운 시기에 특히 아프리카의 최남단 해안 지역을 피난처 삼았던 것으로 보인다. 최근의 발견에서 알 수 있듯이, 해안가는 비교적 식량자원이 풍부했기 때문이다. 특히, 아프리카의 남단에는 바다 달팽이와 같은 해산물이나, 알뿌리나 덩이뿌리 같은 지중식물을 쉽게 구할 수 있었다. 당시 식량자원이 상대적으로 부족했던 다른 지역에 비해, 이 지역에서는 탄수화물과 단백질 공급원이 풍부했다. 이 시기의 기후변동과 생태학적 재구성이 이루어지던 때, 삶의 터전이 거의 사라진 아프리카 지역에서 이 해안선은 사람들이 정착하기에 좋은 얼마 남지 않은 장소였을 것이다.[1]

피너클 포인트 동굴에서의 발견으로 미루어 볼 때, 당시 인류는 이곳에서 간신히 생존하기만 한 것은 아니다. 이곳에 머무는 동안 그들은 번성을 이뤘다. 약 17만 년 전부터 이 해안선을 삶의 터전으로 삼았던 인류는 일종의 기술적 변영을 경험했다. 고고학자들의 연구로 피너클 포인트 동굴에서 인간은 수만 년 동안 머물며 석기와 같은 기술을 발전시켜왔다는 사실이 밝혀졌다. 이 동굴에는 실제로 원석을 불에 달군 후 쪼개는 식의 복잡한 공정의 도구 제작이 이루어졌음을 보여주는 흔적이 발견되었다. 그보다 앞선 시기에 발전의 정체를 보였던 석기 기술과 대조적으로, 이 동굴에서 발견된 새로운 형태의 석기는 급진적인 속도로 혁신이 이루어졌음을 시사한다. 그밖에 다른 기술적 진보도 엿보이는데, 오늘날 일부 부족민들처럼 붉은색으로 몸에 문양을 그린 것으로 보이는 흔적도 그러한 예이다. 이러한 물질적 유산은 이 시기에 이루어진 기술의 진보뿐만 아니라 당시 사람들이 상징적인 방식으로 생각하고, 물질적 기술을 다음 세대에 전수하였다는 사실을 입증한다. 따라서, 이러한 흔적을 통해 우리는 고대에 이 지역에서 살았던 인류가 언어를 갖고 있었을 것이라고 짐작할 수 있다.[2]

노르웨이 베르겐 대학교University of Bergen의 고고학자 크리스토퍼 헨실

우드Christopher Henshilwood의 연구에 따르면, 고대 인류가 블롬보스 동굴을 사용한 기간은 약 3만 년으로 보인다. 이 동물에서 발견된 쓰레기는 일반적으로 더 최근의 것이며, 인간의 인지발달과 관련한 설득력 있는 증거를 더욱 다양하게 제공하고 있다. 이러한 증거에는 정교한 석기와 바늘 등의 뼈 도구가 포함된다. 철이 함유된 광물에서 염료를 추출하기 위한 오커(ochre, 물감 원료로 사용된 황토 – 역주) 공정에 사용되었던 그릇 모양의 전복 껍데기나 숫돌 등의 유물도 발견되었다. 실제로, 블롬보스 동굴은 다양한 인공물의 제작 및 공정이 이루어진 작업소의 역할을 했던 것으로 보인다. 이곳에서 발견된 유물 중에는 10만 년에서 7만 년 전에 제작된 뼛조각과 오커 조각도 있었다. 그중에서도 가장 유명한 것은 길이가 6센티미터에 불과한 오커 조각으로, 고고학자들은 일부러 새긴듯한 빗살 무늬의 표시를 발견했다. 이 표시의 목적이 무엇이었는지는 분명하지 않지만, 상징물이나 기호의 역할을 한 것일 수 있다. 이것은 아마도 상징성을 포함한 가장 오래된 인공물일 것이다. 전 세계의 구석기시대를 포함하여 선사시대 숫자와 관련한 다양한 증거에 비추어 볼 때, 이 표시는 수량을 나타낸 것으로 짐작된다. 오커에 이 무늬를 새긴 장인은 수천 년 뒤의 이상고 뼈에 표시를 새긴 사람들처럼(2장을 보라) 어떤 수량을 기록했던 것일까? 안타깝지만, 고고학적으로 이 작은 조각의 진짜 기능을 확인할 길은 막막하다.[3]

블롬보스 동굴의 유물을 통해 우리는 이곳에서 작업한 사람들이 수량을 기록하는 방법을 만들었을 가능성을 생각해볼 수 있다. 이들은 직접 숫자를 발명했거나, 적어도 물려받았을지 모른다. 이곳에서 출토된 놀라운 유물 중에는 소라(나사리우스 크라우시아누스[Nassarius krausianus]) 껍데기에 구멍을 내어 만든 구슬이 있었다. 이 소라 구슬은 5개나 12개씩 묶음 형태로 발견되었다. 이 구슬 한 개의 길이는 약 1센티미터로, 개인 장신구로 사용된 것이 분명하다. 일정한 위치에 구멍을 낸 소라껍데기를 엮어 장신구를 만드는 기술은 지금도 많은 문화에서 찾아볼 수 있다. 놀라운 것은 수천 년 전에도 이 조개 중 일부는 동굴과 인접한 해안가에 서식하지 않았다는 점이다. 현재 이 특정한 조개는 볼롬보스 동굴에서 약 20킬로미터 떨어진 하구에서만 발견된다.[4] 즉, 블롬보스 동굴에 살던 사람들은 이 윤기 나는 소라껍데기를 구하기 위해 그 먼 거리를 걸어갔거나, 아마 다른 사람들과 거래를 했을 정도로 이 재료를 귀하게 여겼던 것으로 보인다. 이것이 사실이라면, 블롬보스 동굴의 유물을 통해 우리가 알 수 있는 것은 과거 사람들이 이 귀한 물건을 사용한 방법이다.

이 소라껍데기가 그처럼 귀한 가치를 지닌 물건으로 취급되었다면, 블롬보스 동굴 인근에 살았던 사람들은 소라 구슬의 수량을 기록하고, 행방을 더 효과적으로 추적하며, 수량을 고려하여 다른 상품과 교환 가능한 방법을 찾아야 했을 것이다. 일부 연구자들은 실제로 이 조개 구슬이 수량을 상징하는 기능을 했을 것으로 보기도 한다(즉, 수량 자체를 의미한 것일 수 있다). 그러나 이 책에서 살펴본 여러 연구 결과에서 분명히 밝히고 있듯이, 인류 최초의 숫자로 정확한 수량을 표현하는 역할을 했던 것은 이러한 소라 구슬보다 손가락이었을 가능성이 더 크다. 저명한 심리학자 수잔 캐리(그의 유명한 수 인지발달 연구는 6장에서 소개하였다.)는 이러한 인공물의 중요성과 관련하여 이렇게 언급한 바 있다. "구슬의 역사가 10만 년 전으로 거슬러 올라간다면, 손가락의 역사는 수백만 년 전으로 거슬러 올라간다."[5] 손가락은 대개 언어적 숫자로 사용되며 정확한 수량의 인식을 위한 관문의 역할을 했다. 그러나 어느 시점에 인간은 작고 동질적인 형태를 가졌으면서도 가치가 있는 사물을 이용하여 수량을 표시해야 할 필요가 있었을 것이다. 아마도 블롬보스 동굴에서 출토된 윤기 나는 소라 구슬은 바로 이러한 필요에 따라 숫자를 대신할 목적으로 제작된 것일 수 있다. 즉, 이러한 발명을 이끈 것은 바로 일관되고 정확하게 수량을 구별하고자 하는 새로운 욕구였을 것이다.

숫자가 최초로 사용된 곳이 어딘지 특정할 수는 없지만, 당시 사람들의 삶을 그려볼 수는 있을 것이다. 이 해안 지역에 살던 사람들은 물질문화와 언어를 갖고 있었고, 2차원적인 기호도 사용했을 가능성이 있다. 이들이 소라 구슬의 재료를 구하러 그 먼 길을 오갔던 것을 보면 아마도 셈할 때 필요한 가치 있고 작은 재료가 필요했던 것으로 보인다. 이러한 사실에 비추어 볼 때, 이들이 숫자를 갖고 있었을 것이라는 가정은 그렇게 허무맹랑한 공상이 아니다. 그것이 사실이라면, 숫자는 이곳에서 발명된 것일까? 아니면, 어딘가에서 전파된 것일까? 피너클 포인트와 블롬보스 동굴의 유물을 통해 이 해안선을 따라 기술이 진화하기 시작한 속도를 고려해 보면, 이곳을 숫자의 발상지로 보는 시나리오도 최소한 가능성이 있다. 아마 이곳에서 살던 인류는 이 해안선과 다른 아프리카 남부 지역에서 사용된 언어와 숫자 기술을 정교하게 발전시켰을 것이다. 그러한 정교함은 결국 인간이 다른 여러 환경에 적응하는 능력에 중추적인 역할을 했을지도 모른다. 블롬보스와 피너클 포인트에서 출토된 유물에 뚜렷하게 드러난 언어 사용의 흔적은 인류가 후에 아프리카 대륙을 정복하고, 결국 대규모로 이곳을 탈출할 수 있는 원동력이 되었다.

인류 역사에서 분명히 중요한 역할을 한 해안선에 도착한 나의 눈에 들어온 것은 수없이 흩어져 있는 풍화된 바위였다(그림 10.1을 보라). 해안선의 형태는 빙하기를 전후로 변화하였으므로, 지금 바위가 보이는 곳도 위치 역시 항상 해안은 아니었을 것이다. 그래도 10만 년 전이나 지금이나 블롬보스 동굴과 항상 인접해 있다는 사실은 변함없다. 입체적인 형상을 한 이 바위들은 마치 사람이 일부러 조각한 것처럼 보이기도 한다. 해안가에 흩어져 있는 바위들은 서로 삐딱하게 늘어서 있다. 과거의 술에 취한 어느 건축가가 배열했다면 아마 이런 모습일 것이다. 이 바위들 틈에 서보면, 수천 년 전에 이 바위들을 타고 넘어 다녔을 동굴 사람들의 모습이 떠오른다. 이 해안에 정착한 사람들은 이곳 해산물에 새롭게 입맛을 들이며 생존할 수 있었다. 좀 더 넓게 보면, 당시 사람들이 이 바위들과 근처의 동굴들을 비롯한 인근의 여러 지역에서 내린 결정으로 인류는 멸종을 면했을지 모른다. 그러한 결정들은 분명히 어려운 시기에 인류의 생존과 아프리카 대륙을 넘어선 확장을 가능하게 하였을 것이다.

그림 10.1 남아프리카 공화국 블롬보스 동굴과 인접한 해안가. 저자 촬영 사진

바위 주변에 흩어진 소라들은 우리 조상들이 숫자를 만들게 한 압력을 어렴풋하게나마 암시해준다. 연보라색과 흰색 줄무늬의 소라껍데기들은 이 해안가의 바위를 주기적으로 삼키는 거친 파도를 따라 조금은 규칙성을 보이며 흩뿌려져 있다. 우리가 지금 바닷가에서 찾아볼 수 있는 이 작은 소라들은 수천 년 전에도 존재했다. 다만, 생존 자체가 녹록지 않았던 그 시절 인류에게 이 해산물은 필수적인 수단이었을 것이다. 또한, 이 소라의 껍데기는 당시 물질문화를 엮는 중요한 요소였다. 아마도 누군가는 이 소라껍데기들을 손 위

에 올려놓고 손가락마다 하나씩 놓아보며 일정한 수량으로 셀 수 있다는 사실을 깨닫고, 그렇게 한 손에 일정한 개수로 올릴 수 있는 소라껍데기를 한 '줌'이라고 부르기 시작했을지 모른다. 한 '줌'으로 수량을 세는 방식이 사람들 사이에 공유되면서, 이제 다른 대상물도 한 '줌'을 단위로 셀 수 있었을 것이다. 한 번 깨달은 뒤에는 이러한 인식이 더 쉽게 퍼질 수 있었다. 분명하게 알 수는 없지만, 아마 이러한 맥락에서 인류 역사상 숫자가 바로 이곳에서 최초로 사용되기 시작했을 가능성이 있다.

우리가 확신할 수 있는 것은 역사상 어느 시점엔가 정확하게 5개의 개념을 추상적으로 인식한 최초의 사람이 존재했다는 사실이다. 그러나 수 체계의 발명에 중요한 이러한 인식은 인류 역사에 단 한 번 발생한 것은 아니다. 여러 번에 걸쳐 다양한 문화적 계통에서 일어났다. 그중 일부 사례는 오랜 시간이 흐르는 동안 역사 속으로 자취를 감췄을 것이다. 그러나 또 다른 사례는 기호화되어 단어의 형태로 살아남았다. 이제 이러한 단어는 최초로 인지된 수량의 개념을 공유했던 과거 사람들과는 다른 새로운 방식으로 다른 사람들의 정신에 전달되었다. '다섯'과 같은 숫자단어를 처음으로 만들어 낸 사람들은 짐작도 하지 못할 방식으로, 이 새로운 인지적 도구는 인류 문화의 향방에 큰 변화를 가져왔다.

숫자와 신

고대 마야에서 현대 미국 사회에 이르기까지 더 큰 규모의 사회에 사는 사람들은 며칠, 몇 년 등의 시간을 세는 데 집착을 보인다. 부분적으로 이러한 관습은 고대의 농경 문화에서 비롯된 것이며, 이러한 문화의 존재는 다시 수 체계의 발명으로 뒷받침된다. 농경 문화로의 전환은 또한 더 일상적인 인간 경험을 변화시키는 계기가 되기도 하였다. 그러한 변화는 간단하게는 우리의 나이를 셈하는 법에서부터 우주에서 우리의 위치를 이해하는 방식에까지 영향을 미쳤다. 숫자와 농경문화의 발달로 사람들은 별의 움직임이나 계절의 변화에 더욱 의존하게 되었고, 이러한 변화를 통해 우리는 천체와 비인간 중심적인 우주를 이해할 수 있게 되었다. 그러나 이 책에서는 이러한 영향보다 수 체계의 정교화에 따른 새로운 종교의 출현을 돌아보고자 한다.

숫자와 관련하여 새로운 종교의 출현을 언급하는 것은 정신적인 의미에서 숫자의 중요성을 조금은 과장하는 것으로 보일 수 있다. 인간은 어떤 수체계를 갖고 있느냐에 상관없이 종교적 믿음을 갖는 것만큼은 분명한 사실이다. 그러나 여기에서 말하고자 하는 좀 더 미묘한 성격의 종교적 믿음은 고고학이나 인류학적 증거를 통해 이해할 수 있다. 창조신화, 물활론적(物活論的, animistic) 관습을 비롯한 다양한 유심론의 형태는 전 세계에서 거의 보편적으로 관찰되지만, 대규모 위계적 종교는 상대적으로 소수의 문화적 계통에서 제한적으로 발전해왔다. 더욱이 이슬람교, 기독교, 유대교와 같은 일신교와 힌두교, 신도, 불교를 비롯한 세계의 주요 종교들은 농경문화의 발생 이후에 오랜 세월에 걸쳐 발달해왔다. 더 정확히 말하자면, 이러한 종교들은 농경문화를 통해 사람들이 더 큰 집단을 이루어 정착한 후에야 발전하기 시작했다. 우리의 조상은 인류가 지구상에 존재해 온 10만 년의 역사 중 대부분을 블롬보스와 같은 곳에서 작은 집단이나 부족을 이루며 살았다. 그러다 1만여 년전부터, 특히 수천 년 동안, 사람들은 주로 도시지역으로 모이며 더 큰 족장사회와 제국을 형성하였다. 최근 학자들은 위계적 정부의 발전과 마찬가지로 주요 위계적 종교의 발전은 그러한 장소에 사람들이 모여든 결과 발생하는 것이라고 주장하였다. 이러한 주장이 사실이라고 가정하면, 이것은 복잡한 수 체계의 혁신으로 농업기술이 발달하고, 궁극적으로 우주에서 인간의 역할에 대한 새로운 관점, 즉 지구의 기원과 지구에 사는 존재에 대한 새로운 관점으로 이어졌음을 암시한다. 그렇다면, 수 체계의 발전이 신의 개념을 창조하는 데 중추적인 역할을 하였다고 말할 수 있을 것이다. 아니면, 이러한 발전이 신의 존재를 깨닫는 계기가 된 것인지도 모른다.

이러한 추측은 더 큰 규모의 인구집단에서 새로운 유신론적인 종교 전통이 인과적으로 발생하였다는 주장에 근거를 두고 있다. 그렇다면 이처럼 더 큰 인구집단에서 유신론이 형성되는 이유는 무엇일까? 큰 그림을 그려보자면 다음과 같다. 도덕을 관장하는 신과 사제 계급으로 조직된 종교적 믿음은 큰 집단을 이뤄 모인 사람들이 도덕과 이타심을 통해 서로 협력하는 데 필요한 매개체였다. 농경의 중심지와 이와 관련한 도시화의 도래 이후 문화의 인구가 증가함에 따라, 부족과 같은 더 작은 크기의 집단에서보다 비친족을 포함한 많은 구성원이 공유하는 신뢰에 의존해야 했다. 이와 달리, 소규모 부족 집단에 속하며 수렵채집으로 생계를 잇는 사람들은 친족관계에 기반을 두고 있었다. 따라서 이들 사이에서는 조직적인 노력 없이도 신뢰와 협력을 위한 자연스러운 동기를 형성할 수 있었다. 자연선택의 중요한 원칙은 유전자의 보호라는 점에서, 집단 내 이타주의와 희생은 소규모 부족에서 더 쉽게 떠올릴 수 있다. 그렇다면, 유전적 관계를 갖지도 않은 훨씬 더 많은 수의 사람들이 한 문화의 테두리 내에서 서로 협력해야 할 이유는 무엇일까? 왜 이들은 지속적으로 협조하며 나와 상관없는 타인의 복지에 관심을 갖는 것일까? 심리학자 아라 노렌자얀Ara Norenzayan과 아짐 샤리프Azim Shariff를 비롯한 연구자들의 가설에 따르면, 어떤 사회적 메커니즘은 개인들의 경쟁으로 인해 더 큰 문화가 붕괴하지 않도록 진화해야 했고, 많은 사람이 다른 누군가의 노고에 무임승차하는 일이 없도록 해야 했다. 이처럼 친사회적이고 협력적인 행동을 독려하는 사회적 메커니즘은 그러한 도덕적 위반 행위를 추적할 수 있는 공유된 윤리와 전

지적 신에 기초하여 조직된 종교였다. 이러한 신 중심의 종교의 점진적인 발전은 타인을 위한 친사회적 관심을 통한 문화적 생존과 성공에 이점을 가져다주는 질서와 협력적 행동을 자연스럽게 유지하는 역할을 제공하였을 수 있다. 다른 각도에서 말하자면, 신 중심의 도덕주의적 종교가 없는 큰 규모의 인구집단이 외부 집단에 협력적이지 않고(오히려 적대적이고) 유신론적 종교를 중심으로 집단 내 비친족 인구의 강력한 협력관계를 갖추고 있는 또 다른 큰 규모의 집단과 대적하게 된다면 생존하기 어려울 것이다.

이러한 가정을 뒷받침하는 일부 근거는 전 세계의 다양한 문화를 대상으로 한 최근 연구 결과에서 찾을 수 있다. 186개의 현대사회를 대상으로 한 조사에 따르면, 한 문화의 인구 규모와 그 문화가 개인의 도덕성을 관장하는 신을 중심으로 한 종교를 유지할 가능성 사이에는 뚜렷한 상관관계가 있다. 물론, 이와 같은 상관관계가 결정적인 것은 아니지만, 그만큼 합리적 근거가 있음을 암시한다. 분명한 것은 신을 중심으로 한 대규모 종교의 성장은 상당히 최근에 발생한 경향이라는 점이다. 게다가, 이러한 종교들이 발달한 지역에서는 공통으로 인구증가를 가능하게 한 농업혁명이 먼저 일어났다. 이러한 배경에서 출현한 '새로운' 종교는 우주에서 인간의 위치에 관한 관점을 변화시키고, 세계관의 변화를 이끌었다. 이러한 새로운 관념은 뚜렷한 목적의식하에 구성원들에게 주입되었다. 이러한 전환을 경험하며 많은 사람들은 스스로 신의 특별한 창조물로 인식하게 되었다. 정교한 수 체계의 발전은 이처럼 적어도 간접적으로 인간의 영혼에 대한 이해를 전환하는 역할을 하였다.[6]

사회적으로 중요한 숫자

모세가 시나이산에서 들고 내려온 석판에는 열 가지의 신성한 도덕적

의무, 즉 십계명이 새겨져 있었다. 십계명과 관련한 종교를 갖고 있지 않더라도, 그 존재는 대부분 알고 있을 것이다. 내용을 일일이 외우지는 못하더라도 열 개의 계명이 있다는 것은 안다. 왜 하필 열 개일까? 2천 년도 더 오래전에 사람들에게 더 정확히 말하자면, 중동 지역의 유목민들이 지켜야 할 종교적 의무는 분명히 그보다는 훨씬 더 많았을 것이다. 열한 번째 계명이 존재한다면 많은 사람은 이구동성으로 다음과 같은 문장을 추가했을지 모른다. "고문하지 말지어다." 모세가 이 계명을 새겼더라도 별 소란은 없었을 것이다. 지금 사람들 사이에서도 이 새로운 계명을 두고 논란은 없을 것이다. 그러나 이 목록은 수사학적인 면에서 뭔가 어설프게 보일 수 있다. '십일 계명'이라고 하면 신을 풍자하는 것처럼 들리기까지 한다. 모세가 십일 계명을 가지고 내려왔더라면, 사람들은 그 내용에는 반대하지 않더라도 열한 개의 계명이라는 존재 자체가 낯설게 느껴졌을 수 있다. 종교적인 맥락에서 십일 계명을 배우는 아이들은 11이 10보다 더 성스러운 숫자라는 것인지 혼란스럽게 생각할 수 있다. 10은 가장 완성된 느낌을 주는 숫자이다. 그래서 우리의 삶을 지배하는 규칙을 열 개로 갈음한다는 생각은 상식적으로 다가온다. 흥미롭게도 숫자 10은 비슈누(Vishnu)의 열 명의 아바타(avatar), 시크교(Sikhism)의 열 명의 구루(guru), 카발라(Kabbalah)의 10개의 속성 등에서도 찾아볼 수 있다. 10이라는 숫자가 종교적 맥락에서 이처럼 반복적으로 등장하는 것은 우연으로 보기 어렵다. 그렇다면, 수 체계에서 10이 정신적, 사회적으로 특별히 중요하게 여겨진다는 점은 그리 놀랄 일은 아니다. 이러한 중요성의 동기는 이제 분명해진다. 즉, 신성한 개념이 본래 10개로 이루어지는 것이기 때문이 아니라, 우리의 손가락이 10개이기 때문이다(물론, 10개의 손가락 자체가 신성한 것일 수도 있다).[7]

　　종교적 글에 등장하는 다른 중요한 숫자들도 0으로 끝나고, 10으로 정확히 나뉘는 경우가 많다. 예를 들어, '40'은 유대 기독교 전통에서 중요한 역할을 한다. 노아의 홍수는 40일 동안 지속되었고, 예수는 사막에서 40일 동안 헤맸으며, 모세는 시나이산에서 40일을 보냈고 엘리야는 40일 동안 금식하였으며, 예수는 십자가에 못 박힌 날로부터 40일 후에 승천하였다.[8]

일부 종교적 전통의 중요하고 성스러운 수에서 명백하게 드러난 손가락의 흔적과 더불어, 여기에서 상호작용하는 것은 바로 정신성을 가진 숫자의 주입이다. 지금까지 언급한 사례 외에 성스러운 수를 가진 세계의 다른 주요 종교나 영적 전통에서도 마찬가지이다. 어떤 중국 전통은 특정한 숫자에 상서로운 기운이나 그렇지 못한 기운이 담겨 있다고 믿는다. 한편 점성술을 믿는 사람들은 숫자에 따라 특정한 영성이나 성격의 특성이 반영된다고 주장한다.

이러한 관습에는 순환성을 분명히 찾아볼 수 있다. 위에서 언급한 바와 같이, 농경문화와 정착 생활방식은 더 많은 인구를 낳았고, 이는 다시 많은 이론적이고 도덕적인 신념체계의 기원에 인과적으로 관련되어 있다. 수 체계가 농경문화의 관습을 생산하는 데 도움을 주었다는 점을 감안할 때, 수 체계는 종교적, 정신적 의미를 지닌 특정한 숫자를 주입한 종교적, 영적 관습과 일부 관련이 있다. 이러한 문화적 피드백 패턴은 이 책에서 여러 차례 다루었던 공진화와 일맥상통한다. 즉, 숫자와 셈은 근본적으로 인간의 경험에 영향을 미쳤고, 이로 인해 사람들이 숫자에 어느 정도 의존해야 하는 압력을 받게 된 것이다. 여기에는 숫자에 영적인 의미를 부여하는 압력도 포함된다.

특정한 숫자에 종교적, 사회적 의미를 부여하는 것은 과학 이전 시대의 기이한 흔적으로 일부 사람들에게는 낯설게 느껴질 수도 있다. 그러나 현재 그 어느 때보다도 숫자는 과학적 발견과 관련하여 중요성을 인정받고 있다. 결국, 수학은 지난 몇 세기 동안의 극적인 과학적 진보를 형성하는데 상당한 역할을 해왔다. 오늘날 사람들은 대부분 현대 과학이 정량화된 결과에 기초하고 있다는 것을 이해한다. 다양한 종류의 수학에 얽매여 있는 과학적방법은 더 높은 진리로 가는 길의 출발점으로 이해될 만하다. 그런 의미에서, 과학을 좇는 무신론자나 불가지론자들도 숫자를 새로운 진리의 발견으로 우리를 인도하는 정신 및 신체 외적인 현실로 인정하며 일종의 정신적 중요성을 부여할 수도 있다. 그러나 우리의 정신밖에 존재하는 것은 오히려 수량이지 숫자가 아니다. 수량은 외부 세계에 존재한다고 할 수 있지만, 그 수량의 상징적 표현은 우리의 정신이 이룩한 혁신이다. 그리고 과학적 관행은 우리의 해부학적 특징에서 출발한 이러한 혁신의 정신화(spiritualization)에 의존한다. 많은 현대사회에서 숫자는 인식론적으로 중요하다. 그것들은 우리에게 무엇인가 정당한 믿음인지 아닌지 말해주고 새로운 믿음에 대한 수치적 묘사는 특별한 의미를 부여한다. 예를 들어, 우주론자들이 우주는 아주 오래된 것이라고 말한다면 막연하게만 들릴 수 있다. 그러나 그들이 우주가 130억 년 이상 되었다고 말한다면, 우리가 시간의 규모를 진정으로 개념화할 수 있는가에 상관없이 그러한 설명은 더 쉽게 와닿을 것이다. 일단 숫자로 설명하면, 더 많은 관심을 끌게 된다.

그러나 숫자는 일반적인 인식론적 의미에서 사회적 가치로만 설명되는 것은 아니다. 어떤 특정한 숫자는 비종교적인 맥락에서 사회적이고 거의 정신적인 중요성을 좌우한다. 이러한 중요성은 우리가 보통 자각하는 것보다 더 자의적이다. 이러한 특징은 아마 통계학적으로 유의미한 값(significant value)이라고 하는 용어의 사용에서 가장 분명히 드러날 것이다. 이러한 값은 사회적이거나 종교적이지 않은 맥락에서 사회적으로 인정된 가치를 정신적으로 받아들일 수 있게 한다는 점에서 매력적이다. 우리가 이러한 값의 유의성을 인정하게 되는 맥락은 다시 한번 우리의 해부학적 특징에 빗대어 생각해볼 수 있다.

좀 더 구체적으로 이야기해보자. 과학 학술지를 펼쳐보면, 여러 논문에서는 심심찮게 유의확률(p-value)이라고 하는 것을 찾아볼 수 있다. 연구자들은 방법론을 처음 배울 때부터 이러한 값에 익숙해지는 훈련을 받는다(이 글을 읽고 있는 독자가 연구자라면 이 기초적인 개념을 장황하게 설명하는 이 상황을 이해하기 바란다). 이 값은 실험 결과나 다른 형태의 데이터 수집에 기초한 다양한 종류의 통계분석을 통해 도출된다. 유의확률은 시험 중인 가설이라기보다 귀무가설(null hypothesis, 설정한 가설이 참일 확률이 극히 적어 버릴 것이 예상되는 가설 - 역주)로 인해 특정한 결과가 발생하는 확률을 반영한다. 한 연구에서 특정 인구의 흡연율과 폐암 발병률의 상관관계를 조사한다고 해보자. 이 상관관계를 시험한 후, 연구자는 유의확률이 0.004보다 작다는 결론을 내릴 수 있다. 이러한 결과는 귀무가설(이 경우 흡연과 폐암은 관계가 없다는 가설)의 가능성이 매우 낮다는 것을 의미한다. 즉, 이 사례에서 귀무가설의 확률은 1,000분의 4 미만이된다. 낮은 유의확률은 해당 연구의 결과가 우연이 아니라는 것을 시사하며, 실험가설의 타당성을 뒷받침한다. 1920년대에 통계학자 로널드 피셔_{Ronald} Fisher가 유의확률을 소개한 이후 수십 년 동안 이 개념은 과학의 거의 모든 분야를 종횡무진해왔다. 어떤 사람들은 학술지 논문을 처음 읽을 때 유의확률을 먼저 훑어보며 결과의 의미를 파악해보려고 한다. 이러한 수치를 통해 그 발견이 '유의미'한 것인지 얼른 알 수 있기 때문이다. 연구자들 또한 분석을 수행할 때 낮은 유의확률이 나오기를 기대한다. 유의확률이 낮게 도출되면 연구 결과의 발표 기회와 연구 자금 지원의 가능성도 커진다. 통계학자들 사이에서 유의확률의 유용성을 두고 논란이 되고 있는 내용이나, 피셔의 연구 이후 이 값이 중복 또는 잘못 적용되는 사례를 잠시 접어둔다면, 유의확률이 현대 과학계에 갖는 중요성은 의심의 여지가 없다. 유의확률은 많은 연구 결과에서 사람들이 좀 더 쉽게 의미를 파악할 수 있도록 돕는 역할을 하고 있다.[9]

그러나 어떤 의미에서 이 값의 유의함이란 그렇게 고차원적이거나 학술지를 주로 읽는 사람들만 이해할 정도로 심오한 것은 아니다. '유의미'한 유의확률이란 것이 무엇인지 먼저 살펴보자. 통계 분석에서 유의수준으로 보통 사용되는 것은 1퍼센트(0.01)와 5퍼센트(0.05)이다. 즉, 유의확률이 0.01 미만이라면 이 연구 결과는 일반적으로 매우 유의미한 것으로 간주된다. 지난 수십 년간 일부 분야에서는 0.05 미만의 유의확률도 통계적으로 유의미한 것으로 평가된 적도 있지만, 0.01보다는 유의미하지 않다. 0.05 미만의 유의확률은 해당 연구의 귀무가설이 참일 확률이 100분의 5 미만이라는 것을 뜻한다. 그런데 왜 하필 100분의 5일까? 100분의 1은 또 무슨 의미일까? 이러한 비율이 우주의 진리로 통하는 시금석이라도 되는 것일까? 물론, 그렇지 않다. 그보다, 그러한 유의확률이 현재 우리에게 익숙한 값이기 때문이다. 5와 10, 그리고 이러한 숫자의 배수는 우리에게 특별하게 다가온다. 우리가 이러한 숫자에 사회적 중요성을 부여하는 것은 이것이 과학적 진리에 더 객관적으로 귀속되기 때문이라기보다, 우리의 손과 밀접하게 연관되어 있기 때문이다. 우리가 5진법이나 10진법이 우리의 손에 기초를 두고 있다는 점을 굳이 생각하지 않더라도, 이러한 숫자는 역사적인 의미를 항상 간직하고 있다. 중요한 것은 많은 과학, 더 정확하게 말해 많은 사람들이 해석하는 과학적 연구가 알게 모르게 우리의 손에 기초하고 있다는 사실이다. 사회적으로 인정을 받는 유의확률은 달라질 수 있다. 즉, 0.03 미만일 때, 또는 0.007이거나 0.023일 때 유의미한 것으로 평가될 수 있을 것이다. 이러한 값도 통계의 유의미성을 논할 만큼 충분히 낮고 임의적이다. 우리의 손가락에 대한 편향성을 접는다면, 이러한 값 역시 0.05나 0.01만큼 정당화될 수 있다.

우리가 분명히 확인할 수 있는 것은 해당 연구에서 도달한 유의확률이 낮으면 귀무가설이 참일 확률 또한 낮다는 것이다. 그러나 우리가 바라는 것은 이러한 의미에 국한되지 않는다. 우리는 숫자가 연구의 의미를 알려주기를 바란다. 통계적 시험이 설명적이지 않다는 것이 아니라, 우리가 통계를 해석하는 방식이 기대만큼 안정적이지 않다는 뜻이다. 그러나 과학연구를 해석하는 방법은 종종 '유의미하거나, 유의미하지 않은' 양단 간의 문제이며, 이분법적인 선택은 데이터 읽기를 단순화하는 데 도움이 된다. 결정적으로, 우리가 이러한 선택을 하는 방식은 기본적으로 과학을 수행하는 우리의 손이 지닌 특징에서 비롯된다. 우리가 자주 간과하는 사실이지만, 유의확률은 더 높은 진리를 가리키기 위해 우리가 손가락을 사용하는 가장 최근의 사례인 셈이다. 십계명의 예와도 그리 다르지 않다.

결론

현재 스틸바이 인근의 해안가에서 우리 조상들이 살던 때부터, 숫자는 인간의 경험을 새롭게 재구성해왔다. 사찰이나 교회에서 대학 및 실험실에 이르기까지, 숫자는 그렇게 중요한 역할을 계속해왔다. 숫자는 여전히 대규모 농업인구와 소규모 수렵채집 및 원예 집단의 삶을 변화시키고 있고, 지금은 점점 더 세계화된 존재로 통합되도록 이들을 떠밀고 있다.

정확한 수량에 대한 언어 및 비언어적 표현은 우리 삶의 거의 모든 면에 변화를 가져왔다. 단어들을 읽을 때, 내적인 사유에서 외부환경에 이르기까지, 독자의 세상은 어느 것도 이러한 표현, 즉 숫자의 직간접적인 영향을 받지 않은 것은 거의 없다. 이 지면을 단정한 선과 글자들은 숫자가 없었다면 불가능했을 것이다. 결국, 숫자는 측정을 가능하게 하고, 문자의 전조가 되었다. 우리의 삶이 수 체계의 혁신을 통해 변화시킨 방법을 설명하는 것보다 그렇지 않은 경우를 설명하는 편이 부담이 덜할 것이다. 현대 의학, 종교, 산업화에서부터 건축과 운동에 이르기까지 인간의 삶을 구성하는 거의 모든 분야는 종종 인식되지 않는 방식으로 수 체계의 발명과 정교화의 영향을 받아왔다.

이 책에서 나는 수량의 상징적 통합인 숫자가 인간의 발명품이라는 주장을 펼쳐왔다. 수량은 자연에 존재하며, 매미의 재생산 주기, 거미의 다리수, 음력주기처럼 규칙적으로 관찰되기도 한다. 그러나 그러한 규칙적인 수량을 상징적으로 표현하는 숫자는 인간이 창조하기 전에는 독립적으로 존재하지 않았다. 이 주장은 영아들과 숫자가 없는 문화에 속한 사람들, 그리고 우리와 유전적으로 가까운 종의 동물들을 대상으로 한 최근 실험 결과로 뒷받침된다. 우리가 살펴보았듯이, 이 모든 증거는 명확한 결론으로 수렴된다. 우리는 대부분의 수량을 정확하게 구별할 수 있는 능력을 타고난 것은 아니지만, 수량을 어림짐작할 수 있고, 작은 수량은 정확하게 인식할 수 있다. 그러나 이러한 능력으로는 자연에서 발견되는 일정한 수량이라 하더라도 대부분의 수량을 수적으로 구분할 수 없는 경우가 대부분이다. 사람들이 모든 수량을 정밀한 방법으로 일관되게 평가할 수 있게 된 것은 숫자, 즉 특정 수량을 표현할 수 있는 혁신적인 기호의 발명이 있었기에 가능한 일이었다. 수 체계가 발명되기 전에는 다른 동물들과 마찬가지로 호모사피엔스 역시 자연에 존재하는 수량의 규칙성 중 대부분을 자각하지 못했다. 따라서 숫자의 발명은 인간의 인지능력에 지각 변동을 일으켰고, 그 영향력은 지금까지도 이어지고 있다.

이 책에서는 또한 다양한 숫자의 발명을 이끈 원동력은 언어와 문화적 배경뿐만 아니라, 우리가 늘 관심을 가져왔고, 사용을 위해 특별한 기능을 필요로 하지 않는 두 손의 생물학적인 대칭이라는 점을 강조하였다. 인간은 직립보행을 통해 손에 더 많이 집중할 수 있었고, 정교한 조작도 가능하게 되었다. 이 가운데 인간은 한 손의 다섯 손가락과 대상물을 일대일로 대응하여 일정한 수량을 이해할 수 있다는 점을 자각하였다. 너무나 단순하지만, 우리가 선천적으로 깨달을 수 없었던 이러한 자각은 결국 언어학적으로 살아나게 되었다. 그 결과가 바로 숫자의 등장이었다. 숫자로 인해 이제 정확한 수량은 산발적으로만 마주치기보다 우리의 생각 속에 끊임없이 존재하게 되었다. 고고학적, 언어학적 기록으로 미루어 볼 때, 정확한 수량은 수천 년 동안 꾸준히 숫자를 통해 전달되어왔다. 그런 의미에서 숫자 혁명은 오랜 역사를 지니고 있다.

그러나, 또 다른 진정한 의미에서 숫자 혁명이 힘을 얻은 시기는 지난 수 천 년에 불과하다. 이 기간에 수 체계와 농업은 함께 진화했다. 이러한 공진화의 결과는 더 큰 규모의 사회, 특정한 종교적 믿음, 수학, 그리고 초기 단계에 숫자 중심이었던 문자 체계의 발생으로 이어졌다. 의심할 여지 없이, 숫자와 셈은 인류의 이야기를 변화시켰다. 사람들은 오랫동안 인류의 이야기에서 수학의 발달이 갖는 중요한 의미에 주목했지만, 이 책에서는 좀 더 실질적이고 더 이른 시기에 역할을 했던 구어 숫자로서 숫자단어의 발명을 강조했다. 이러한 주제와 관련하여 이루어진 최근 연구 결과를 바탕으로, 나는 그러한 숫자들이 과거는 물론 현재에도 인지적 도구로 남아 있다고 제안하였다. 이러한 도구는 고급 수학이 사용되기 훨씬 이전부터 우리의 삶을 변화시켜왔다.

인간으로서 우리는 다른 자극의 바다에서만큼이나 수량의 바다를 끊임없이 떠다닌다. 예를 들어, 우리는 가시광선 바다에 떠 있다. 우리가 눈을 통해 그 빛을 구별하고 주변의 물리적 세계를 더 쉽게 항해할 수 있듯이, 숫자는 우리가 우리 주변의 수량을 구별하고 새로운 개념의 바다를 건널 수 있도록 도와준다. 이 책에서 강조해온 것처럼, 개념적 탐색을 위한 이러한 도구들은 결국 인간이 만들어 낸 것이다. 우리는 아프리카 남부 해안 어딘가에 있던 숫자를 우연히 발견한 것이 아니다. 대신, 스틸바이 인근 해안을 포함한 여러 시간과 장소에서, 우리는 수량의 대응 관계를 자각했고, 새로운 종류의 단어를 만들어 이러한 발견을 가다듬었다. 일반적으로, 이러한 대응은 자연의 수량과 우리의 손가락으로 나타낼 수 있는 수량 사이에 존재하였다.

본질적으로, 우리는 이전에 구별할 수 없던 수량의 바다로 우리의 손을 뻗어 이 수량들을 숫자로 만들었다. 우리는 비유적으로나 문자 그대로 우리 주위에 있는 많은 대상물을 이제 손안에 두게 된 것이다. 우리는 추상적인 수량을 아주 현실적이지만 자연적으로 존재하지 않는 숫자로 만들었다. 인류의 이야기에 가져온 변형의 결과를 생각한다면, 숫자 또한 우리를 만들었다고 말하는 것이 공정할 것이다.

주해

* 시작하는 말

1) 원주민 마을에서 생존한 난파선 선원들의 이야기를 확인할 수 있는 문헌은 다음과 같다. Alvar Núñez Cabeza de Vaca, The Shipwrecked Men(Lardon: Penguin Books, 2007).

2) Brian Cotterrel & Johan Kamminga, Mechanics of Pre-INdustrial Technology (Cambridge: Cambridge University Press, 1990)

3) 문화 톱니바퀴에 대한 더 자세한 내용은 다음 논문을 참조하라. Claudio Tennie, Josep Call & Michael Tomasello, 'Ratcheting UP the Ratchet: One the Evolution of Cumulative Culture', Philosophical Transactions of the Royal Society B 364(2009): 2405~2415; Michael Tomasello, The Original Origins of Human Cognition(Cambridge, MA: Harvard University Press, 2009)

4) 이 이누이트 사례와 문화적으로 저장된 지식 개념의 정교화에 관한 논의는 다음 논문을 참조하라. Robert Boyd, Peter Richerson & Joseph Henrich, 'The Cultural Niche: Why Social Learning Is Essential for Human Adaptation', Proceedings of the National Academy of Sciences USA 108(2011): 10918–10925. 문화의 진화에 대한 자세한 내용은 다음 자료에서 찾아볼 수 있다. Peter Richerson & Morten Christiansen, eds., Cultural Evolution: Society, Technology, Language, and Religion(Strüngmann Forum Reports, vol. 12, Cambridge, MA: MIT Press, 2013).

*1 우리의 현재에 엮여 있는 숫자

1) 이마라족의 시간 인식에 대한 더 자세한 내용은 다음 논문을 보라. Rafael Núñez & Eve Sweetser, 'With the Future behind Them: Convergent Evidence from Aymara Language and Gesture in the Crosslinguistic Comparison of Spatial Construals of

Time', Cognitive Science 30[2006]: 401~450.

2) 세이요르족(Thaayorre)의 시간 인식에 관한 분석은 다음 논문에서 확인할 수 있다. Lera Boroditsky & Alice Gaby, 'Remembrances of Times East: Absolute Spatial Representations of Time in an Australian Aboriginal Community', Psychological Science 21 (2010): 1621~1639.

3) 이와 관련하여 주목해야 할 사실은 지구의 회전주기(자전이든 태양 주위를 도는 공전이든)는 절대적이지 않다는 것이다. 예를 들어, 수십억 년 전에 지구와 미행성의 충돌로 달이 생성되기 전에 지구의 태양일(solar day)은 6시간에 불과했다. 지금도 조석 마찰로 인하여 지구의 회전속도가 점차 느려지면서 하루 시간이 점차 늘어나고, 태양일 또한 태양과 관련한 지구의 궤도위치에 따라 조금씩 달라지고 있다. 더 자세한 내용은 다음 문헌에서 확인할 수 있다. Ellen Barnett, Time's Pendulum: From Sundials to Atomic Clocks, the Fascinating History of Timekeeping and How Our Discoveries Changed the World(San Diego: Harcourt Brace, 1999).

4) 이것은 또한 해시계에서 스마트폰에 이르기까지 시간을 파악하는 방법과 관련한 발전의 결과이기도 하다. 흥미로운 것은 이러한 발전이 점점 더 추상적인 시간관리 특성을 반영한다는 사실이다. 해시계, 물시계와 같은 방법을 이용하여 하루의 주기를 추적하는 곳에서는 결국 천체의 패턴과 독립된 시간의 단위를 따르게 된다. 이러한 변화를 이끈 요인 중 하나는 무게 기반 시계(특히 진자시계)와 스프링 기반 시계의 개발이다. 이러한 기술을 통해 인간은 천체를 읽는 것보다 더 정확하게 시간을 측정할 수 있게 된 것이다. 정확한 시간의 측정은 다른 어떤 혁신 기술보다도 더욱 정확한 경도 측정과 탐색을 가능하게 하였다. 이와 관련한 흥미진진한 논의는 다음 문헌을 보라. Ellen Barnett, Time's Pendulum.

5) 인간의 진화와 원시고고학에 관한 훌륭한 저서들이 많이 출간되었다. 최근 발표된 저서의 한 예로는 마틴 메레디스Martin Meredith의 『아프리카에서 태어난 인류: 인류의 기원에 관한 탐구(Born in Africa: The Quest for the Origins of Human Life)』(New York: Public Affairs, 2012)가 있다.

6) 오스트랄로피테신과 관련한 논의는 메리 리키Mary Leakey의 저서에 근거하고 있다. 대표적인 문헌은 다음과 같다. Mary Leakey & John Harris, Laetoli: A Pliocene Site in Northern Tanzania(New York: Oxford University Press, 1979), Mary Leakey & Richard Hay, 'Pliocene Footprints in the Laetolil Beds at Laetoli, Northern Tanzania', Nature 278(1979): 317–323. 메레디스의 『아프리카에서 태어난 인류』도 참조하라.

7) 블롬보스와 시부두Sibudu 동굴에 관한 연구는 다음 두 논문을 참고하라. Christopher Henshilwood, Francesco d'Errico, and Ian Watts, 'Engraved Ochres from the Middle

Stone Age Levels at Blombos Cave, South Africa', Journal of Human Evolution 57(2009): 27–47; Lucinda Backwell, Francesco d'Errico, and Lyn Wadley, 'Middle Stone Age Bone Tools from the Howiesons Poort Layers, Sibudu Cave, South Africa', Journal of Archaeological Science 35(2008): 1566–1580. 아프리카 대이주의 위치는 메레디스의 『아프리카에서 태어난 인류』를 참고하였다.

8)   남미의 인류, 특히 오늘날 칠레에 위치한 몬테 베르데Monte Verde 유적지의 고대 유물에 관한 논의는 다음 논문에서 확인할 수 있다. David Meltzer, Donald Grayson, Gerardo Ardila, Alex Barker, Dena Dincauze, C. Vance Haynes, Francisco Mena, Lautaro Nunez, and Dennis Stanford, 'On the Pleistocene Antiquity of Monte Verde, Southern Chile', American Antiquity 62(1997): 659–663.

9)   언어의 협동적 토대를 강조한 논문의 예는 다음 두 사례를 참조하라. The cooperative foundation of language is underscored in, for example, Michael Tomasello & Esther Herrmann, 'Ape and Human Cognition: What's the Difference?' Current Directions in Psychological Science 19(2010): 3–8; Michael Tomasello & Amrisha Vaish, 'Origins of Human Cooperation and Morality', Annual Review of Psychology 64(2013): 231~255.

10)   다음과 같은 문헌은 언어가 사고에 미치는 영향을 자세히 다루고 있다. Caleb Everett, Linguistic Relativity: Evidence across Languages and Cognitive Domains(Berlin: De Gruyter Mouton, 2013); Gary Lupyan & Benjamin Bergen, 'How Language Programs the Mind', Topics in Cognitive Science 8(2016): 408~424.

11)   전 세계의 색상 용어 연구는 다음 문헌을 참조하라. Paul Kay, Brent Berlin, Luisa Maffi, William Merrifield & Richard Cook, World Color Survey(Chicago: University of Chicago Press, 2011). 베린모족을 대상으로 실험한 연구 결과는 다음 논문에서 보고되었다. Jules Davidoff, Ian Davies & Debi Roberson, 'Is Color Categorisation Universal? New Evidence from a Stone-Age Culture. Colour Categories in a Stone-Age Tribe', Nature 398 1999): 203–204.

12)   용어 선택은 달라질 수 있다. 어떤 사람은 수량을 위한 단어나 다른 상징으로 후자의 이용을 제한하기보다 규칙적인 수량을 '숫자'라고 지칭할 수 있을 것이다. 하지만, 그러한 용어가 선택된다 하더라도 핵심은 바뀌지 않을 것이다. 정확한 수량에 대한 우리의 인식은 숫자단어에 크게 좌우되기 때문이다.

13)   Heike Wiese, Numbers, Language, and the Human Mind(Cambridge:Cambridge University Press, 2003), 762.

1) 몬테 알레그레 벽화에 관한 논의는 다음 논문에서 확인할 수 있다. Anna Roosevelt, Marconales Lima da Costa, Christiane Machado, Mostafa Michab, Norbert Mercier, Hélène Valladas, James Feathers, William Barnett, Maura da Silveira, Andrew Henderson, Jane Silva, Barry Chernoff, David Reese, J. Alan Holman, Nicholas Toth & Kathy Schick, 'Paleoindian Cave Dwellers in the Amazon: The Peopling of the Americas', Science 33(1996): 373~384. 여기에서 언급된 특정한 그림의 달력 기능에 대한 논의는 다음 문헌을 참조하라. Christopher Davis, 'Hitching Post of the Sky: Did Paleoindians Paint an Ancient Calendar on Stone along the Amazon River?' Proceedings of the Fine International Conference on Gigapixel Imaging for Science 1(2010): 1~18. 데이비스가 소개했듯이, 19세기의 저명한 박물학자 알프레드 월러스(Alfred Wallace) 또한 그의 저서에서 몬테 알레그레 벽화를 언급하였다.

2) 이 뿔에 관한 설명이 처음 등장한 것은 다음 논문이었다. John Gifford & Steven Koski, 'An Incised Antler Artifact from Little Salt Spring', Florida Anthropologist 64(2011): 47–52. 이 논문의 저자들은 이 뿔이 달력의 목적으로 사용되었을 가능성을 지적하고 있다. 여기에서 언급한 몇 가지 주장은 나의 해석에 기반을 둔 것이다.

3) Karenleigh Overmann, 'Material Scaffolds in Numbers and Time', Cambridge Archaeological Journal 23(2013): 19–39. 타이 동굴의 유물에 관한 자세한 해석은 다음 논문을 보라. Alexander Marshack, 'The Taï Plaque & Calendrical Notation in the Upper Paleolithic', Cambridge Archaeological Journal 1(1991): 25–61.

4) 이상고 뼈에 관한 분석은 다음 논문을 참조하라. Vladimir Pletser and Dirk Huylebrouck, 'The Ishango Artefact: The Missing Base 12 Link', Forma 14(1999): 339–346.

5) 레봄보 뼈는 다음 논문에서 논의되고 있다. Francesco d'Errico, Lucinda Backwell, Paola Villa, Ilaria Degano, Jeannette Lucejko, Marion Bamford, Thomas Higham, Maria Colombini & Peter Beaumont, 'Early Evidence of San Material Culture Represented by Organic Artifacts from Border Cave, South Africa', Proceedings of the National Academy of Sciences USA 109(2012): 13214~13219.

6) 전 세계의 셈법에 관한 더 자세한 내용은 다음 논문을 참조하라. Karl Menninger, Number Words and Number Symbols(Cambridge, MA: MIT Press, 1969). 자라와라족의 셈법에 대한 더 자세한 내용은 다음 논문에서 확인할 수 있다. Caleb Everett, 'A Closer Look at a Supposedly Anumeric Language', International Journal of American Linguistics

78(2012): 575~590.

7)   이 지상 그림에 관한 자세한 분석은 다음 논문을 참조하라. Martti Parssinen, Denise Schaan & Alceu Ranzi, 'Pre-Columbian Geometric Earthworks in the Upper Purus: A Complex Society in Western Amazonia', Antiquity 83(2009): 1084~1095.

8)   Karenleigh Overmann, 'Finger-Counting in the Upper Paleolithic', Rock Art Research 31(2014): 63–80.

9)   현재까지 발견된 동물 벽화 중 가장 오래된 것에 속하는 인도네시아 동물 벽화에 관한 논의는 다음 논문에서 확인할 수 있다. Maxime Aubert, Adam Brumm, Muhammad Ramli, Thomas Sutikna, Wahyu Saptomo, Budianto Hakim, Michael Morwood, G. van den Bergh, Leslie Kinsley & Anthony Dosseto, 'Pleistocene Cave Art from Sulawesi, Indonesia', Nature 514(2014): 223~227. 동굴벽화의 연대 추정 사례는 펀 동굴에 관한 논의를 보라. Rosemary Goodall, Bruno David, Peter Kershaw & Peter Fredericks, 'Prehistoric Hand Stencils at Fern Cave, North Queensland(Australia): Environmental and Chronological Implications of Rama Spectroscopy and FT-IR Imaging Results', Journal of Archaeological Science 36(2009): 2617~2624.

10)   쓰기의 역사는 많은 책에서 다루고 있다. 여기에서 제기된 주장은 다음 문헌에 기초한 것이다. Barry Powell, Writing: Theory and History of the Technology of Civilization (West Sussex: Wiley-Blackwell, 2012).

11)   이 사례를 지적해 준 익명의 검토자에게 감사 인사를 전한다.

12)   수메르 역사와 기수법 및 셈법의 역사는 다음 문헌을 참조하라. Graham Flegg, Numbers through the Ages(London: Macmillan, 1989); Graham Flegg, Numbers: Their History and Meaning(New York: Schocken Books, 1983).

13)   전 세계 기수법에 관한 인지 중심 연구는 다음 논문을 참조하라. Stephen Chrisomalis, 'A Cognitive Typology for Numerical Notation', Cambridge Archaeological Journal 14 (2004): 37~52.

14)   마야 글의 판독에 관한 자세한 내용은 다음 자료를 참조하라. Michael Coe, Breaking the Maya Code (London: Thames & Hudson, 2013).

15)   마야 숫자는 20진법에 기초하고 있지만, 일부 달력에서 사용하는 숫자의 경우는 세 번째 위치의 점을 사용하여 400 대신 360을 나타낸다. 즉, 20진법과 18진법의 패턴을 조합한 것이다. 이러한 오랜 셈범은 마야 신화에서 우주의 창조와 관련한 연대를 특정하는 데 영향을 미쳤다.

16) 숫자에 관한 이러한 논의는 기수법의 다양한 방식, 특히 이 책의 내용과 관련이 있는 극히 일부만 다루고 있다. 다양한 기수법과 관련하여 가장 포괄적이고 자세한 고찰은 다음 자료를 참조하라. Stephen Chrisomalis, Numerical Notation: A Comparative History(New York: Cambridge University Press, 2010). 이 책에서는 다양한 매개변수에 따라 숫자의 유형을 세밀하게 분석하고 있다.

17) 끈의 맨 아래에 있는 한 개의 매듭은 이것을 만드는 데 필요한 고리(loop)의 개수에 따라 다른 숫자를 나타낸다. 따라서, 이 위치는 숫자의 '끝'을 나타내는 것이 분명했다. 나머지 매듭은 더 단순했고 특정한 지수와 관련된 위치에서는 무리를 지었다. 여기에서 예시한 내용은 10진법의 특징과 관련한 기호 체계의 복잡성 제대로 다루지는 못하고 있다. 잉카의 숫자에 대한 자세한 내용은 다음 논문을 참조하라. Gary Urton, 'From Middle Horizon Cord-Keeping to the Rise of Inka Khipus in the Central Andes', Antiquity 88(2014): 205~221.

18) Flegg, Numbers through the Ages.

*3   오늘날 전 세계의 숫자

1) 자라와라족에게 숫자개념이 없다는 주장은 다음 문헌에서 제기되었다. R. M. W. Dixon, The Jarawara Language of Southern Amazonia (Oxford: Oxford University Press, 2004), 559. 여기에서 설명하는 자라와라족의 숫자는 다음 논문을 참조하였다. Caleb Everett, 'A Closer Look at a Supposedly Anumeric Language', International Journal of American Linguistics 78(2012): 575~590, 583.

2) '하나', '둘', '셋'과 같은 기수는 수량을 의미하고, '첫 번째', '두 번째', '세 번째'와 같은 서수는 순서를 의미한다.

3) 밑수의 공식적인 정의에 관한 더 자세한 내용은 다음 문헌을 보라. Bernard Comrie, 'The Search for the Perfect Numeral System, with Particular Reference to Southeast Asia', Linguistik Indonesia 22(2004): 137~145; Harald Hammar ström, 'Rarities in Numeral Systems', in Rethinking Universals: How Rarities Affect Linguistic Theory, ed. Jan Wohlgemuth & Michael Cysouw(Berlin: De Gruyter Mouton, 2010), 11~59, 15; Frans Plank, 'Senary Summary So Far', Linguistic Typology 3(2009): 337~345. 이러한 정의들은 이 책의 논점에서 벗어나므로 여기에서는 다루지 않는다.

4) 높은 사용빈도에 따른 단어의 축소가 논의된 예는 다음과 같다. Joan Bybee, The Phonology

5)   구어 숫자에서 손가락 기반은 다음 논문을 비롯하여 많은 연구에서 언급되고 있다. Alfred Majewicz, 'Le Rôle du Doigt et de la Main et Leurs Désig-nations dans la Formation des Systèmes Particuliers de Numération et de Noms de Nombres dans Certaines Langues', in La Main et les Doigts, ed. F. de Sivers(Leuven, Belgium: Peeters, 1981), 193~212.

6)   특정 어족 언어의 숫자는 다음 문헌에서 참조하였다. M. Paul Lewis, Gary Simons & Charles Fennig, eds., Ethnologue: Languages of the World, nineteenth edition(Dallas, TX: SIL International, 2016).

7)   단어 표와 인도유럽어족에 관한 논의는 다음 문헌을 참조하였다. Robert Beekes, Comparative Indo-European Linguistics: An Introduction(Amsterdam: John Benjamins, 1995).

8)   Andrea Bender & Sieghard Beller, 'Fanciful' or Genuine? Bases and High Numerals in Polynesian Number Systems', Journal of the Polynesian Society 115(2006): 7~46. 오스트로네시아어의 밑수에 관한 논의는 다음 자료를 참조하라. Paul Sidwell, The Austronesian Languages, 개정판(Canberra: Australian National University, 2013).

9)   이 통찰은 익명의 검토자가 전한 견해를 참조하였다.

10) 세계의 언어적 수 체계에 관한 가장 포괄적인 조사 결과는 다음 온라인 데이터베이스를 참조하라. 이 데이터베이스는 언어학자인 유진 찬Eugene Chan이 관리하고 있다. https://mpi-lingweb.shh.mpg.de/numeral/

11) David Stampe, 'Cardinal Number Systems', Papers from the Twelfth Regional Meeting, Chicago Linguistic Society(Chicago: Chicago Linguistic Society, 1976), 594~609, 596.

12) Bernd Heine, The Cognitive Foundations of Grammar(Oxford: Oxford University Press 1997), 21.

13) 숫자의 등장과 관련한 더 자세한 내용은 다음 문헌을 보라. James Hurford, Language and Number: Emergence of a Cognitive System(Oxford: Blackwell, 1987).

14) 여기에 언급하는 '기수'란 사물의 수량을 기술하는 데 사용되는 용어를 의미한다.

15) 인지 도구로서 숫자의 역할은 내 연구 외에도 다른 학자들 또한 다양한 문헌을 통해 먼저 먼저 제기되었다. Heike Wiese, 'The Co-Evolution of Number Concepts and Counting

Words', Lingua 117(2007): 758~772; Heike Wiese, Numbers, Language, and the Human Mind(Cambridge: Cambridge University Press, 2003).

16) 인도 상인의 셈 전략은 다음 문헌에서 논의되고 있다. Georges Ifrah, The Universal History of Numbers: From Prehistory to the Invention of the Computer(London: Harville Press, 1998). 60진법 전략은 10진법과 6진법을 조합한 형태로 제시되었다. 이 경우 또한 부분적으로 사람의 손가락을 기본으로 하고 있다.

17) 오크사프민어의 수 세기 분석은 다음 논문을 보라. Geoffrey Saxe, 'Developing Forms of Arithmetical Thought among the Oksapmin of Papua New Guinea', Developmental Psychology 18(1982): 583~594. 유프노어(Yupno)의 셈 분석은 다음 논문에서 논의되고 있다. Jurg Wassman & Pierre Dasen, 'Yupno Number System and Counting', Journal of Cross-Cultural Psychology 25(1994): 78~94.

18) 6진법의 개관은 다음 문헌에서 확인할 수 있다. Plank, 'Senary Summary So Far', 다음 논문도 참조하라. Mark Donohue, 'Complexities with Restricted Numeral Systems', Linguistic Typology 12(2008): 423~429; Nicholas Evans, 'Two pus One Makes Thirteen: Senary Numerals in the Morehead-Maro Region', Linguistic Typology 13(2009): 321~335.

19) Patience Epps, 'Growing a Numeral System: The Historical Development of Numerals in an Amazonian Language Family', Diachronica 23(2006): 259~88, 268.

20) 이러한 특징은 다음 문헌에서 논의된다. Hammarström, 'Rarities in Numeral Systems'. 여기에서는 전 세계 언어 중 희귀한 밑수를 조사하고 있다.

21) 호주 언어에서 숫자의 한계와 관련한 주장은 다음 문헌을 참조하라. Kenneth Hale, 'Gaps in Grammar and Culture', in Linguistics and Anthropology: In Honor of C. F. Voegelin, ed. M. Dale Kinkade, Kenneth Hale & Oswald Werner(Lisse: Peter de Ridder Press, 1975), 295~315; R. M. W. Dixon, The Languages of Australia(Cambridge: Cambridge University Press, 1980). 여기에서 논의된 호주의 숫자에 관한 자세한 연구 결과는 다음 논문을 참조하라. Claire Bowern & Jason Zentz, 'Diversity in the Numeral Systems of Australian Languages', Anthropological Linguistics 54(2012): 133~160. 호주 언어의 상대적으로 제한적인 숫자 어휘에도 불구하고, 이들 언어 중 대다수 복수, 단수는 물론, 이중형과 같은 개념을 표현하는 문법적 수단을 갖고 있다. 즉, 이러한 언어를 사용하는 사람들은 더 큰 수량의 자세한 차이를 전달하는 수단은 제한적이지만 더 작은 수량 사이의 차이를 표현할 수 있다. 아마존 지역의 일부 언어가 기본적인 숫자개념을 통해 수량의 차이를 나타내는 문법적 수단을 갖고 있지 않고, 가장 제약적인 수 체계 역시 아마존 지역 언어에서 발견된

다는 점을 고려할 때, 이 지역에 사는 원주민 집단이 언어학적으로 숫자개념이 가장 없는 사례를 보인다고 말할 수 있다.

22) Nicholas Evans and Stephen Levinson, 'The Myth of Language Universals: Language Diversity and Its Importance for Cognitive Science', Behavioral and Brain Sciences 32(2009): 429~448.

23) 이 장에서 우리는 기수, 즉 수량을 기술하는 단어에서 전 세계적으로 관찰되는 패턴을 논의하였다. 분수, 음수와 같은 다른 숫자는 세계의 다양한 문화에서 공통성이 덜하고, 비교적 최근의 혁신이라는 점에서 여기에서는 양의 정수를 표현하는 단어에 중점을 두었다. 그러나 어느 언어에서든 분수가 정수에 기반을 둔 경우, 우리가 강조한 많은 일반론은 분수에도 적용될 수 있다. 예를 들어, 영어에서는 10분의 1, 또는 5분의 1과 같은 분수는 기본 소수 자릿수에서 가져온 도치된 단위이다. 이것은 놀라운 일은 아니다. 예를 들어, 분수에 대해 말할 때 10진수에서 6진수로 변환하는 것은 상징적으로 복잡하기 때문이다.

*4 숫자단어를 넘어: 수 언어의 다른 종류

1) Matthew Dryer, 'Coding of Nominal Plurality', The World Atlas of Language Structures Online, ed. Matthew Dryer & Martin Haspelmath(Leipzig: Max Planck Institute for Evolutionary Anthropology, 2013), http://wals.info/chapter/33.

2) Stanislas Dehaene, The Number Sense: How the Mind Creates Mathematics (New York: Oxford University Press, 2011), 80.

3) Robert Dixon, The Dyirbal Language of North Queensland (New York: Cambridge University Press, 1972), 51.

4) 카야르딜드어의 일부 형태론적 특수성은 여기에서 세밀하게 다루지 않고 있다. 이 언어의 양수에 관한 더 자세한 내용은 다음 문헌의 문법 설명을 참조하라. Nicholas Evans, A Grammar of Kayardild(Berlin: Mouton de Gruyter, 1995), 184.

5) Greville Corbett, Number (Cambridge: Cambridge University Press, 2000), 20.

6) Wyn Laidig & Carol Laidig, 'Larike Pronouns: Duals and Trials in a Central Moluccan Language', Oceanic Linguistics 29(1990): 87~109, 92.

7) 익명의 검토자가 지적한 바에 따르면, 제한적인 맥락에서 사용되는 4개 수량의 표지에 관한 일부 논쟁적인 주장은 오스트로네시아어족인 탕가어(Tangga), 마샬어(Marshallese), 수

르수룽가어(Sursurunga)와 관련하여 제기되었다. 이와 관련한 논의는 다음을 참조하라. Corbett, Number, 26 ~ 29. 이 자료의 포괄적인 설문 조사에서 Corbett가 지적한 것처럼 이러한 형식은 아마도 소복수 표지로 간주하는 것이 가장 타당할 것이다. 실제로 그의 인상적인 조사는 전 세계 언어에서 4와 관련한 표지의 어떤 사례도 밝혀내지 못했다.

8) 바우마 피지어의 문법적 수는 다음 문헌에서 논의되었다. R. M. W. Dixon, A Grammar of Boumaa Fijian (Chicago: University of Chicago Press, 1988).

9) Thomas Payne, Describing Morphosyntax (Cambridge: Cambridge University Press, 1997), 109.

10) Payne, Describing Morphosyntax, 98.

11) Payne, Describing Morphosyntax.

12) 문법적 수를 전반적으로 다룬 서적으로는 다음 문헌을 참조하라. Corbett, Number.

13) Jon Ortiz de Urbina, Parameters in the Grammar of Basque (Providence, RI: Foris, 1989). 기술적으로 동사는 목적이 아닌 '절대적' 명사와 수를 일치하지만, 이러한 구별은 지금 우리의 논의에서는 중요하지 않다.

14) Payne, Describing Morphosyntax, 108.

15) John Lucy, Grammatical Categories and Cognition: A Case Study of the Linguistic Relativity Hypothesis (Cambridge: Cambridge University Press, 1992), 54. (언어에 포함된 아포스트로피 표시는 발음에 관한 것으로, 성문폐쇄음 또는 방출 자음과 같은 발음 특성을 나타내는데 자주 사용된다. - 역주)

16) Caleb Everett, 'Language Mediated Thought in Plural Action Perception', in Meaning, Form, and Body, ed. Fey Parrill, Vera Tobin, and Mark Turner (Stanford, CA: CSLI 2010), 21–40. 여기에 설명된 패턴은 명목수와 일치하는 동사와 동일하지 않다. 문제의 패턴은 동사가 고유의 복수 의미를 갖는 '우르르 몰려가다'와 '달리다'의 경우와 더 유사합니다.

17) Dehaene, The Number Sense.

18) 1-3의 공통성의 증거는 다음 논문을 참조하라. see Frank Benford, 'The Law of Anomalous Numbers', Proceedings of the American Philosophical Society 78 (1938): 551–572. 더 작은 수량과 10의 배수와 관련한 공통성 논의는 다음 문헌을 보라. Dehaene, The Number Sense, 99–101.

19) 로마숫자의 이러한 예는 다른 문헌을 포함하여 여러 곳에서 지적되어왔다. Dehaene, The Number Sense.

20) 언어에서 소리의 범위는 다음 문헌을 참조하였다. Peter Ladefoged & Ian Maddieson, The Sounds of the World's Languages(Hoboken, NJ: Wiley-Blackwell, 1996). 언어의 환경적 적응성에 관한 연구 사례는 다음 논문을 보라. Caleb Everett, Damián Blasi & Seán Roberts, 'Climate, Vocal Cords, and Tonal Languages: Connecting the Physiological and Geographic Dots', Proceedings of the National Academy of Sciences USA 112(2015): 1322~1327.

*5   숫자가 없는 세계에 사는 사람들

1) 피라항족에 대해서는 특히 나의 부친을 비롯한 다른 학자들의 저서에서도 광범위하게 논의되어왔다. Daniel Everett, Don't Sleep, There Are Snakes: Life and Language in the Amazonian Jungle(New York: Random House, 2008).

2) John Hemming, Tree of Rivers: The Story of the Amazon (London: Thames and Hudson, 2008), 181.

3) 실제로, 부친은 피라항족 사람들과 접촉한 이후 꽤 이름을 알린 학자가 되었고, 이들의 언어는 물론, 다른 주제로도 많은 글을 세상에 내놓았다. 이러한 성과는 학계와 미디어에서 언어의 본성과 관련하여 광범위한 논의를 이끌었다. 이 언어에 관한 부친의 연구 중 아마 가장 잘 알려진 것은 피라항족의 언어가 재귀성(recursion)을 결여하고 있다는 주장일 것이다. 일부 언어학자들은 언어의 재귀성의 인간의 모든 언어에서 발견되는 구문론적 특징이라고 가정해왔다.

4) 이 언어의 숫자 관련 단어의 애매한 뜻에 관한 논의는 다음 연구를 참조하라. Michael Frank, Daniel Everett, Evelina Fedorenko & Edward Gibson, 'Number as a Cognitive Technology: Evidence from Pirahã Language and Cognition', Cognition 108 (2008): 819–824. 여기에서 논의한 내용은 이 연구 중 '증가하는 수량 도출(increasing quantity elicitation)'과 '감소하는 수량 도출(decreasing quantity elicitation)'의 결과를 결합한 것이다. 이 언어에서 모든 숫자 관련 단어가 불명확한 의미를 갖는다는 관찰은 다음 연구에서 더 일찍이 제기된 바 있다. Daniel Everett, 'Cultural Constraints on Grammar and Cognition in Pirahã: Another Look at the Design Features of Human Language', Current Anthropology 46(2005): 621–646.

5) Pierre Pica, Cathy Lemer, Veronique Izard & Stanislas Dehaene, 'Exact and Approximate Arithmetic in an Amazonian Indigene Group', Science 306 (2004): 499~503.

6) Peter Gordon, 'Numerical Cognition without Words: Evidence from Amazonia', Science 36(2004): 496~499.

7) 다시 말해, 이러한 상관관계는 심리학자들이 말하는 표준 변동 계수(standard coefficient of variation)를 포함한다. 변동 계수는 각 목표 수량에 대하여 반응의 표준편차를 정답 반응의 산술평균으로 나눈 것을 의미한다. 고든은 3보다 큰 수량에서 이 변동계수가 약 0.15라고 분석하였다. 우리는 피라항족에 대한 후속 연구에서도 동일한 패턴을 관찰할 수 있었다.

8) Caleb Everett and Keren Madora, 'Quantity Recognition amongvSpeakers of an Anumeric Language', Cognitive Science 36(2012): 130~141.

9) 아지오파이족(Xaagiopai)을 대상으로 한 연구 결과는 피라항족이 자신들 언어의 숫자단어로 연습할 때 더 많은 수량을 더 정확하게 인식하는 모습을 보이기 시작했음을 암시한다. 결국, 일부 숫자단어에 익숙해진 다음에 기본적인 줄 맞추기 실험에서 이들의 정답률은 향상되었다.

10) 흥미롭게도, 사우스오스트레일리아주의 일부 언어에는 '출생 순서에 따른 이름'이 존재한다. 이렇게 붙여진 이름은 형제자매들의 상대적인 나이를 나타낸다. 익명의 검토자가 지적한 바와 같이, 카우르나어(Kaurna)에서 이러한 예를 볼 수 있다.

11) 문두루크족 실험에서 발견된 내용은 다음 문헌에 소개되어 있다. Pica et al., 'Exact and Approximate Arithmetic in an Amazonian Indigene Group'.

12) Pica et al., 'Exact and Approximate Arithmetic in an Amazonian Indigene Group', 502.

13) Franc Marušič, Rok Žaucer, Vesna Plesničar, Tina Razboršek, Jessica Sullivan & David Barner, 'Does Grammatical Structure Speed Number Word Learning? Evidence from Learners of Dual and Non-Dual Dialects of Slovenian', PLoS ONE 11(2016): e0159208. doi:10.1371/journal.pone.0159208.

14) Stanislas Dehaene, The Number Sense: How the Mind Creates Mathematics(New York: Oxford University Press, 2011), 264.

15) Koleen McCrink, Elizabeth Spelke, Stanislas Dehaene & Pierre Pica, 'Non-Developmental Halving in an Amazonian Indigene Group', Developmental Science

16(2012): 451~462.

16)   Maria de Hevia and Elizabeth Spelke, 'Number-Space Mapping in Human Infants',
        Psychological Science 21(2010): 653~660.

17)   Rafael Núñez, Kensy Cooperrider & Jurg Wassman, 'Number Concepts without
        Number Lines in an Indigenous Group of Papua New Guinea', PLoS ONE 7(2012):
        1~8.

18)   Elizabet Spaepen, Marie Coppola, Elizabeth Spelke, Susan Carey & Susan Goldin-
        Meadow, 'Number without a Language Model', Proceedings of the National
        Academy of Sciences USA 108(2011): 3163~3168, 3167.

19)   이제는 외부로부터의 압력으로 인해 결국 이러한 문화에서도 숫자를 체계적으로 차용하게
        될 것이라는 징후가 보인다. 예를 들어, 최근 많은 정부 자원은 아지오파이족과 피라항족에
        게 숫자단어를 포함한 포르투갈어에 친숙하도록 하기 위한 사업에 집중적으로 투입되고 있
        다.

[*]6   아이들이 생각하는 수량

1)   우리가 정확히 언제부터 이러한 수 감각을 인지하는 것인지는 알 수 없지만, 우리가 살펴보
        는 바와 같이, 어림수 감각은 태어나면서부터 접근 가능한 것으로 보인다. 이 책에서 설명하
        는 수 감각과 관련한 내용은 스타니슬라스 데하엔의 유명한 저서를 참조하였다. Stanislas
        Dehaene, The Number Sense: How the Mind Creates Mathematics(New York:
        Oxford University Press, 2011). 4장에서 언급한 바와 같이, 정확한 수 감각은 실제로 더
        일반적인 개별 객체 추적 능력으로 인해 가능해진다. 따라서, 이러한 능력의 수량화 기능
        은 나중에 발현된다. 기억을 돕기 위해, 더 작은 수량의 대상물을 상대적으로 정확하게 구
        별할 수 있다는 점에서 이 수량화 기능을 정확한 수 감각이라고 하겠다. 작은 수량의 구별
        을 가능하게 하는 일반적인 객체 추적, 또는 '병렬 개별화' 능력에 관한 자세한 논의는 다음
        문헌을 참조하라. Elizabeth Brannon & Joonkoo Park, 'Phylogeny and Ontogeny of
        Mathematical and Numerical Understanding', The Oxford Handbook of Numerical
        Cognition, ed. Roy Cohen Kadosh & Ann Dowker(Oxford: Oxford University Press,
        2015), 203~213.

2)   타고난 언어능력에 관한 사례는 다음 문헌에 멋지게 소개되어 있다. Steven Pinker, The
        Language Instinct: The New Science of Language and Mind(London: Penguin

Books, 1994). 최근의 대안적 관점에 관심이 있다면, 다음 문헌을 참조하라. Vyv Evans, The Language Myth: Why Language Is Not an Instinct(Cambridge: Cambridge University Press, 2014); Daniel Everett, Language: The Cultural Tool(New York: Random House, 2012).

3) Karen Wynn, 'Addition and Subtraction by Human Infants', Nature 358(1992): 749~750.

4) 또한, 이 연구는 윈의 '영아기의 덧셈과 뺄셈'은 물론, 자극의 양, 형태 및 구성과 같은 숫자가 아닌 요소를 통제하지 않은 다른 연구들에 제기된 일부 비판을 다루었다. 다음 문헌을 보라. Fei Xu & Elizabeth Spelke, 'Large Number Discrimination in 6-Month-Old Infants', Cognition 74(2000): B1~B11.

5) 여기에서 '대부분'이라고 한 것은 이 연구에 참여한 16명의 영아 중 4명은 새로운 개수의 점을 제시하였을 때 별다른 차이를 보이지 않았기 때문이다.

6) Xu & Spelke, 'Large Number Discrimination in 6-Month-Old Infants', B10.

7) 이것은 일반적으로 서구의 교육 수준이 높은 산업화 사회의 사람들을 중심으로 한 심리학 연구에서 이해할 수 있는 문제이다. 이러한 배경에 집중되는 이유는 대부분의 심리학자들이 쉽게 접근할 수 있는 대상이기 때문이다. 이와 관련한 논의는 다음 논문을 참조하라. Joseph Henrich, Steven Heine & Ara Norenzayan, 'The Weirdest People in the World?' Behavioral and Brain Sciences 33(2010): 61~83.

8) 여기에서 언급된 연구가 실린 논문은 다음과 같다. Veronique Izard, Coralie Sann, Elizabeth Spelke & Arlette Streri, 'Newborn Infants Perceive Abstract Numbers', Proceedings of the National Academy of Sciences USA 106(2009): 10382~10385.

9) 이러한 증거가 인간의 뇌만이 유일하게 수적 사고를 할 수 있도록 설계되었음을 암시하는 것은 아니다. 7장에서 살펴보겠지만, 다른 동물들도 차이가 크게 나는 두 수량을 구별할 줄 아는 추상적인 수 감각은 갖고 있다.

10) Jacques Mehler & Thomas Bever, 'Cognitive Capacity of Very Young Children', Science 3797(1967): 141~142. 특히 피아제Piaget의 연구와 관련하여 데하엔의 저서 (『The Number Sense : Mind Mind』)에서도 이 주제에 관한 놀라운 논의를 확인할 수 있다. 그러나 한 통찰력 있는 검토자는 아주 어린 아이들을 대상으로 한 멜러Mehler와 베버Bever의 연구 결과에 대해 자기복제적인 문제를 지적해주었다.

11) Kirsten Condry & Elizabeth Spelke, 'The Development of Language and Abstract Concepts: The Case of Natural Number', Journal of Experimental Psychology:

General 137(2008): 22~38.

12)   이와 다른 관점은 다음 두 논문을 보라. Rochel Gelman and C. Randy Gallistel, Young Children's Understanding of Numbers(Cambridge, MA: Harvard University Press, 1978); Rochel Gelman and Brian Butterworth, 'Number and Language: How Are They Related?' Trends in Cognitive Sciences 9(2005): 6~10. 단, 이 연구들은 여기에서 논의하고 있는 일부 연구보다 먼저 이루어졌다는 점을 참고하라.

13)   따름수 원리에 관한 더 자세한 논의는 다음 논문을 참조하라. Barbara Sarnecka & Susan Carey, 'How Counting Represents Number: What Children Must Learn and When They Learn It', Cognition 108(2008): 662~674.

14)   숫자가 있는 문화에서 아이들의 이러한 개념 습득에 관한 더 자세한 논의는 다음 두 문헌을 참조하라. Susan Carey, The Origin of Concepts (Oxford: Oxford University Press, 2009); Susan Carey, 'Where Our Number Concepts Come From', Journal of Philosophy 106(2009): 220~254.

15)   Elizabeth Gunderson, Elizabet Spaepen, Dominic Gibson, Susan Goldin-Meadow & Susan Levine, 'Gesture as a Window onto Children's Number Knowledge', Cognition 144(2015): 14~28, 22.

16)   Barbara Sarnecka, Megan Goldman & Emily Slusser, 'How Counting Leads to Children's First Representations of Exact, Large Numbers', The Oxford Handbook of Numerical Cognition, ed. Roy Cohen Kadosh & Ann Dowker(Oxford: Oxford University Press, 2015), 291~309. 일대일대응 관계의 습득에 관한 더 자세한 논의는 다음 논문을 보라. Barbara Sarnecka & Charles Wright, 'The Idea of an Exact Number: Children's Understanding of Cardinality and Equinumerosity', Cognitive Science 37(2013): 1493~1506.

17)   Carey, The Origin of Concepts. 캐리의 설명에 따르면 작은 수량을 선천적으로 정확하게 구분할 수 있는 능력은 다른 수 개념의 습득을 촉진하는 주된 요인이다. 다시 말해, 다른 주장에 비해 캐리는 어림수 감각이 숫자의 초기 구조화 과정에서 덜 실질적인 역할을 한다고 보고 있다. Carey의 주장을 뒷받침하는 몇 가지 경험적 증거는 다음 논문에서 확인할 수 있다. Mathiew Le Corre & Susan Carey, 'One, Two, Three, Four, Nothing More: An Investigation of the Conceptual Sources of the Verbal Counting Principles', Cognition 105(2007): 395~438. 타고난 수 감각들이 융합되는 과정에 대해서는 아직도 학자들 사이에 논란의 여지를 남기고 있다. 그러나 일반적으로 수 개념과 산술적 개념의 습득에 기여한다는 데에는 의견이 모아지고 있다.

18) '이름의 개념화(concepting labels)'라는 용어는 다음 논문에서 차용하였다. Nick Enfield, 'Linguistic Categories and Their Utilities: The Case of Lao Landscape Terms', Language Sciences 30(2008): 227~255, 253. 숫자단어가 아이들의 정신에 개념을 위한 placeholder 역할을 하는 방식에 대한 더 자세한 내용은 다음 문헌을 보라. Sarnecka, Goldman & Slusser, 'How Counting Leads to Children's First Representations of Exact, Large Numbers'.

19) 수적 사고의 발전을 통문화적으로 연구한 대표적인 사례들이 대체로 이 문헌을 언급하지 않고 있지만, 볼리비아 열대 우림에서 수렵채집과 간단한 농경으로 생활하는 치마네족 (Tsimane)은 대상으로 한 최근 연구는 이 문제를 탐구하고 있다. 산업화 사회의 아이들에 비해 치마네족 아이들이 수를 세는 법을 배우는 데는 두 배에서 세 배의 시간이 걸린다. 이 부족에 관한 자세한 내용은 다음 논문을 보라. Steve Piantadosi, Julian Jara-Ettinger & Edward Gibson, 'Children's Learning of Number Words in an Indigenous Farming-Foraging Group', Developmental Science 17(2014): 553~563. 치마네족을 대상으로 아주 최근에 이루어진 연구는 정확한 수량 대응에 대한 이들의 이해가 숫자 및 셈하기의 지식과 관련이 있다고 밝혔다. 이 책에서 우리가 살펴본 논의와 같은 결과이다. 그러나 흥미로운 것은 같은 연구에서 최소한 치마네 아이들 중 한 명은 '수를 셀 수 없는데도 불구하고 정확한 등가성(equality)의 논리를 이해'하고 있었음을 지적하였다. 우리도 수를 세는 법을 알기 전에 먼저 정확한 등가성의 원리를 자각한 사람들(숫자 발명가처럼)이 존재하였음을 알고 있다. 물론, 치마네족 아이들은 숫자가 있는 문화에서 자라며 셈하기와 숫자의 기호론적 관습에 노출되어왔다. 치마네족 연구를 포함하여 모든 관련 연구 결과에 비추어볼 때, 셈하기의 학습은 정확한 수량을 인식하는 데 크게 도움이 된다는 것이 분명하다. 이와 관련한 논의는 다음 논문을 보라. Julian Jara-Ettinger, Steve Piantadosi, Elizabeth S. Spelke, Roger Levy & Edward Gibson, 'Mastery of the Logic of Natural Numbers is not the Result of Mastery of Counting: Evidence form Late Counters', Developmental Science 19(2016): 1~11.doi:10.1111/desc12459, 8.

*7 동물들이 생각하는 수량

1) 여기에서는 이 실험의 개요만 소개하고 있다. 더 자세한 내용은 다음 문헌을 보라. Daniel Hanus, Natacha Mendes, Claudio Tennie, and Josep Call, 'Comparing the Performances of Apes (Gorilla gorilla, Pan troglodytes, Pongo pygmaeus) and Human Children (Homo sapiens) in the Floating Peanut Task', PLoS ONE 6(2011): e19555.

2) 동물과 인간의 협력이 우리 종에 미친 영향과 관련한 증거는 다음 논문을 보라. Pat Shipman, 'The Animal Connection and Human Evolution', Current Anthropology 54(2010): 519~538.

3) 영리한 한스와 관련한 더 자세한 내용은 다음 문헌을 보라. see Oscar Pfungst, Clever Hans: (The Horse of Mr. von Osten) A Contribution to Animal and Human Psychology (New York: Holt and Company, 1911).

4) Charles Krebs, Rudy Boonstra, Stan Boutin, and A. R. E. Sinclair, 'What Drives the 10-Year Cycle of Snowshoe Hares?' Bioscience 51(2001): 25~35.

5) 이러한 주기와 관련한 소수는 다음 논문에서 설명하고 있다. Paulo Campos, Viviane de Oliveira, Ronaldo Giro & Douglas Galvão, 'Emergence of Prime Numbers as the Result of Evolutionary Strategy', Physical Review Letters 93(2004): 098107.

6) 그러나 일부 무척추동물 종도 초보적인 수준에서 대략적인 수량과 일치하는 행동을 보인다. Christian Agrillo, 'Numerical and Arithmetic Abilities in Non-Primate Species', in Oxford Handbook of Numerical Cognition, ed. Ann Dowker(Oxford: Oxford University Press, 2015), 214~236.

7) 도롱뇽의 수 인지는 다음 두 논문을 참조하라. Claudia Uller, Robert Jaeger, Gena Guidry & Carolyn Martin, 'Salamanders (Plethodon cinereus) Go for More: Rudiments of Number in an Amphibian', Animal Cognition 6(2003): 105~112; Paul Krusche, Claudia Uller & Ursula Dicke', Quantity Discrimination in Salamanders', Journal of Experimental Biology 213(2010): 1822~1828. 물고기 실험연구 사례는 다음 논문에서 찾아볼 수 있다. Christian Agrillo, Laura Piffer, Angelo Bisazza, and Brian Butterworth, 'Evidence for Two Numerical Systems That Are Similar in Humans and Guppies', PLoS ONE 7(2012): e31923.

8) 여기에서 소개한 쥐 실험은 다음 논문을 보라. John Platt & David Johnson, 'Localization of Position within a Homogeneous Behavior Chain: Effects of Error Contingencies', Learning and Motivation 2(1971): 386~414.

9) 암사자 연구는 다음 논문을 보라. Karen McComb, Craig Packer & Anne Pusey, 'Roaring and Numerical Assessment in the Contests between Groups of Female Lions, Panther leo', Animal Behaviour 47 (1994): 379–387. 비둘기 실험 결과는 다음 문헌을 보라. Jacky Emmerton, 'Birds' Judgments of Number and Quantity', Avian Visual Cognition, ed. Robert Cook(Boston: Comparative Cognition Press, 2001).

10) Agrillo, 'Numerical and Arithmetic Abilities in Non-Primate Species', 217.

11) 개를 대상으로한 실험 결과는 다음 논문을 보라. Rebecca West & Robert Young, 'Do Domestic Dogs Show Any Evidence of Being Able to Count?' Animal Cognition 5(2002): 183~186. 울새를 대상으로 한 실험 결과는 다음 논무을 보라. Simon Hunt, Jason Low & K. C. Burns, 'Adaptive Numerical Competency in a Food-Hoarding Songbird', Proceedings of the Royal Society of London: Biological Sciences 267(2008): 2373~2379.

12) Agrillo et al., 'Evidence for Two Numerical Systems That Are Similar in Humans and Guppies.'

13) 인간과 침팬지 사이의 유전자 염기서열의 유사성은 다음 글을 보라. Chimpanzee Sequencing and Analysis Consortium, 'Initial Sequence of the Chimpanzee Genome and Comparison with the Human Genome', Nature 437(2005): 69~87. 유전자 염기서열 일치율은 방법에 따라 다를 수 있지만, 일반적으로 95% 이상인 것으로 알려져 있다. 다음 논문도 참조하라. Roy Britten, 'Divergence between Samples of Chimpanzee and Human DNA Sequences is 5%Counting Indels', Proceedings of the National Academy of Sciences USA 99 (2002): 13633–13635. 기타 동물들과 인간 사이의 유전자 염기서열의 유사성은 다음 사이트에서 확인할 수 있다. http://ngm.nationalgeographic.com/2013/07/125-explore/shared-genes.

14) Mihaela Pertea & Steven Salzberg, 'Between a Chicken and a Grape: Estimating the Number of Human Genes', Genome Biology 11(2010): 206.

15) Marc Hauser, Susan Carey & Lilan Hauser, 'Spontaneous Number Representation in Semi-Free Ranging Rhesus Monkeys', Proceedings of the Royal Society of London: Biological Science 267(2000): 829~833. 하버드 내부 조사 결과 하우저의 작품 중 일부가 조작되었다는 증거가 발견되었다. 여기에서 소개한 특정 연구 결과와 이 사건은 관련이 없음을 밝힌다.

16) 오름차순 배열 실험 결과는 다음 논문을 참조하라. Elizabeth Brannon & Herbert Terrace, 'Ordering of the Numerosities 1–9 by Monkeys', Science 282(1998): 746~749.

17) 초콜릿 과자 실험은 다음 논문에서 찾아볼 수 있다. Duane Rumbaugh, Sue Savage-Rumbaugh & Mark Hegel, 'Summation in the Chimpanzee (Pan troglodytes)', Journal of Experimental Psychology: Animal Behaviors Processes 13(1987): 107~115.

18) 이러한 주장의 근거는 다음 논문에 제시되어 있다. Brannon and Terrace, 'Ordering of the Numerosities 1~9 by Monkeys', 개코원숭이와 다람쥐원숭이에 관한 내용은 다음 논문을 보라. Brian Smith, Alexander Piel & Douglas Candland, 'Numerity of a Socially Housed Hamadryas Baboon (Papio hamadryas) and a Socially Housed Squirrel Monkey (Saimiri sciureus)', Journal of Comparative Psychology 117(2003): 217~225. 다람쥐원숭이 실험은 다음 논문을 보라. Anneke Olthof, Caron Iden & William Roberts, 'Judgements of Ordinality and Summation of Number Symbols by Squirrel Monkeys (Saimiri sciureus)', Journal of Experimental Psychology: Animal Behaviors Processes 23(1997): 325~339. 원숭이는 숫자 훈련에 따른 더 정확한 방법이나 어림짐작을 통해 더 큰 수량의 먹이를 선택할 수 있다. 그러나 이러한 원숭이들의 수량 구별 능력은 먹이를 알아보는 것에 국한되지 않는다. 붉은털원숭이를 대상으로 한 연구는 이 원숭이들이 컴퓨터 화면에 두 가지의 수량을 보여주었을 때 더 큰 쪽을 정확하게 선택할 수 있음을 입증하였다. 제시된 자극의 표면적과 같이 숫자와 상관없는 속성을 통제하더라도 결과는 마찬가지였다. Michael Beran, Bonnie Perdue & Theodore Evans, 'Monkey Mathematical Abilities', Oxford Handbook of Numerical Cognition, ed. Ann Dowker(Oxford: Oxford University Press, 2015), 237~259.

19) 병렬적 개별화 체계로 인하여 가능한 정확한 수 감각이 다른 종의 동물들에 존재한다는 증거는 미약하다. 일부 연구자들이 이와 관련한 결과를 제기하기도 하지만, 주류를 형성하지는 못하고 있다. 다음 문헌의 논의를 참조하라. Beran, Perude & Evans, 'Monkey Mathematical Abilities'. 연구자들은 인간과 비인간 영장류의 수 감각과 관련한 유사성의 범위가 어느 정도인지 아직 완전히 파악하지 못했다.

20) Elizabeth Brannon & Joonkoo Park, 'Phylogeny and Ontogeny of Mathematical and Numerical Understanding', in Oxford Handbook of Numerical Cognition, ed. Ann Dowker(Oxford: Oxford University Press, 2015), 209.

21) Irene Pepperberg, 'Further Evidence for Addition and Numerical Competence by a Grey Parrot (Psittacus erithacus)', Animal Cognition 15(2012): 711~717. 셰바의 실험 결과는 다음 논문을 보라. Sarah Boysen & Gary Berntson, 'Numerical Competence in a Chimpanzee (Pan troglodytes)', Journal of Comparative Psychology 103(1989): 23~31.

22) Pepperberg, 'Further Evidence for Addition and Numerical Competence by a Grey Parrot (Psittacus erithacus)', 711.

1) 언어가 사고에 영향을 미치는 패턴에 대한 더 자세한 내용은 다음 문헌을 보라. Caleb Everett, Linguistic Relativity: Evidence across Languages and Cognitive Domains (Berlin: De Gruyster Mouton, 2013).

2) James Hurford, Language and Number: Emergence of a Cognitive System(Oxford: Blackwell, 1987), 13. 필자가 여기에서 제시하는 관점은 하이케 비제의 최신 저작에서 더 영향을 받은 것이다(Heike Wiese, 'The Co-Evolution of Number Concepts and Counting Words', Lingua 117[2007]: 758-772). 비제는 이 글의 762쪽에서 이렇게 설명한다. "숫자를 세는 단어의 이중적 지위는 이것이 숫자에 붙인 이름이라기보다 숫자(또한 단어)라는 사실을 분명히 보여준다. 즉, 이러한 단어는 추가적인 언어적 '숫자'가 아니라, 직접 숫자로서 사용되는 것이다." 비제는 또한 전통적인 '명칭으로서 숫자' 접근이 서수('첫 번째', '두 번째' 등)와 기수('9번 버스')를 간과하고 있다고 지적한다.

3) Karenleigh Overmann, 'Numerosity Structures the Expression of Quantity in Lexical Numbers and Grammatical Number', Current Anthropology 56 (2015): 638–653, 639. 이와 관련한 또 다른 논의는 다음 논문을 참조하라. Caleb Everett, 'Lexical and Grammatical Number Are Cognitive and Historically Dissociable', Current Anthropology 57 (2016): 351.

4) Stanislas Dehaene, The Number Sense: How the Mind Creates Mathematics(New York: Oxford University Press, 2011), 80.

5) Kevin Zhou & Claire Bowern, 'Quantifying Uncertainty in the Phylogenetics of Australian Number Systems', Proceedings of the Royal Society B: Biological Sciences 282(2015): 2015~1278. 이러한 발견은 3장에서 소개한 호주의 숫자에 관한 논의와 일맥상통한다. 3장의 논의에서 참조한 연구에도 보원이 공동 연구자로 참여하였다.

6) 숫자단어의 신체적 기반은 다음 문헌을 비롯한 다양한 자료에서 언급되고 있다. Bernd Heine, Cognitive Foundations of Grammar(Oxford: Oxford University Press, 1997).

7) 더 자세히 들여다보면 이러한 설명도 일부 논란의 여지는 있지만, 숫자단어가 모든 사람들이 선천적으로 쉽게 인식할 수 있는 개념에 그저 이름을 붙인 것이 아니라, 언어적 도구라는 사실에 대해서는 의심의 여지가 없다. 이와 관련하여 다음 문헌도 참조하라. Wiese, 'The Co-Evolution of Number Concepts and Counting Words', 769. 여기에서 비제(Wiese)는 이렇게 지적하였다. "수를 세는 단어는 숫자 도구를 언어적으로 활용한 사례이다. 즉, 우리가 숫자와 관련한 작업에서 사용하는 언어적 도구이다."

8) 체화된 인지에 대해서는 많은 연구가 이루어졌다. 이 주제와 관련한 광범위한 조사 사례는 다음 문헌을 참조하라. Lawrence Shapiro (ed.), The Routledge Handbook of Embodied Cognition(New York: Routledge, 2014). 여기에 제시된 설명과 달리, 일부 고고학자들은 신체 외적인 특징이 숫자의 혁신에 미친 영향을 중점적으로 연구해왔다. 다음 사례를 보라. Karenleigh Overmann, 'Material Scaffolds in Numbers and Time', Cambridge Archaeological Journal 23(2013): 19~39. 고고학자들은 구슬, 물표, 셈 표시 등이 당시에 아직 언어적 개념이 충분히 출현하기 전에 이를 대신할 물질적인 자리 표시자의 역할을 하였다고 주장한다. 다른 물질적 요소와 마찬가지로 이러한 인공물을 통해 인간의 숫자 발명과 정교화가 더욱 촉진되었을 것은 분명하다(10장을 보라). 그러나 여기에서 간과된 것은 해부학적 특징에서 출발한 숫자 발명의 경로가 다른 신체 외적인 경로에 비해 유전적으로나 역사적으로 더 기본적인 위치에 있다는 사실이다. 결국, 인간에게 손가락은 신체 외적인 물질 자극보다 원시적인 경험의 대상이었다. 또한, 숫자 언어와 신체 사이에는 분명한 연관성이 있으며(3장을 보라), 이는 숫자의 물질적 자리 표시자가 발명된 후에 단지 이름을 붙여진 것이 아니라, 숫자의 발명에서 신체의 우선적 역할을 하였음을 암시한다. 그러나 수적 사고의 성장에서 물질적 기술과 기호의 역할을 부인하는 것은 아니다. 앞서 소개한 고고학자들의 연구는 물질적 증거를 바탕으로 인간의 수적 사고에 대한 우리의 이해를 확장하는 데 매우 중요한 의미를 갖는다. 인간의 삶에 숫자가 실질적으로 역할을 하게 되면서, 우리는 분명히 새로운 방식으로 수 체계를 확장해야 하는 상황에 직면하였다. 그러나 그러한 압력을 고려하더라도, 적어도 대부분의 경우에 숫자의 발명을 가능하게 했던 것은 바로 우리의 손가락이었다.

9) Rafael Núñez & Tyler Marghertis, 'Cognitive Linguistics and the Concetp(s) of Number', The Oxofrd Handbook of Numerical Cognition, ed. Roy Cohen Kadosh & Ann Dowker(Oxford: Oxford University Press, 2015), 377~401, 377.

10) 수학의 탄생과 관련하여 은유적 표현의 역할에 대한 더 자세한 논의는 다음 문헌을 보라. George Lakoff & Rafael Núñez, Where Mathematics Comes From: How the Embodied Mind Brings Mathematics into Being(New York: Basic Books, 2001). 보다 최근의 논의는 다음 문헌에서 찾아볼 수 있다. Núñez & Marghetis, 'Cognitive Linguistics and the Concept(s) of Number'.

11) Núñez and Marghetis, 'Cognitive Linguistics and the Concept(s) of Number', 402.

12) Núñez and Marghetis, 'Cognitive Linguistics and the Concept(s) of Number', 402.

13) 물론 아이들은 수학을 배우고 사용할 때 실제로 사물을 세는 경우가 많다. 그러나 여기에서 더 중요한 핵심은 추상적인 것을 포함한 모든 맥락에서 우리가 숫자를 통해 표현되는 수량

이 정신적으로 조작되는 과정을 이야기할 때 물리적 근거를 사용한다는 것이다. 이러한 숫자 언어의 은유적 기반은 어디에서나 쉽게 관찰된다. 그러나 5장에서 우리는 모든 문화에서 수량을 같은 수준으로 이해하는 것은 아니라는 점에 주목한 바 있다.

14) 인간의 인지에서 몸짓이 갖는 중요성은 분명하다. 이와 관련한 논의는 다음 문헌을 보라. Susan Goldin-Meadow, The Resilience of Language: What GestureCreation in Deaf Children Can Tell Us about How All Children Learn Language(New York: Psychology Press, 2003). 여기에서 논의하고 있는 수학적 몸짓에 관한 발견은 다음 연구 결과 또한 참조하였다. Núñez and Marghetis, 'Cognitive Linguistics and the Concept(s) of Number'.

15) 뇌 영상에 관한 이러한 쟁점은 다음 논문을 참조하였다. Stanislas Dehaene, Elizabeth Spelke, Ritta Stanescu, Philippe Pinel & Susanna Tsivkin, 'Sources of Mathematical Thinking: Behavioral and Brain-Imaging Evidence', Science 284(1999): 970~974. 공간적 추론과 관련한 사례는 다음 문헌을 참조하였다. Dehaene, The Number Sense: How the Mind Creates Mathematics, 243.

16) 스나크(SNARC) 효과가 처음 소개된 것은 다음 논문이었다. Stanislas Dehaene, Serge Bossini, and Pascal Giraux, 'The Mental Representation of Parity and Number Magnitude', Journal of Experimental Psychology: General 122(1993): 371~396.

17) Syntax가 numerical thought에 미치는 영향에 대해서는 다음 두 문헌을 참조하라. Heike Wiese, Numbers, Language, and the Human Mind(Cambridge: Cambridge University Press, 2003); Wiese, 'The Co-Evolution of Number Concepts and Counting Words'. 비제에 따르면, 언어학적 기반을 가진 이러한 사고를 통해 우리는 사물의 특정한 개수를 지칭할 수 있는 기수뿐만 아니라, 서수와 명목수 또한 이용할 수 있게 된다(주 2를 보라). 그러한 이를 지나치게 확대되어서도 안 된다. 전 세계 언어의 다양성을 고려한다면, 우리는 구문론적 영향이 모든 문화에서 수적 사고의 확장에 주요한 역할을 한다고 섣불리 단정할 수는 없다. 이른바 자유로운 단어 순서를 허용하고 영어처럼 엄격한 구문론적 제약이 없는 언어도 존재한다는 점에서 더욱 신중할 필요하기 있다. 여기에는 주어와 목적어가 절에서 위치에 상관없이 사용되는 다양한 격을 갖는 언어들도 포함된다(예: 라틴어). 더 자유로운 구문을 가진 일부 언어의 사용자들도 숫자를 습득한다. 즉, 구문론은 우리가 수 체계를 습득하는 과정을 촉진할 수 있지만, 숫자에 문법이 미치는 영향은 문화마다 매우 다양하다.

18) 뇌와 몸 전체의 비율에 관한 더 자세한 내용은 다음 논문을 보라. Lori Marino, 'A Comparison of Encephalization between Ondontocete Cetaceans and Anthropoid Primate s', Brain, Behavior and Evolution 51(1998) 230~238. 인간의 피질에 관한

더 자세한 사항은 다음 논문을 보라. Suzana Herculano-Houzel, 'The Human Brain in Numbers: A Linearly Scaled-Up Primate Brain', Frontiers in Human Neu-roscience 3(2009): doi:10.3389/neuro.09.031.2009. 여기에서 소개한 neuron count는 다음 논문을 참조하였다. Dorte Pelvig, Henning Pakkenberg, Anette Stark & Bente Pakkenberg, 'Neocortical Glial Cell Numbers in Human Brains', Neurobiology of Aging 29(2008): 1754~1762.

19)   원숭이의 두정엽 내구 활성화는 다음 논문에서 논의되었다. Andreas Nieder and Earl Miller, 'A Parieto-Frontal Network for Visual Numerical Information in the Monkey', Proceedings of the National Academy of Sciences USA 19(2004): 7457~7462. 피질 영역과 특정한 수량의 상호작용에 대해서는 데하엔을 비롯한 많은 학자들의 연구 결과가 발표되었다. Dehaene, The Number Sense: How the Mind Creates Mathematics, 248~251.

20)   두정엽 내구의 관련 위치는 다음 논문에서 논의되었다. Stanislas Dehaene, Manuela Piazza, Philippe Pinel & Laurent Cohen, 'Three Parietal Circuits for Number Processing', Cognitive Neuropsychology 20(2003): 487~506. Degree of activation는 다음 논문에서 논의되었다. Philippe Pinel, Stanislas Dehaene, D. Rivière & Denis LeBihan', Modulation of Parietal Activation by Semantic Distance in a Number Comparison Task', Neuroimage 14(2001): 1013~1026.

21)   수량 추론의 언어적 확장에 관한 영상 증거는 다음 문헌을 참조하라. Dehaene, The Number Sense: How the Mind Creates Mathematics, 241. 두정엽 내구와 수 인식의 관련성이 명확히 입증된 가운데, 일부 연구자들은 수적 사고의 기능만을 하는 뇌의 '모듈(modul)'을 밝혀냈다. 이와 관련한 논의는 다음 문헌을 보라. Brian Butterworth, The Mathematical Brain(London: Macmillan, 1999). 피질의 가소성이 높고, 뇌의 특정 부분이 특정 기능과 연관된다 하더라도, 이러한 영역은 개인에 따라 다를 수 있다는 점을 기억해야 한다.

*9   숫자와 문화: 생계와 기호

1)   풍화로 침식되기 전에 쿠푸왕 피라미드의 높이가 지금보다 약 8미터 높은 147미터였다. 이 높이를 적용해보면, 147×2×π=924이고, 둘레는 230×4=920이다.

2)   색상 용어와 관련하여 다음 문헌이 가장 널리 인용되고 있다. Brent Berlin & Paul Kay, Basic Color Terms: Their Universality and Evolution(Berkeley: University of

California Press, 1969). 후각 분류의 통문화적 다양성과 관련한 놀라운 데이터는 다음 논문에 소개되었다. Asifa Majid & Niclas Burenhult, 'Odors are Expressable in Language, as Long as You Speak the Right Language', Cognition 130(2014): 266~270.

3)   숫자와 생계 전략의 상관관계는 다음 논문에서 제시되었다. Patience Epps, Claire Bowern, Cynthia Hansen, Jane Hill & Jason Zentz, 'On Numeral Complexity in Hunter-Gatherer Languages', Linguistic Typology 16(2012): 41~109. 바르디어에 관한 연구는 같은 책의 50페이지에서 확인할 수 있다.

4)   그러나 우리가 8장에서 보았듯이, 호주 언어 중 일부는 5에 해당하는 숫자단어를 갖고 있으며, 이러한 단어는 더 큰 숫자의 혁신 속도를 상대적으로 앞당길 수 있었다.

5)   일부 아마존 지역 집단의 고립에 관한 더 자세한 내용은 다음 자료를 참고하라. Dylan Kesler & Robert Walker, 'Geographic Distribution of Isolated Indigenous Societies in Amazonia and the Efficacy of Indigenous Territories', PLoS ONE 10(2015): e0125113.

6)   특정한 언어와 문화적 전통을 깎아내려서는 안 된다. 우리는 이러한 편견을 피하는 가운데, 수적 기술이 새로운 종류의 혁신을 이끌 수 있다는 점 또한 인정할 수 있다. 이러한 혁신은 인간의 수명을 연장한 의학 기술의 발전으로까지 이어졌다. 따라서, 숫자가 우리 모두에게 '더 나은' 삶이나 '더 발전된' 삶을 가져다준 것은 아니라 하더라도, 수명 연장에는 아주 중요한 역할을 하였다. 물론 숫자 또한 전쟁의 기계화처럼 마냥 기쁘게만 여길 수 없는 인류의 발전에도 결정적인 역할을 했다.

7)   이와 관련한 사례는 다음 논문들을 보라. Andrea Bender and Sieghard Beller, 'Mangarevan Invention of Binary Steps for Easier Calculation', Proceedings of the National Academy of Sciences USA 111(2014): 1322~1327; Andrea Bender & Sieghard Beller, 'Numeral Classifiers and Counting Systems in Polynesian and Micronesian Languages: Common Roots and Cultural Adaptations', Oceanic Linguistics 25(2006): 380~403; Sieghard Beller & Andrea Bender, 'The Limits of Counting: Numerical Cognition between Evolution and Culture', Science 319(2008): 213~215.

8)   호주 남부 지역 언어에서 출생 순서에 따라 이름을 붙이는 사례는 다음 논문을 보라. Rob Amery, Vincent Buckskin, and Vincent 'Jack' Kanya, 'A Comparison of Traditional Kaurna Kinship Patterns with Those Used in Contemporary Nunga English', Australian Aboriginal Studies 1(2012): 49~62.

9) Bender and Beller, 'Mangarevan Invention of Binary Steps for Easier Calculation', 1324

10) 이러한 기술의 잠재적인 이점에 관한 더 자세한 내용은 다음 논문을 참조하라. Michael Frank, 'Cross-Cultural Differences in Representations and Routines for Exact Number', Language Documentation and Conservation 5(2012): 219~238. abaci와 같은 기술에 관한 연구는 다음 문헌을 참조하라. in Karl Menninger, Number Words and Number Symbols(Cambridge, MA: MIT Press, 1969).

11) 동반구에서 가장 오래된 0의 최근 재발견(캄보디아)에 관한 내용은 다음 문헌에 소개되어 있다. Amir Aczel, Finding Zero: A Mathematician's Odyssey to Uncover the Origins of Numbers(New York: Palgrave Macmillan, 2015). 크메르 제국에 미친 인도 문화의 강력한 영향을 감안할 때, 0은 인도에서 캄보디아로 넘어간 것으로 추정된다. 그러나 구세계(Old World)에서 가장 오래된 0의 확실한 예는 앙코르 근처에서 1930년대에 처음 발견되었고, 2015년에 이를 찾고자 많은 석비를 탐색했던 악젤$_{Aczel}$에 의해 재발견되었다.

12) 전 세계 표기 수 체계에 대한 다양한 연구 결과는 다음 문헌을 보라. Stephen Chrisomalis, Numerical Notation: A Comparative History(New York: Cambridge University Press, 2010); Stephen Chrisomalis, 'A Cognitive Typology for Numerical Notation', Cambridge Archaeological Journal 14(2004): 37~52.

13) 이집트의 상형문자가 수메르의 문자와 별개로 발전한 것인지에 대해서는 일부 논란이 있다. 이집트의 상형문자는 메소포타미아의 문자가 개발되고 나서 한참 후에 등장한 것으로 알려져 있다. 수메르와 이집트가 상대적으로 인접해 있다는 것을 감안하면, 이집트인들은 문자의 존재를 알게 된 후에 상형문자를 발전시켰을 가능성이 크다.

14) 초기 설형문자에 대한 논의는 다음 문헌을 보라. Eleanor Robson, Mathematics in Ancient Iraq: A Social History(Princeton, NJ: Princeton University Press, 2008). 초기 표기 형식과 관련한 숫자에 대한 논의는 다음 문헌을 보라. Stephen Chrisomalis, 'The Origins and Co-Evolution of Literacy and Numeracy', The Cambridge Handbook of Literacy, ed. David Olson and Nancy Torrance(New York: Cambridge University Press, 2009), 59~74. 크리소말리스$_{Chrisomalis}$는 숫자와 고대 문자 체계의 공존이 우연의 결과일 수 있다고 지적한다.

15) 그러나 셈법이 반드시 문자 체계나 표기 숫자로 발전하는 것은 아니라는 점을 분명히 해야겠다. 그림 2.2에서 소개한 자라와라족의 셈법은 자라와라어의 문자 체계로 이어지지 못했다. 수천 년 동안 아프리카와 그 외 다른 곳에 존재해 온 셈법의 상황도 마찬가지라고 할 수 있다. 이처럼 셈법의 존재가 문자의 발명을 위한 충분한 조건은 아니라 하더라도, 이러한 체

계의 혁신적인 발전으로 이어질 가능성은 여전히 존재한다.

*10 변형 가능한 도구

1) 인간의 종 분화와 관련한 기후 변동의 영향에 대해서는 다음 문헌을 보라. The effects of cli Su- sanne Shulz and Mark Maslin, 'Early Human Speciation, Brain Expansion and Dispersal Influenced by African Climate Pulses', PLoS ONE 8(2013): e76750. 토바 화산의 잠재적인 영향에 대해서는 다음 논문을 보라. see Michael Petraglia, 'The Toba Volcanic Super-Eruption of 74,000 Years Ago: Climate Change, Environments, and Evolving Humans', Quaternary International 258(2012): 1~4. 이 시기 동안 아프리카 남부 해안 지역의 advantages에 대해서는 다음 논문을 보라. Curtis Marean, Miryam Bar-Matthews, Jocelyn Bernatchez, Erich Fisher, Paul Goldberg, Andy Herries, Zenobia Jacobs, Antonieta Jerardino, Panagiotis Karkanas, Tom Minichillo, Peter Nilssen, Erin Thompson, Ian Watts, and Hope Williams, 'Early Human Use of Marine Resources and Pigment in South Africa during the Middle Pleistocene', Nature 449(2007): 905~908.

2) 이 단련된 석기 도구들은 약 260만 년 전부터 시작하여 약 250만 년 동안 인류의 계보에 보존된 올두바이와 아슐레앙 석기보다 장점을 보이고 있다. 이와 관련한 연구 사례는 다음과 같다. Nicholas Toth and Kathy Schick, 'The Oldowan: The Tool Making of Early Hominins and Chimpanzees Compared', Annual Review of Anthropology 38(2009): 289~305.

3) 블롬보스 동굴에 관한 더 자세한 내용은 다음 논문을 보라. Christopher Henshilwood, Francesco d'Errico, Karen van Niekerk, Yvan Coquinot, Zenobia Jacobs, Stein-Erik Lauritzen, Michel Menu & Renata Garcia-Moreno, 'A 100,000 -Year-Old Ochre Processing Workshop at Blombos Cave, South Africa', Science 334 (2011): 219~222.

4) Francesco d'Errico, Christopher Henshilwood, Marian Vanhaeren & Karen van Niekerk, 'Nassarius krausianus Shell Beads from Blombos Cave: Evidence for Symbolic Behaviour in the Middle Stone Age', Journal of Human Evolution 48(2005): 3~24, 10.

5) 다음 논문을 참고하라. Susan Carey, 'Précis of the Origin of Concepts,' Behavioral and Brain Sciences, 34(2011): 113~167, 159. 캐리의 요점은 다음 논문에 대한 응답에서 확인할 수 있다. Karenleigh Overmann, Thomas Wynn, and Frederick Coolidge, 'The Pre-

history of Number Concepts', Behavioral and Brain Sciences 34(2011):142~144. 이 논문의 저자들은 블롬보스의 구슬들이 '구슬 한 줄은 자연수의 요소로서 고유한 특성을 갖고 있다(p.143)'는 점에서 실제 물질적 숫자로 사용되었을 가능성이 있다고 말한다. 즉, 이들은 구슬이 최초의 숫자였으며, 물질적으로 표현되었던 초기의 숫자는 이후에 사람들이 이름을 붙이면서 언어적 특징을 갖게 되었다고 주장한다. 이처럼 가치를 부여한 동질적인 사물이 언어적 숫자의 혁신을 촉진하였다고 하는 편이 더 타당해 보이는데, 이러한 혁신은 인간의 해부학적 특징으로 인해 가능한 것이기 때문이다. 예를 들어, 오버만, 윈, 그리고 쿨리지 Coolidge는 "진정한 숫자 목록은 사람들이 다양한 자리 표시자 구슬에 이름을 붙일 때 등장한다(p. 144)"라고 지적한 바 있다. 이러한 설명은 성인이 처음에 숫자를 사용하지 않고서 구슬과 같은 사물의 수량을 일관성 있게 구별할 수 없다는 사실을 증명하는 분명한 심리 언어학적 증거(5장을 보라)를 간과한다. 나는 이러한 설명이 또한 사람들이 숫자의 이름을 붙인 것은 손이나 손가락을 따른 것이지, 구슬과 같은 사물의 이름을 따른 것이 아니라는 언어학적 증거를 과소평가하는 것이라고 믿는다. 구슬과 같은 신체 외적인 사물이 우리의 발명을 촉진한 측면이 있다 하더라도, 숫자의 세계를 향한 진정한 관문의 역할을 한 것은 바로 우리의 손이다.

6) 인구 크기와 지역의 상관관계를 입증한 조사는 다음 논문에서 확인할 수 있다. Frans Roes & Michel Raymond, 'Belief in Moralizing Gods', Evolution and Human Behavior 24(2003): 126~135. 여기에서 제시한 설명은 다음 논문을 일부 참조하였다. Ara Norenzayan & Azim Shariff, 'The Origin and Evolution of Religious Prosociality', Science 322(2008): 58~62. 문화적 적합성을 위한 집단 내 협력의 이점은 다음 논문에서 논의되고 있다. Scott Atran & Joseph Henrich, 'The Evolution of Religion: How Cognitive By-Products, Adaptive Learning Heuristics, Ritual Displays, and Group Competition Generate Deep Commitments to Prosocial Religions', Biological Theory 5(2010): 18~130.

7) 그리스어, 히브리어, 아랍어 및 기타 주요 종교와 관련한 언어들은 10진법에 근거한 수 체계를 포함하고 있다. 따라서 여기서 주목하는 패턴은 언어적 10진법 체계의 부산물일 가능성은 크다. 그러나 이러한 가능성과 상관없이 이러한 패턴은 또한 근본적으로 인간의 손의 구조로 인하여 발생한 것이기도 하다. 이 점은 주목할 가치가 있다고 본다. 왜냐하면, 일부 종교적인 숫자와 관련한 심오한 표현은 일반적으로 어떤 방식으로든 인간 해부학의 영향으로 받은 것으로 인식되지는 않기 때문이다.

8) 모든 영적으로 중요한 숫자가 10으로 깔끔하게 구분된다는 것은 아니다. 실제로, 10보다 더 작은 숫자가 중요한 의미를 갖는 경우도 있다. 성 삼위일체, 일곱 가지 악(惡), 일곱 가지 덕목, 칠일(七日) 등이 바로 그러한 예이다. 10보다 큰 예외적인 숫자도 알고보면 그렇게 드문

것만은 아니다. 이슬람교, 유대교, 기독교에서는 12명의 이맘(Imam), 이스라엘의 12개 부족, 그리고 12 사도 등 12라는 숫자가 각각 중요하게 등장한다. 3장에서 언급한 바와 같이 20진법 또한 잠재적으로 손과 관련한 기원을 갖고 있다.

9) 유의확률의 역사와 대한 비판적 관점은 다음 논문에서 확인할 수 있다. Regina Nuzzo, 'Scientific Method: Statistical Errors', Nature 506(2014): 150~152.

감사의 말

이 책은 뉴욕 카네기 재단(Carnegie Corporation of New York)의 일부 지원으로 제작되었다. 이 책에 담긴 진술과 견해에 대한 책임은 물론 온전히 필자에게 있다.

이 책이 출판되기까지 소중한 길잡이가 되어 준 하버드 대학교 출판부(Harvard University Press)의 제프 딘Jeff Dean 편집자에게 감사의 마음을 전한다. 이 작업의 가능성을 처음 눈여겨 본 마이클 피셔Michael Fisher에게도 감사하다. 해박한 검토자 네 명의 통찰력 있는 의견은 이 책의 집필에 큰 도움이 되었다. 시간을 내어 초고를 검토해주신 분들께 감사의 인사를 전한다. 이분들의 견해와 비평으로 이 책의 내용이 더욱 알차게 꾸려질 수 있었다. 이 책에서 소개한 연구와 직간접적으로 관련하여 감사의 인사를 전해야 할 뛰어난 학자들은 수없이 많다. 이 책을 읽고 있는 독자가 이 책의 기반이 된 흥미로운 연구를 수행한 분이라면, 그간의 노고에 감사드린다.

이 책의 일부는 시메스터앳시(Semester at Sea, 유람선을 타고 한 학기 동안 전세계를 여행하며 대학 수업을 진행하는 글로벌 캠퍼스 프로그램)에 참여하는 동안 엠브이익스플로러(MV Explorer, 유람선 이름) 선상에서 집필했다. 유람선에서 만난 사람들은 길고 긴 항해를 더욱 즐겁게 했다. 일부는 낙원과 같은 풍경의 언덕으로 둘러싸인 라고아 다 콘세이상Lagoa da Conceição, 브라질 지명에서 집필되었다. 그밖의 작업 대부분은 집필과 연구를 하기에 더없이 좋은 마이애미 대학교에서 이루어졌다. 몇 년 전에 인류학과 교수들이 마이애미 국제공항을 경유하는 젊은 학자였던 나를 처음 인터뷰하고 기회를 준 인연으로 이 대학에서 일하고 있다. 당시 교수진에 지금도 감사하게 생각한다. 감사 인사는 이곳에서의 경험이 즐거움으로 가득할 수 있도록 해준 마이애미 대학교의 동료들에게도 전한다. 마이애미 대학교의 많은 훌륭한 학생들이 이 책의 몇 가지 아이디어에 대해 논의를 함께 해줬다는 점에서도 필자는 참으로 운이 좋은 사람이다.

부모님 또한 이 작업에 직간접적으로 영향을 주셨는데, 그분들의 도움이 지면에서도 잘 드러나길 바란다. 집필 과정에서 주신 도움은 물론, 다른 모든 지원을 아끼지 않은 부모님께도 깊이 감사드린다. 부모님으로부터 받은 도움 중에는 기억조차 못 하고 있을 것이 얼마나 많은지, 나는 잘 알고 있다. 또한, 멋진 누이들과 그의 가족들, 그리고 스코티Scotti 가족에게도 항상 감사하게 여기고 있다. 마지막으로, 나의 아내 제이미와 아들 주드가 없었다면, 이 책은 세상의 빛을 보지 못했을 것이다.

색인

311

313

숫자는 어떻게 인류를 변화시켰을까?

초판 1쇄 발행 2021년 6월 30일

글 쓴 이 칼렙 에베레트
옮 긴 이 김수진
펴 낸 이 이경민
편   집 이순아
디 자 인 김윤현
펴 낸 곳 (주)동아엠앤비
출판등록 2014년 3월 28일(제25100-2014-000025호)
주   소 (03737) 서울특별시 서대문구 충정로 35-17 인촌빌딩 1층
전   화 (편집) 02-392-6901 (마케팅) 02-392-6900   팩스 02-392-6902
전자우편 damnb0401@naver.com

SNS 🅵 🅾 blog
ISBN 979-11-6363-514-7(03700)